리드 앤 디스럽트

리드 앤 디스럽트

초판 1쇄 발행 2020년 10월 29일

지은이·찰스 오라일리, 마이클 투시먼
옮긴이·조미라
발행인·안유석
편집장·박경화
책임편집·채지혜
디자인·오성민, 김남미
펴낸곳·처음북스   출판등록·2011년 1월 12일 제2011-000009호

주소·서울특별시 강남구 강남대로 364 미왕빌딩 14층
전화·070-7018-8812   팩스·02-6280-3032
이메일·cheombooks@cheom.net
홈페이지·www.cheombooks.net
페이스북·www.facebook.com/cheombooks
ISBN·979-11-7022-211-8 03320

이 책은 허브 인베스트먼트의 투자를 받아 제작되었습니다.

혁신기업의 딜레마를 해결하는 법

리드 앤 디스럽트

찰스 오라일리 · 마이클 투시먼 지음
조미라 옮김

처음북스

| 차례

서문 및 감사의 말

거의 20년 동안 우리의 마음을 사로잡았던 미스터리를 풀기 위해 이 책을 쓰게 되었다. 연구자로서 때로는 컨설턴트로서 우리는 조직의 경영자나 리더와 함께 일할 기회가 있었다. 그들에게는 대부분 전략적 비전과 거대한 자본이 있었다. 똑똑하고 열심히 일하는 사람들도 있었다. 하지만 오랫동안 그들을 관찰한 바에 의하면 그들은 종종 혁신과 변화 앞에서 고군분투했다. 산업의 변화에 적응하지 못해 재앙과도 같은 상황을 맞는 기업도 많았다. 이러한 시련들을 되짚어보며, 우리는 기업이 마주하는 대부분의 문제가 통찰이나 자원 부족으로 인해 발생하는 것이 아님을 깨달았다. '성공적인 기업이 변화에 적응하고 혁신하는 것을 왜 어려워하는가?'라는 질문이 계속 머릿속을 떠나지 않았다. 우리는 기업의 성공과 실패가 전략이나 기술 혹은 운에 전적으로 달려 있지 않다는 결론을 내렸다. 물론 이런 요인들도 중요하다. 하지만 모든 것은 리더십, 즉 리더가 변화 앞에서 어떻게 행동하느냐에 달려 있었다.

지난 10년간 많은 산업군과 기업들이 파괴적 변화를 마주하게 되면서 이 질문은 더욱 중요해졌다. 50년 전 스탠다드앤드푸어스Standard & Poor's 500대 기업의 평균 존속 기간은 50년이었다. 오늘날은 12년 정도 된다. 기업 실패율이 급격하게 증가한 이유는 파괴적 변화의 발생이 늘어났기 때문이다. 파괴적 변화는 이러한 위협이 닥치기 전에 리더가 더욱 빨리 대응하도록 엄청난 압박을 준다. 이미 자리를 잡은 회사에 변화가 주는 위협을 이해하려면 음악에서 신문, 헬스케어, 소매, 최첨단 기술에 이르는 다양한 산업에서 어떤 일이 발생하고 있는지 알아야 한다. 20년 전만 해도 경영자들은 시간이 많았다. 변화에 빠르게 대응하지 못해도 회복할 수 있었다. 하지만 더 이상 그렇지 않다. 오늘날에는 변화를 놓치거나 파괴적 혁신에 빨리 대응하지 못하는 기업은 문을 닫게 된다. 차량공유회사 때문에 어려움을 겪게 된 택시나 온라인 뱅킹에 위협을 받고 있는 일반 은행들, 아마존과 경쟁해야 하는 백화점, 저가의 원격수업 포털과 마주하고 있는 대학을 생각해보라. 리더는 이런 위협에 대해 어떻게 대응해야 할까? 파괴되지 않으려면 어떻게 해야 할까?

우리는 정답은 아니더라도 산업과 조직의 파괴적 변화 앞에서 리더와 경영자를 도울 수 있는 실제적인 통찰을 찾았다고 믿는다. 이런 통찰은 다양한 지역과 산업의 리더들이 어렵게 얻은 교훈을 반영하고 있다. 운 좋게도 우리는 지난 10년간 혁신과 변화에 맞섰던 많은 리더와 함께 일할 기회가 있었다. 성공한 기업과 성공하지 못한 기업의 사례를 통해 그들이 얻은 교훈을 전달하고자 한다.

당신은 책장을 넘기면서 단순해 보이지만 실행하기는 굉장히 복잡한 것이 있음을 알게 될 것이다. 리더는 무엇을 어떻게 해야 할지 모두 이해하고 있어야 한다. 리더는 점진적 개선과 고객에 대한 관심, 엄격한 시행을 통해 성숙한 비즈니스에서 성공하는 동시에 속도와 유연성, 실수에 대한 관용이 필요한 새로운 비즈니스에서 경쟁할 수 있는 조직을 만들어야 한다. 우리는 이를 '양손잡이 능력ambidexterity', 즉 2가지를 모두 할 수 있는 능력이라고 정의했다. 리더를 성공의 핵심으로 본다면 양손잡이 능력은 리더가 갖고 싸울 수 있는 무기다. 많은 사람들이 혁신기업의 딜레마Innovator's Dilemma를 해결할 방법을 알고 있다고 주장한다. 하지만 우리는 양손잡이 능력이야말로 진정한 열쇠라고 생각한다. 리더들이 이를 어떻게 그리고 왜 사용했는지 우리는 이 책을 통해 이야기할 것이다.

본격적인 이야기를 시작하기 전에 감사를 표하고 싶은 분들이 있다. IBM의 루 거스너, 브루스 해럴드, 샘 팔미사노, 캐롤 코박, USA투데이의 톰 컬리와 캐런 저겐슨, 사이프레스 반도체의 T. J. 로저스와 브래드 버스, HP의 필 파라시와 마크 오만, 플렉스트로닉스의 마이크 맥나마라와 네이더 미카일과 데이브 블론스키, 다비타의 켄트 시리와 조시 골롬, 노바티스의 글렌 브래들리와 댄 바셀라, 월마트의 안토니 허커와 마크 탈만이다. 파괴적 혁신에 맞선 그들의 직접적인 경험을 통해 배울 수 있었기에 감사를 표하고 싶다. 또한 아마존의 제프 베조스, 후지필름의 시게타카 고모리, 시스네로스의 아드리아나 시스네로스, 나사 생명공학의 제프 데이비스, 하바스의 데이비드 존스, 빅터스 앤드 스포일스의 존 윈저, 젠사르의 가네시 나타라얀, BT의 벤 버바이엔과 앨리슨 리치, 네드뱅크의 잉그리드 존슨, 아날로그 디바이스의 빈스 로취, 마이시스와 CSC의 마이크 로리, 시스코의 존 챔버스에게도 감사한다. 이들은 자신들의 통찰과 경험을 우리에게 공유해주었다. 이들의 이야기를 정확하게 전달할 수 있기를 바란다.

그 외에도 스탠퍼드와 하버드, 그 외 전 세계의 많은 기업에서 가졌던 최고위 경영자 교육 프로그램에 참여해 건설적인 피드백을 주었던 많은 경영자들에게도 감사의 인사를 전하고 싶다. 이들은 우리가 양손잡이 능력의 뉘앙스를 이해하고 실수와 누락된 부분을 수정하는 데 도움을 주었다. 특히 20년 이상 스탠퍼드와 하버드에서 가르쳐온 변화와 조직의 리뉴얼을 이끄는 프로그램Leading Change and Organizational Renewal Program에 참여해주신 분들에게도 감사한다. 이분들은 시간과 전문성을 할애해 우리가 더 깊이 이해하여 이 책을 독자들에게 유용하게 만들도록 도움을 주었다.

학계에 있는 동료들에게도 많은 도움을 받았다. 이 책은 실제 경영자들을 위해 썼지만 학계의 많은 연구 단체들도 양손잡이 능력에 대한 우리의 견해를 지지해주었다. 이 단체들을 언급하는 것이 독자들에게는 지루할 수도 있겠지만 이 책이 학계의 경험적 연구를 반영하고 있기에 그들의 이름을 언급하고 싶다. 특히 하버드 경영대학의 클레이튼 크리스텐슨과 캘리포니아대학 버클리의 데이비드 티시, 암스테르담에 있는 에라스무스대학의 저스틴 얀슨, 런던 경영대학의 줄리안 버킨쇼, 옥스퍼드 사이드경영대학의 마크 벤트레스카, 산타클라라대학의 데이비드 캘드웰이 이 책을 쓰는 데 도움을 주었다. 그 외 델라웨어대학의 웬디 스미스와 미네소타대학의 매리 베너가 우리 연구의 주석을 다는 데 도움을 주었고 공동 저자로도 참여해주었다.

마지막으로 이 책에 언급한 아이디어를 적용해보는 데 참여해준 동료들에게도 고맙다는 인사를 전하고 싶다. 그들은 우리의 생각을 받아들이고 조직에 도입해 실천할 수 있도록 도움을 주었다. 체인지 로직의 경영 책임자인 앤디 빈스와 그의 동료들은 이 책에 소개된 방법을 실제로 적용할 수 있도록 도움을 주었다. 그의 경험과 전문성은 리더가 양손잡이 능력을 어떻게 얻을 수 있는지를 이해하는 핵심이 되었다. 업스타트로직의 창업자이자 경영책임자인 피터 핑켈스타인은 20년간 좋은 친구이자 동료, 그리고 이 아이디어를 지지해준 사람이었다. 그의 지적·감정적 공헌은 이 책을 쓰는 데 없어서는 안 될 부분이었다.

모든 책이 그렇지만 특히 이 책은 수많은 사람들의 도움으로 완성되었다. 성공적인 기업이 파괴적 변화 앞에서 왜 실패하는지를 이해하는 데 많은 사람들의 도움을 받았다. 우리가 그들의 아이디어를 제대로 전달했기를 바란다. 그리고 이 책이 골치 아픈 상황을 바꿀 수 있도록 도움이 되기를 바란다.

스탠퍼드, 캘리포니아, 케임브리지, 매사추세츠
2015년 10월

LEAD
AND
DISRUPT

1부

혼란한 상황에서 주도하라

1장
오늘날의 혁신 퍼즐

큰 조직에는 인재와 자원이 있다.
그런데 왜 그들은 좀 더 혁신적이지 못한가?
— 샘 팔미사노(전 IMB 최고경영자)

당신은 얼마나 오래 살 수 있다고 생각하는가? 대부분의 미국인은 79세, 일본인은 83세, 라이베리아인은 46세 정도 살 것이라고 생각하고 인생 계획을 짤 것이다. 이제 당신의 회사는 얼마나 오래 유지될 것인지 생각해보자. 어쩌면 당신이 지긋하게 나이 드는 것보다 짧을 수도 있다. 연구에 따르면 미국 기업 중 0.1%보다 적은 비율의 회사만이 40년 정도 유지된다고 한다.[1]

1976년에 설립된 회사들 중 10년 이상 살아남은 기업의 비율은 약 10%다. 새로운 회사들이 빠르게 문을 닫는 상황을 고려하면 어느 정도 이해가 가는 수치다. 또 다른 연구에 따르면 확실하게 자리를 잡은 대기업조차도 평균적으로 향후 6년에서 15년 정도 유지된다고 한다.[2] 맥킨지McKinsey의 동료인 리차드 포스터Richard Foster와 사라 캐플란Sarah Kaplan은 40년간 1천여 개 대기업의 실적을 추적 연구하며 조직의 취약성을 발견했다. 1962년부터

1998년 사이에는 1,008개 기업 중 160개만이 살아남았다.[3] 그들은 1935년을 기준으로 S&P500에 속한 기업들이 평균 90년 정도 유지된 것을 확인했다. 하지만 2005년에 이 수치는 평균 15년으로 떨어졌고 계속해서 떨어지고 있다. 평균적으로 S&P500에 속한 기업들은 현재 2주에 한 번씩 다른 회사로 대체되고 있으며 그 속도는 점점 빨라지고 있다.[4] 1970년 〈포춘Fortune〉 선정 500대 기업에 들던 회사들 중 3분의 1이 1983년에는 존재하지 않았다. 이를 통해 한 연구자는 "규모나 거대한 자금력, 인적 자원에도 불구하고 평균적으로 대기업은 평범한 미국인보다 오래 살지 못한다"라고 말했다.[5]

왜 그럴까? 우리는 인간의 삶에 끝이 있다는 사실을 알고 있다. 오랜 연구 결과, 인간의 신체세포가 어느 순간부터는 재생 능력을 잃는다는 것이 밝혀졌기 때문이다. 세포 노화는 인간의 수명을 제한하는 만병의 근원이다. 하지만 조직의 사멸에 대해서는 확실한 원인이 밝혀지지 않았다. 우리는 종종 과식하거나, 일을 무리하게 하거나, 운동을 하지 않거나, 건강에 좋지 않은 여러 행동들을 한다. 하지만 건강한 사람도 세포 노화에는 굴복할 수밖에 없다. 반면에 기업은 성공적일 때 성공을 유지하는 데 필요한 자원을 모은다. 기업은 자금력과 시장에 대한 통찰, 충성스러운 고객, 브랜드 인지도, 인적 자원을 끌어모으고 발전시킬 능력을 키운다. 현명하게 사용한다면 이런 장점들은 시장과 기술이 진화할 때도 성공을 유지할 수 있게 해줄 것이다. 인간과 달리 기업은 지속적인 성장에 어떤 생물학적 제한이 없다. 하지만 성공적인 조직도 소멸될 수 있는 방해 요소는 있다.

넷플릭스Netflix와 블록버스터Blockbuster를 살펴보자. 2012년, 〈포춘〉은 넷플릭스의 창업자이자 CEO인 리드 헤이스팅스Reed Hastings를 올해의 기업인으로 꼽았다. 1999년에 세워진 넷플릭스는 세계에서 가장 큰 온라인 DVD 대여 서비스와 비디오 스트리밍 회사로 10만 개 이상의 작품과 6천만 명의 가입자(2020년에는 약 1억 9천만 명)를 보유하고 있고, 연간 40억 달러 이상의 수익을 벌어들였다. 2002년에 넷플릭스가 상장되었을 때 경쟁사인 블록버스터는 6천 개의 체인점과 4천만 명의 고객을 보유하고 있었고 55억 달러의 수익을 내고 있었다. 하지만 8년 후인 2010년 9월 23일, 블록버스터는 파산 신청을 했다. 아이러니하게도 그 후 얼마 지나지 않아 넷플릭스는 실패한 기업의 아이콘이 된 이스트만 코닥Eastman Kodak을 대신해 S&P500기업에 추가되었다.

2002년, 넷플릭스가 상장되었을 때 블록버스터의 대변인은 넷플릭스가 "틈새시장을 노리는 것이며 우편을 통한 수요가 충분하지 않기 때문에 지속적인 비즈니스 모델이 아니다"라고 말했다.[6] 2005년, 넷플릭스가 인터넷 비디오 스트리밍으로 옮겨가기 시작하자 블록버스터의 최고재무관리자는 "지금은 스트리밍 환경이 제대로 작동하지 않을 것으로 본다"라고 말했다.[7]

공개적으로 일축하기 전에 사적으로 무시한 경우도 있었다. 2000년에 리드 헤이스팅스는 블록버스터의 고위 간부들을 만나러 댈러스로 날아갔다. 그는 블록버스터가 넷플릭스 지분의 49%를 매수하면 블록버스터의 온라인 서비스 공급자가 되겠다고 제안했다. 하지만 블록버스터는 흥미를 보이지 않았다. 그들은 우편으로 비디오 대여를 하려고 넷플릭스를 사야 할 필요성을 느끼지 못했다. 블록버스터는 자신들의 규모에 비해 매우 작고 수익이 고작 27만 달러밖에 되지 않는 신생 회사를 박살낼 수 있는 모든 자원을 갖고 있었기 때문이었다. 하지만 2004년 블록버스터가 우편으로 비디오 대여를 하려고 돌아섰을 때는 이미 너무 늦었다.

블록버스터는 실패하고 넷플릭스는 성공한 이유가 무엇일까? 그 차이는 변화에 대한 리더의 생각에서 찾을 수 있다. 블록버스터의 리더는 지역 체인점에서 편리하게 비디오를 대여하는 현재 비즈니스의 성장과 운영에만 중점을 두었고 그 비즈니스는 잘되고 있었다. 그들의 전략은 신규 시장을 성장시키고, 기존 체인점의 보급률을 높이고, 대여하는 영화의 숫자를 극대화하는 데 초점을 맞추고 있었다. 2003년, 블록버스터의 시장 점유율은 45%였고 이는 다음 순위 경쟁사에 비해 3배나 많았다. 2004년, 넷플릭스가 더 큰 위협으로 성장했을 때에도 블록버스터의 수익은 여전히 6% 증가했고, 회사의 고위 간부들은 '블록버스터 상점의 경험'을 자랑스럽게 이야기했다. 기존 비즈니스 수익에 더해 블록버스터는 인수(예를 들어 할리우드 비디오)를 통해 확장하고, 대여를 늘리고, DVD 보상 판매 프로그램을 만드는 데서 기회를 찾았다. 우편이나 온라인을 통한 대여업을 시작하겠다는 결정은 주도적이고 변혁적이기보다는 수동적이고 방어적이었다. 돌이켜보면 그들은 곧 중요하지 않게 될 게임을 이기는 데에 집중하고 있었다.

한편 넷플릭스의 리더들은 자신이 DVD 대여업을 하는 것이 아니라고 생각했다. 오히려 그들은 온라인 영화 서비스를 제공하고 있다고 생각했다. 헤이스팅스는 "나는 AOL이나 코닥, 블록버스터처럼 DVD라는 덫에 갇히지 않겠다고 생각했다. 우리가 생각할 수 있는 모든 비즈니스는 그들이 너무 신중해서 죽어버렸다"고 말했다.[8] 우편 대여 서비스가 처음 유행했을 때도 그들은 첫날부터 초고속 인터넷망 서비스 기업이 되는 것에 중점을 두었다. "그래서 우리는 회사 이름을 DVD 우편 대여가 아니라 넷플릭스라고 지었다."[9] 넷플릭스의 전략은 가치와 편의, 선택을 강조한다. 이를 위해 그들은 기꺼이 가격을 낮추고 신규 기술에 공격적으로 투자했다(2006년에서 2007년까지 VOD에 5천만 달러를 투자했다). 또한 새로운 비즈니스의 성공을 위해 기존 비즈니스에서 매출이 떨어지는 것을 기꺼이 감수했다.

비디오 스트리밍으로 DVD 대여를 통한 수익이 줄어들 위험에 처했지만, 넷플릭스의 리더들은 스트리밍으로 적극적으로 옮겨갔기 때문에 두려워하지 않았다. 오늘날 넷플릭스 가입자의 66% 이상이 스트리밍을 이용하고 있다. 덕분에 넷플릭스는 훌루Hulu나 HBO, 기타 경쟁사로 옮겨갈 수도 있던 고객들을 유지하고 있다. 헤이스팅스의 관점에서 DVD 우편 대여는 비즈니스를 위한 하나의 단계에 지나지 않았다. 그의 목표는 인터넷 연결이 가능한 모든 기기에서 넷플릭스 비디오 스트리밍을 제공하는 것이었다. 이를 위해 넷플릭스는 현재 200개 이상의 기기에서 소프트웨어를 제공하고 있다. 이러한 과도기에서 넷플릭스는 58개 지역에 있는 우편 유통센터의 문을 닫기 시작했다. 온라인 서비스 가입률이 DVD 대여율보다 낮았음에도 넷플릭스는 DVD 우편 대여에 들어가는 7억 달러의 비용을 줄였다. 그 과정에서 고객은 매년 50% 가까이 늘어났다.

고객을 유치 및 유지하기 위해 넷플릭스는 영상 제작에도 발을 들여놓았고, 2015년에는 〈못 말리는 패밀리Arrested Development〉와 〈오렌지 이즈 더 뉴 블랙Orange Is The New Black〉 같은 인기 드라마 제작에 60억 달러를 투자했다. 본편성 제작에서도 단기 이익을 추구하기보다는 장기적인 안목을 갖고 움직였다. 최고 콘텐츠 책임자인 테드 사란도스Ted Sarandos는 "HBO가 넷플릭스가 되는 것보다 더 빨리 넷플릭스는 HBO가 되기를 원한다"라고 말했다.[10]

블록버스터와 경영진이 어려움을 겪고 실패하는 동안 넷플릭스의 리더들이 DVD 대여에서 비디오 스트리밍으로 전환할 수 있도록 도움을 준 것은 무엇이었을까? 이것이 바로 이 책의 핵심 퍼즐이다. 우리는 이 퍼즐을 풀기 위해 지난 10년간 전 세계 기업과 함께 연구하고 상의해왔다.

조직의 진화

이것이 얼마나 일반적인지 알아보기 위해 표 1-1과 표 1-2에 적힌 기업 목록을 보고 자문해보자. 첫 번째 표에 있는 기업과 두 번째 표에 있는 기업의 차이점은 무엇일까?

|표 1-1| 다음 기업들의 공통점은?

GKN	브라더	볼 코퍼레이션
J&J	토요타	허스트
지멘스	R. R. 도넬리	노키아
아멕스	잉그램	P&G
코닝	FMC	IBM
스미스앤드네퓨	뉴코어	굿리치
W. R. 그레이스	NCr	비방디
3M	해리스	암스트롱
닌텐도	기린	DSM

|표 1-2| 다음 기업들의 공통점은?

러버메이드	파이어스톤	가네보
코닥	폴라로이드	시어스
SSIH/Asuag	디럭스 프린팅	필립스
스미스 코로나	베들레헴 스틸	RCA
DEC	컨트롤 데이터	제록스
웨스팅하우스	레고	메모렉스
시벨시스템즈	ICI	신텍스
카르슈타트	라디오쉑	컴팩
서킷시티	메릴린치	GM

표 1-1에는 IBM이나 토요타^{Toyota}, 노키아^{Nokia} 같은 잘 알려진 대기업과

GKN, DSM, 볼 코퍼레이션Ball Corporation 같은 잘 알려지지 않은 기업들이 포함되어 있다. 목록을 훑어보면서 이들의 공통점이 무엇인지 생각해보자. 전 세계의 서로 다른 분야에 있는 기업들이기 때문에 공통점이 분명하게 보이지는 않을 것이다. 하지만 좀 더 깊이 들여다보면 몇 개의 패턴을 찾을 수 있다. 우선 이 기업들은 오래된 회사들이다. 목록에 있는 기업들은 평균 130년 이상 되었다. 오랜 기간 우리 곁에 있던 기업들이다. 아주 일부만이 20세기(예를 들어 IBM, 메리어트Marriott,, 토요타, 3M, DSM)에 만들어졌다. 일부는 진짜로 오래된 기업들이다. GKN은 무려 1759년에 세워진 영국의 항공우주 기업이다. 여기서 잠깐 생각해보자. 1759년에 세워진 회사가 어떻게 항공우주 기업일 수 있을까? 라이트형제가 1903년 12월 17일이 되어서야 첫 비행을 시도했는데 말이다.

 이 기업들은 오늘날 리더에게 가장 의미 있는 사실을 알려준다. 그것은 시장과 기술이 변화함에 따라 새로운 비즈니스에서 경쟁하기 위해 기업이 스스로를 변화시켰다는 점이다. GKN은 탄광회사에서 시작해 산업혁명과 함께 철광석 제조업체가 되었고, 1815년에는 영국에서 가장 큰 철광석 제조업체가 되었다. 1864년에는 잠금장치(못, 나사, 볼트)를 생산하기 시작했고, 1902년에는 세계에서 가장 큰 잠금장치 제조업체가 되었다. 그러다가 제철 분야의 전문성을 활용해 1920년에 자동차와 항공기 부품을 생산하기 시작했고, 1990년대에는 잠금장치 비즈니스 부문을 매각하고 보잉Boeing에 외주 서비스를 제공하기 시작했다. 오늘날 GKN은 우주항공과 자동차, 금속공학 분야에서 성공적으로 경쟁하며 90억 달러 가치의 기업이 되었고, 5만명 이상의 직원이 일하고 있다. 이런 변화와 성공은 시장이 변화할 때 기업의 강점을 어떻게 이용할지 내다볼 줄 아는 리더가 있었기에 가능했다.

굿리치(이전 이름 BF 굿리치BF Goodrich)는 자동차 타이어 제조업체로 가장 잘 알려져 있지만, 1870년에 소방용 호스와 고무 컨베이어 벨트를 만드는 것으로 시작해, 고무 생산에서의 전문성을 활용해 자동차와 항공기 타이어 및 고성능 재료로 분야를 확장한 업체다. 1988년, 타이어 비즈니스를 매각하고 2000년에는 60억 달러의 우주항공 기업이 되어, 2만 4천 명의 직원을 고용하고 국방 및 항공 산업에 공학 제품과 시스템을 판매하고 있다. 2012년에 유나이티드 테크놀로지에 합병되었다. W. R. 그레이스는 25억 달러 가치의 특수 화합물 제조업체지만, 1854년에 처음 만들어졌을 때는 박쥐 배설물(비료)을 남미에서 미국으로 수송하는 회사였다. DSM은 112년 전 네덜란드의 국영 광산기업으로 세워졌으며, 현재는 생명과학 및 재료과학 기업이 되었다. 1913년에 설립된 IBM은 도표용 기계를 만들던 회사였지만, 현재는 50년 전만 해도 존재하지 않던 소프트웨어 및 서비스 부문에서 수익의 85% 이상을 벌어들이는 1천억 달러 가치의 기업이 되었다. 1885년에 세워진 일본의 맥주회사 기린Kirin은 발효 분야의 전문성을 활용해 바이오 의약품 및 농업 제품을 만들고 있다. 1887년 설립된 허스트Hearst는 출판사로 시작했지만, 오늘날에는 수익의 절반을 전자 미디어 부문에서 벌어들이고 있고 대부분의 미디어 회사들이 망하고 있는 상황에서도 사업을 성장시키고 있다.

이 목록에 좀 더 젊은 기업들을 포함시켜보자. 140억 달러의 보관 제품 생산업체 EMC는 1979년에 사무용 가구 판매 회사로 시작했다. 오늘날에는 컴퓨터 하드웨어 제조업체에서 소프트웨어 개발업체로 변신해 델Dell에 인수되었다. 150년 전에 인쇄 회사로 시작한 R. R. 도넬리는 빠르게 성장하고 있는 인쇄전자 비즈니스로 옮겨가기 위해 핵심 기술을 활용하고 있다.

온라인 서점으로 유명한 아마존Amazon은 최대 온라인 쇼핑몰이자 클라우드 기반 유틸리티 컴퓨팅을 제공하는 기업이 되었다. 제록스Xerox는 기계 판매 회사에서 서비스 기업으로 공격적으로 변화하고 있다. 10년 후 구글Google 이 어떤 기업이 될지 누가 알겠는가?

이 기업들의 주목할 만한 점에 대해 자세히 이야기하기 위해서는 시간이 흐르면서 기업들이 어떻게 성공적으로 변화했는지 살펴봐야 한다. 각 기업 은 역동적 능력, 즉 '빠르게 변화하는 환경에 적응하기 위해 내적·외적 경 쟁력을 통합하고, 세우고, 변경하는 회사의 능력'을 활용했다.[11] 그 결과 그 들은 성숙한 비즈니스(기존의 강점을 이용할 수 있는 분야)와 새로운 비즈니 스(새로운 사업을 하기 위해 기존 자원을 활용하는 분야) 모두에서 경쟁할 수 있 었다. 핵심 시장과 기술이 변화하면서 발밑의 기반이 흔들림에도 불구하 고 그들은 다음 목적지를 향해 다리를 놓았다. 어떻게 그렇게 할 수 있었 을까?

그들에게는 성숙한 비즈니스에서는 기존 자산과 역량을 활용하면서 새 로운 강점을 개발하기 위해 변화를 두려워하지 않는 양손잡이ambidextrous 리더들이 있었기 때문이다. 예를 들면 비디오 스트리밍과 DVD 우편 대여 에 모두 투자한 넷플릭스의 사례를 들 수 있다. IBM도 대형 컴퓨터(Z시리즈 서버)를 판매하면서 전략 컨설팅을 했다. 시스코Cisco도 대기업에 라우터와 스위치를 팔면서 고급 화상회의 제품인 텔레프레전스telepresence를 개발했 다. 이것이 바로 우리가 이야기하고자 하는 양손잡이의 긍정적인 부분이다.

이제 표 1-2의 기업들을 통해 알 수 있는 점이 무엇인지 생각해보자. 가장 눈에 띄는 점은 시어스Sears, 폴라로이드Polaroid, 파이어스톤Firestone, RCA, 코닥, 베들레헴 스틸Bethlehem Steel, 스미스 코로나Smith Corona 같은 잘 알려진 기업이 많다는 것이다. 이 기업들은 매우 잘 알려져 있고 각 분야를 이끌고 있는 회사들이다. 하지만 이 목록에 포함된 기업들은 모두 실패했거나 거의 망할 위기에 처해 있는 기업들이다.

　1930년부터 1970년까지 시어스는 미국의 가장 대표적인 소매업체로 직원 수가 40만 명이 넘었다. 2004년 기준으로 시어스는 블록버스터처럼 그다음 경쟁사 세 곳을 합친 것보다 규모가 컸다. 하지만 2018년 시어스는 법원에 파산보호를 신청했다. 1881년 설립된 거대 백화점 체인 카르슈타트Karstadt는 독일에서 가장 크고 오래된 소매업체였지만, 2009년에 최대 경쟁사인 카우프호프Kaufhof가 번성하는 동안 파산을 신청했다. 1955년 RCA의 규모는 IBM의 2배 가까이 되었고 더 좋은 기술을 갖고 있었다. 하지만 1986년에 사라졌다. 1960년대까지 수십 년간 파이어스톤은 미국에서 가장 안정적인 타이어 회사였다. 그러나 1988년에 사업을 접고 일본 회사인 브릿지스톤Bridgestone에 매각되었다.[12] 1886년 세워진 스미스 코로나는 50년 이상 미국의 대표적인 타자기 회사였으며, 1980년에는 시장 점유율이 50%나 되었다. 또한 전자 타자기와 워드프로세서를 최초로 생산한 회사였다. 하지만 2001년에 문을 닫았고 제품은 수집가들의 유물이 되었다.[13] 1857년 설립된 베들레헴 스틸은 한때 미국에서 두 번째로 큰 철강 회사였다. 그러나 이 회사도 2003년에 사라졌다. 1937년에 세워진 폴라로이드는 즉석사진 시장을 지배했을 뿐 아니라 디지털 이미징에 투자한 최초의 회사들 중 하나였다. 하지만 조직 연구가인 메리 트립서스Mary Tripsas와 지오바니 가베티Giovanni Gacetti가 지적했듯 폴라로이드의 리더십은 회사의 투자를 활용하는 데 완전히 실패했고 2008년에 문을 닫았다.[14]

　이런 우울한 예들은 계속된다. 코닥은 20년간 어려움을 겪다가 2012년도에 직원의 90%를 감원한 후 파산 신청을 했다. 1920년에 세워진 러버메이드Rubbermaid는 1984년 〈포춘〉에 미국에서 가장 존경받는 기업 명단에 이름을 올리기도 했다. 하지만 1999년에 회사는 망했고, 〈포춘〉의 한 기자는 "안타깝다고 말할 수 있을 것 같다. 몇 년 전까지도 미국에서 가장 존경받는 회사 중 하나였지만, 이제는 대부분의 사람들이 들어본 적도 없는 회사(뉴웰 코프라)에 인수되었다"라고 논평했다.[15]

90년 된 수표 인쇄 기업이었던 디럭스 코퍼레이션Deluxe Corporation은 2003년 수익의 90% 이상을 수표 인쇄에서 벌어들였다. 이 회사는 전자결제로 전환하는 데에 미온적인 노력으로 새로운 벤처를 분리시키고 기존의 인쇄 사업을 고수했다. 전자결제가 확대되면서 회사는 어려움을 겪었고 비용을 줄이고 감원을 하면서 제조공장들을 닫았다. 그 사이에 분리되어 나간 이펀드eFunds는 2007년에 18억 달러에 인수되었다. 게다가 디럭스의 주된 경쟁사였던 존 H. 하랜드 컴퍼니John H. Harland Company는 전자자금 이체와 데이터 프로세싱, 소프트웨어로 사업을 옮겨 디럭스는 하지 못했던 변신을 해냈다.

기업들이 실패한 원인은 리더십 때문이다. 그들은 한때 큰 성공을 거두었고 성공을 유지하기 위한 자원과 역량을 갖고 있었다. 하지만 표 1-1에 포함된 기업들과 달리 표 1-2 기업의 리더들은 새로운 기회를 감지하고 살아남아 번성하도록 회사를 변화시키지 못했다. 오히려 경영진은 기업의 잭 케보키언Jack Kevorkian(역자 주-안락사 및 존엄사를 처음 창시한 병리의사)과 같이 회사의 죽음을 주도하게 되었다.

이러한 사례들은 오늘날 리더들이 직면한 근본적인 도전에 대해 보여준다. 회사의 규모나 성공, 지속 기간에 관계없이, 기업의 리더십은 어떻게 하면 기존 자산과 역량을 활용해 효율적이면서도 충분한 탐험exploration을 하고 시장과 기술의 변화 속에서도 소멸되지 않을 수 있을지 고민해야 한다. 조직학자 짐 마치Jim March는 간단해보이는 이 문제의 해결책은 균형을 잡는 것이라고 보았다.[16] 우리는 당연히 확실한 단기적 성공을 선호한다.[17] 하지만 탐험은 본래 비효율적이고 위험하며 두려운 일이다. 탐험을 위한 노력이 없으면 기업은 변화에 직면했을 때 실패하기 쉽다. 마치는 단기적 성공에 대한 선호 때문에 "이미 자리를 잡은 조직은 항상 자신이 알고 있는 것을 더 효율적으로 이용하는 데만 전문성을 키우려고 한다. 그런 조직은 단기적으로는 지배력을 갖겠지만 점차 구식이 되어 실패하게 될 것이다"라고 결론지었다.[18] 우리는 마치의 예언이 실제로 맞아떨어지는 경우들을 종종 보게 된다.

파괴적 혁신

기술과 시장의 변화에 조직이 무너지는 이유를 하버드 경영대학원 교수인 클레이튼 크리스텐슨Clayton Christensen의 설명에서 찾을 수 있다. 크리스텐슨은 '파괴적 기술' 또는 '파괴적 혁신Disruptive Innovation'을 새로운 고객층의 흥미를 끄는 새로운 상품이나 서비스를 도입함으로써 새로운 시장을 만들어내는 것으로 특징지었다.[19] 분명히 주류 고객들은 처음에는 기존의 지배적인 대안에 비해 이런 '개선'에 관심을 덜 가진다. DVD를 빌리는 것이 훨씬 간단했던 시절의 첫 스트리밍 비디오를 생각해보자. 또 다른 예는 리눅스Linux 같은 무료 오픈소스 소프트웨어다. 마이크로소프트Microsoft나 선 마이크로시스템즈Sun Microsystems 같은 소프트웨어 회사들과 기업 고객들은 오픈소스가 경쟁력이 없을 것이라고 보았다. 주요 경쟁사들이 제공하는 개량된 제품에 비하면 리눅스는 열등했고, 기술을 잘 알고 취미로 하는 사람들만 관심을 가졌다. 하지만 크리스텐슨은 이런 기술이 충분히 빠르게 개선되고 좋아진다면 주류 고객도 매력을 느끼게 될 것이라고 말했다. 실제로 그런 상황이 벌어지자, 소프트웨어 제품의 가격이 폭락하고 기존 회사들 사이에서는 엄청난 혼란이 발생했다. 철강(소규모 제철공장), 소매업(온라인 판매), 제약(생물의약품), 출판(온라인 뉴스와 책), 교육(무크MOOCs, 온라인 공개강좌), 컴퓨터 하드웨어 및 소프트웨어(클라우드 컴퓨팅), 사진(디지털 카메라 및 사진 공유), 오락(음악 및 TV 스트리밍) 등 다양한 산업 분야에서도 크리스텐슨이 말했던 것과 같은 상황이 벌어졌다. 그는 겉보기에 별로 중요하지 않은 위협에 맞닥뜨렸을 때 "합리적인 경영자들은 규모가 작고 확실하지 않으며 수익성 낮은 저가 시장에 들어가기 위해 설득해야 하는 상황을 만들지 않는다"라고 말했다.[20]

1997년에 크리스텐슨의 《혁신기업의 딜레마The Innovator's Dilemma》가 출간된 후, 파괴의 중요성과 영향에 대해 상당한 연구와 글들이 나왔다. 현재는 파괴에 직면한 조직들이 지속적인 개선과 비용 절감(활용)이 성공의 열쇠가 되는 성숙한 비즈니스에서 경쟁하는 것과 동시에, 실험과 혁신(탐험)이 필요한 새로운 기술과 비즈니스 모델도 추구해야 한다는 데에 일반적으로 합의가 이루어져 있다. 아직 해결하지 못한 문제는 기업이 어떻게 그렇게 할 수 있고 해야 하는가에 대한 것이다. 크리스텐슨은 "파괴적 변화에 부딪쳤을 때 조직이 탐험과 활용을 동시에 할 수 없으므로 탐험을 담당할 서브 유닛을 분리시켜야 한다"라고 주장한다.[21] 예를 들어 위의 책이 출간된 후 휴렛팩커드Hewlett-Packard의 스캐너 부문 리더들은 그의 조언에 따라 평판 스캐너 조직에서 휴대용 스캐너 유닛을 분리시켰다. 그러나 새로운 비즈니스는 성숙한 비즈니스의 자산과 역량을 이용할 수 없었고 회사의 이사들은 탐험 유닛에 필요한 보호와 감독을 제공하지 못했다. 대기업이 비용과 수익 압박에 시달리게 되면 탐험 유닛은 어려움을 겪게 되고 결국 사업을 접게 된다. 이 사례는 크리스텐슨의 충고가 가져온 파급 효과의 결과 중 하나에 불과하다.

기존 비즈니스와 신규 비즈니스의 분리는 새로운 유닛의 성공을 저해하고 결국 사장시키는 경우가 종종 발생한다. 기존 조직에서 이용할 수 있는 자산이 있다면 탐험적 조직도 자산을 이용할 수 있어야 한다. 물론 기존 비즈니스와 신규 비즈니스를 분리시키는 것은 전략적으로 타당하다. 다만 목표가 있는 통합, 새로운 비즈니스에 대한 고위 경영진의 강력한 지지, 중요한 조직의 정체성을 포함한 정교한 분리가 필요하다. 겉으로 보기에는 관련 없어 보이지만 이를 잘 보여주는 예가 바로 교육 시스템이다. 많은 차터 스쿨(역자 주-공적 자금을 받아 교사, 부모, 지역 단체 등이 설립 및 독립적으로 운영하는 학교. 우리나라로 치면 자율형 공립학교)이 성공하지 못한 이유는 바로 지역의 기존 학교들 속에서 전략과 전술의 통합이 부족했기 때문이었다.

그렇다면 리더는 언제 분리가 필요하고, 얼마나 필요하며, 기존 자원을 어떻게 이용할 것인지를 어떻게 결정할 수 있을까? 다시 말해 크리스텐슨이 설명한 방법이 아니라면 기업은 이제 고전이 된 혁신기업의 딜레마를 어떻게 해결할 수 있을까? 우리는 이에 대한 답을 이 책을 통해 공유하려고 한다. 우선 파괴적 혁신에 대해 설명하고, 그것을 경영자들이 도전 과제를 찾고 탐험 유닛을 언제 어떻게 만들어야 할지 도와줄 혁신 흐름Innovation Streams이라는 용어로 바꾸어 살펴보자.

혁신 흐름

성공과 실패의 역학은 간단히 설명할 수 있다. 그림 1-1을 살펴보자.

성숙한 기술과 시장 그리고 신규 기술과 시장 모두에서 경쟁할 때 리더가 마주할 수 있는 도전을 생각해보자. 이를 단순화하기 위해 실현 가능한 혁신과 상품을 구입할 고객 유형을 고려해보자. 혁신은 3가지 방식으로 일어날 수 있다.

첫 번째는 가장 일반적인 방식으로, 상품과 서비스를 더 빠르고 값싸고 좋게 만드는 증대적 혁신을 통해 이루어진다. 이 방식은 다소 어렵고 비용이 많이 들 수도 있지만, 기존 역량을 이용하고 이미 알고 있는 궤도를 따라가는 것으로 조직의 지식을 기반으로 한다. 기술적으로 더 복잡하긴 하지만 차세대 자동차와 핸드폰은 기존 기술을 기반으로 만들어진다. 보잉이 차세대 기체(보잉787)를 발표했을 때, 위험과 비용은 엄청났지만, 기본 기술은 대체로 기존 역량을 확장시킨 것이었다.

두 번째 방식은 역량을 파괴하는 기술의 진보를 통해 개선을 이루는 주요 변화와 불연속적인 변화를 통한 혁신이다.[22] 이런 혁신은 일반적으로 다른 종류의 지식을 요구한다. 예를 들어 제약 산업에서 신약은 오랫동안 정교한 화학 용법(작은 분자의 개발)을 기반으로 개발되어 왔다. 그러다가 생명공학의 발전으로 상황이 완전히 달라져 이제 신약 개발은 유전학과 생물학(큰 분자)에 기반을 두고 있다. 이는 제약 회사들에게 필요한 근본적인 역량과는 다른, 잠재적으로 경쟁력을 파괴할 수 있는 변화다. 컴퓨터 기반의 워드프로세서 개발로 스미스 코로나의 기계식 타자기에 대한 수요는 사라졌으며, 1970년대 전자 시계의 출현은 기계식 손목시계를 만드는 스위스의

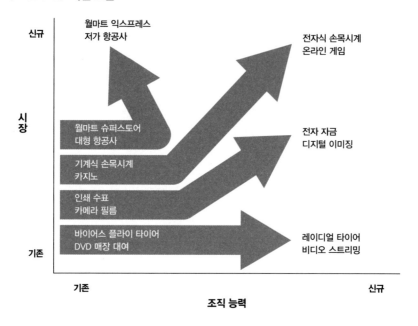

|그림 1-1| 혁신 흐름

신규 — 월마트 익스프레스 / 저가 항공사

전자식 손목시계 / 온라인 게임

시
장

월마트 슈퍼스토어 / 대형 항공사

기계식 손목시계 / 카지노

인쇄 수표 / 카메라 필름

바이어스 플라이 타이어 / DVD 매장 대여

기존

전자 자금 / 디지털 이미징

레이디얼 타이어 / 비디오 스트리밍

기존   신규

조직 능력

정교한 기술의 필요성을 위협했다. 온라인 게임과 디지털 배급은 카지노와 신문 비즈니스에 완전히 새로운 역량 개발을 요구했다. 이런 점에서 '불연속적 혁신discontinuous innovations'은 기존에 갖고 있던 것과 다른 역량과 기술을 요구하게 되었고, 이는 종종 입증되지 않은 새로운 기술에 대한 투자를 요구했다. 세상에 처음 등장한 새로운 기술이라는 의미가 아니라, 기업에게 새롭다는 의미임을 주의해야 한다. 1970년대 석영 진동자 기술을 이용한 전자식 시계가 나타났을 때 전자 회사들은 이 기술을 잘 알고 있었지만 기계식 시계를 만드는 스위스 제조업체들은 잘 모르고 있었다.

마지막으로 혁신은 기존의 기술과 부품이 통합되어 기존 제품과 서비스의 성능을 극적으로 개선시키는, 겉으로 보기에는 중요하지 않아 보이는 개선을 통해서도 일어난다.[23] 이러한 구조적 혁신architectural innovations은 상당한 기술이 필요하진 않지만 종종 기존 제품을 방해한다. 크리스텐슨은 이러한 현상을 '파괴적'이라고 불렀다.[24] 이런 혁신은 보통 기존 고객 중 일부에게 좀 더 값싼 대체품을 제공하는 것에서 시작되는데, 처음에는 기존 제품에 위협이 되지 않는다. 저가 제품 사용자들만 관심을 갖고 수익도 적기 때문이다. 하지만 시간이 지나면서 새로운 혁신이 충분히 빠르고 좋아지면, 주류 고객들도 그 제품에 관심을 갖게 된다. 이 경우 소규모 제철공장의 증가로 철강 산업에서 발생했던 것처럼 산업 전체의 가격 구조가 붕괴될 수 있다. 예를 들어 소규모 제철공장(재생 고철을 이용하는 대형 전기 아크로)이 등장했을 때, 그들은 시멘트에 사용되는 콘크리트 보강용 강철봉만 생산할 수 있었다. 하지만 대형 철강 업체에 비해 20% 정도 싼 가격에 만들 수 있었다. 철강 업체들이 보기에 이것은 수익이 낮은 제품이었고 그들은 이 시장을 새로 등장한 소규모 제철공장에 양보했다. 그러나 시간이 지남에 따라 소규모 제철공장의 기술은 눈에 띄게 발전했고, 뉴코어Nucor 같은 회사는 기존의 철강회사보다 훨씬 낮은 가격으로 고품질의 철강 제품을 생산하게 되었다. 그 결과 대형 철강 업체들은 연이어 어려움을 겪게 되었다.

혁신에 필요한 역량과 별개로 기업들은 기존 고객이나 신규 시장에 제품과 서비스를 판매할 수 있다. 전자의 경우 기존 고객의 이해는 기업이 새로운 제품과 서비스를 판매하는 데 도움이 된다. 그들은 고객과 고객의 선호도를 이해한다. 기존 제품과 서비스 혹은 새로운 제품과 서비스로 새로운 시장에 들어갈 수도 있다. 하지만 이 경우 고객층이 새롭기 때문에 그들의 구매행동에 대한 이해가 부족할 수 있다. 1960년대 초반에 세계에서 가장 큰 오토바이 제조업체였던 혼다Honda는 미국에 오토바이를 판매하기로 결정했다. 하지만 미국 구매자들에 대한 이해가 부족했기에 초반에는 고객에게 다가가지 못했다. 1970년대 초반에 HP는 디지털 시계를 생산하기로 결정했다. HP의 리더들은 기술적으로는 숙련되어 있었지만 소비재 판매에 대한 이해가 부족했기 때문에 결국 실패했다. 이와는 대조적으로 스위스에서는 저가 전자시계(스와치)를 만들기 시작함으로써 저가 시장에서 통하는 패션 제품으로 신제품의 입지를 다질 수 있었다. 혁신에 필요한 역량에 더해 고객 기반에 대한 통찰이 필요한 이유다.

이제 그림 1-1에서 진화에 대해 살펴보자. 이는 혁신기업의 딜레마를 해결하기 위한 로드맵을 제공한다.

기본적으로 활용exploitation은 평상시와 다름없이 비즈니스를 더욱 잘하는 것이다. 시간이 지나면서 회사가 성공하면 그들은 고객을 더 잘 알게 되고, 고객의 요구를 더욱 효과적으로 만족시키게 된다. 그들의 전략과 역량, 형식적 구조 및 문화에 대한 조직의 조정alignment은 이를 반영하여 진화한다. 조화와 조직의 조정이 강력할수록 회사가 성공할 확률이 높아진다. 그러나 경쟁이 심화되고 수익이 줄어드는 상황이 되면 기업은 신규 고객이 있는 인접 시장으로 이동하거나 더 큰 수익을 올릴 수 있는 불연속적 혁신이나 구조적 혁신을 추구한다.

이런 전략적 변화는 선견지명이 필요하다. 안타깝게도 오늘날 리더들은 움직여야 할 필요성을 인식하지 못하거나, 너무 늦거나, 경쟁력이 없는 상황에서 움직인다.[25] 표 1-2에 나온 블록버스터나 스미스 코로나, 파이어스톤, 코닥, 보더스Borders를 포함한 기업들이 바로 그렇다. 기업의 실패는 기존 고객에게 기존 제품과 서비스를 판매하는 것에서 새로운 역량을 활용해 새로운 고객에게 제품을 판매하는 방향으로의 변화를 제대로 해내지 못한 리더의 책임으로 볼 수 있다. 그들은 양손잡이가 되지 못했고 혁신 흐름을 활용하지 못했다. 아이러니하게도 대부분의 실패한 기업들은 성공할 수 있는 새로운 기술을 갖고 있었지만, 리더들은 그 가치를 끌어내지 못했다.[26]

반면 일부 리더들은 혁신 흐름을 만들었고 양손잡이 능력을 갖춘 회사를 만들기 위해 도전했다. 책의 뒷부분에서 후지필름FujiFilm의 시게타카 고모리Shigetaka Komori가 계면화학 부문의 역량을 활용해 사진용 필름에서 전자 디스플레이에 사용되는 코팅 비즈니스로 어떻게 성공적으로 이동했는지, 마이시스Misys의 마이크 로리Mike Lawrie와 젠사르Zensar의 가네시 나타라얀Ganesh Natarajan이 어떻게 기존 역량과 비즈니스 모델을 기반으로 새로운 방식의 컨설팅과 소프트웨어 서비스를 제공할 수 있었는지를 살펴볼 것이다. 또한 이전에는 그렇지 못했지만 후에 양손잡이 능력을 배운 리더들에 대해서도 살펴볼 것이다. 톰 컬리Tom Curley가 USA투데이USA Today에서 경험한 개인 및 조직의 변화도 살펴볼 것이다. 컬리와 그의 동료들은 우리가 공유하려는 전략을 알게 된 후에야 양손잡이 계획을 실행할 수 있었다. 이들 외에도 다음 장에서 설명할 많은 리더들이 기술과 시장, 규제의 파괴적 변화에 직면했을 때 양손잡이가 되기 위해 조직에 필요한 것이 무엇인지를 알아보는 데 도움을 주었다. 그들은 시행착오를 겪으며 조직에 적용할 수 있는 방식으로 혁신기업의 딜레마를 해결했다. 이것은 근본적으로 리더십의 문제이고 모든 경영자들이 배워야 할 문제다.

이 책의 구성

이 장에서 우리가 공유한 이야기만으로도 혁신은 상상력 없이 만들어진 게임이 아니라는 것을 알 수 있다. 지난 10년간 우리는 변화와 씨름하고 있는 수많은 리더, 기업과 함께 연구해왔다. 이 책은 리더와 조직이 이전에는 좋았다가 실패하게 된 기업의 목록에 포함되지 않도록 도와줄 것이다. 여기에는 우리의 연구 결과와 함께 잘 알려지지 않은 회사뿐 아니라 IBM이나 다비타DaVita 같은 성공한 회사의 리더들이 힘들게 얻은 교훈들이 포함되어 있다.

2장과 3장에서는 왜 경영자들이 양손잡이 능력을 갖추기 힘든지, 성공한 기업들이 왜 성공의 희생양이 되고 마는지에 대해 살펴볼 것이다. 2장은 성숙한 비즈니스(활용)에서 경쟁하기 위해 필요한, 새로운 비즈니스에서 이전과는 다른 새로운 기술로 경쟁하기 위해 필요한 조직의 조정을 살펴볼 것이다. 어려운 문제이기는 하지만, 성공적인 활용이 어떤 면에서 경영자의 탐험 능력을 실제로 약화시키는지에 대해서도 이야기할 것이다. 우리는 이를 '성공 증후군success syndrome'이라고 부른다. 비즈니스가 양손잡이 능력을 갖추고 변화에 성공적으로 대처하려면 활용과 탐험 모두 필요하다. 이와 관련된 사례로 아마존의 창업자이자 CEO인 제프 베조스Jeff Bezos가 활용과 탐험을 이용해 아마존을 온라인 서점에서 최고의 온라인 서비스 업체로 변화시킨 것을 들 수 있다. 아마존은 조직의 조정이 갖는 힘과 위험을 모두 보여주었는데, 이를 통해 리더가 변화에 적응하기 위해 어떻게 전략을 세워야 하는지 배우게 될 것이다.

3장에서는 혁신 흐름으로 돌아가 시장과 기술이 변화함에 따라 장기적으로 성공하기 위해 조직이 어떻게 진화해야 하는지를 살펴볼 것이다. 두 기업을 비교하여 왜 한 기업은 성장한 반면 다른 기업은 백여 년간의 성공에도 불구하고 실패하게 되었는지를 알아볼 것이다. 두 기업의 이야기는 시어스 로벅 앤드 컴퍼니라는 상징적인 회사의 흥망성쇠에서 시작된다. 1886년 설립된 후 1972년까지 미국에서 가장 크고 성공한 소매업체였던 시어스가 왜 1973년부터 현재까지 크게 실패하게 되었는지 알아볼 것이다.

반대로 시어스의 최대 라이벌이었던 월마트WalMart는 양손잡이 능력을 활용해 지방의 작은 할인점에서 세계적인 소매업체로 성장했다. 월마트는 현재 27개 국가에서 2백만 명 이상의 직원을 고용하고 수익이 약 5천억 달러에 이르는 거대한 기업이 되었다. 센추리 클럽century club에 가입된 기업은 월마트뿐만이 아니다. 1880년에 세워진 볼 코퍼레이션도 살펴보자. 볼 코퍼레이션은 나무 양동이 제조업체로 시작해 세계적인 보관 용기업체로 진화했고, 위성과 우주 탐험 분야에서도 영향력 있는 기업이 되었다. 이 사례들은 기업과 기업의 리더가 성공 증후군을 피하면서 또 다른 성공으로 어떻게 조직을 움직여 가는지 보여준다. 이 책에서는 혁신 흐름의 측면에서 변화를 생각해봄으로써, 경영자들이 파괴적 변화에 맞서 조직의 조정을 어떻게 하는지에 대한 아이디어를 소개할 것이다.

1부는 양손잡이 능력에 대한 이해를 도울 전반적인 토대를 제공할 것이다. 2부는 리더들이 이런 방법을 어떻게 실행할 수 있는지 자세히 알아볼 것이다. 그중 일부는 성공적이었고 일부는 그렇지 못했다. 각 사례의 공통점을 통해 양손잡이 전략을 실행하고 성공하기 위해 필요한 교훈을 얻을 수 있을 것이다.

4장에서는 6명의 서로 다른 비즈니스 리더들이 혁신기업의 딜레마를 어떻게 해결했는지 살펴볼 것이다. 한 신문사(USA투데이)가 어떻게 디지털 뉴스의 도전을 성공적으로 극복할 수 있었는지, 제약 회사(시바 비전)가 경쟁력을 높일 돌파구가 된 제품을 내부적으로 어떻게 만들었는지, 기존 조직에서는 힘을 쓰지 못하던 HP의 한 부서가 어떻게 새로운 기술을 개발했는지, 대규모 전자제품 제조업체(플렉스트로닉스)가 양손잡이 능력을 활용해 회사 내부에 스타트업을 만드는 새로운 비즈니스 모델을 어떻게 탐험했는지, 사이프레스 반도체Cypress Semiconductor가 내부의 기업가 정신을 자극하기 위해 어떻게 프로세스를 개발했는지, 신장 투석 회사(다비타)가 광범위한 헬스케어 공급자로 어떻게 발전할 수 있었는지 소개한다. 이러한 성공 사례를 통해 리더가 양손잡이 능력을 갖춘 조직을 만들기 위해 필요한 3가지 요소를 살펴볼 것이다.

5장에서는 IBM이 조직의 성장을 이끌었던 과정을 자세히 소개할 것이다. 이머징 비즈니스 기회EBO라는 프로세스를 통해 IBM은 2000년에서 2006년 사이 수익을 150억 달러 증가시켰다. 비슷한 노력을 했지만 실패한 시스코 시스템즈의 사례도 함께 살펴볼 것이다. 이런 예들은 4장에서 얻은 교훈을 잘 보여준다. 또한 2부에서 살펴본 성공과 실패의 교훈을 통해 리더들이 3부에서 양손잡이 능력을 갖춘 비즈니스를 만드는 데 도움이 될 틀을 개발하게 할 것이다.

6장에서는 양손잡이 능력을 실제로 갖추기 위해 필요한 구조적 조건을 알아볼 것이다. 양손잡이 능력은 실제로 리더들이 겪는 도전이다.

7장에서는 광고, 소프트웨어, 헬스케어 및 공공부문 기업의 리더가 양손잡이 능력을 얻기 위해 어떻게 노력했는지 알아보고, 그들의 성공과 실패를 바탕으로 변화에 맞서 성공하기 위해 필요한 리더십 기술을 살펴볼 것이다.

8장에서는 조직의 변화를 위한 최종 틀을 제공하기 위해 우리가 얻은 교훈을 하나로 정리해볼 것이다. 양손잡이 능력이 언제 가치를 창출하는지 살펴보고, 조직을 운영할 때 탐험과 활용을 이용하면서 리더들이 직면하는 도전과 문화적 도전을 중점적으로 살펴볼 것이다. 마지막 부분을 설명하기 위해 우리는 CEO와 그의 팀이 양손잡이 능력을 갖추기 위해 상상하고 실행해볼 수 있는 방법, 그 방법을 이용해 침체 상태인 회사를 어떻게 다시 성장시켰는지를 하나하나 살펴볼 것이다.

성공적인 대기업들은 심각할 정도의 비율로 실패한다. 실패 확률은 점점 높아지고 있다. 이 책은 탈출구와 영감뿐만 아니라 양손잡이 능력을 통해 혁신기업의 딜레마를 해결하고 승리하는 데 도움이 될 로드맵을 제공할 것이다.

탐험하고 활용하라

신은 망가뜨리고자 하는 자들에게는
40년 동안 성공하게 해준다.
― 아리스토텔레스

앞에서 소개한 사례들은 성공한 기업들이 변화하는 시장과 기술에 적응하지 못하고 얼마나 쉽게 실패하는지 보여준다. 흥미롭긴 하지만 무엇이 변화를 어렵게 만드는지, 리더십이 왜 중요한지 완벽히 설명해주지는 않는다. 이 장에서는 왜 성공이 실패로 이어지는지 살펴보고, 신중한 리더가 조직을 어떻게 실패에서 구해내는지 알려줄 것이다. 우선 조직의 조정이 단기적 성공에 어떻게 핵심이 되는지를 모델을 보여주고, 성공 증후군(장기적 적응을 어렵게 만드는 단기적 조정)이 어떻게 실패 확률을 높이는지 살펴볼 것이다. 그리고 아마존의 사례를 통해 활용과 탐험에 필요한 조정의 차이점과 리더들이 긴장 상태를 어떻게 극복하고 양손잡이 능력을 얻게 되는지 알아볼 것이다.

조직의 조정이 갖는 힘

사람들에게 경영자가 하는 일을 정의해보라고 하면 일반적으로 '분명한 목표를 제시한다, 통제 시스템을 디자인한다, 구조를 확립한다, 규정 준수를 감시한다, 문제를 해결한다'와 같은 대답이 나온다. 리더십은 강력한 비전을 제공하고 이와 관련해 소통하며, 사람들에게 영감을 주고 동기를 부여하며, 필요하다면 자원을 재분배하고 시스템과 구조를 바꿔 조직의 변화를 돕는다. 경영진의 역할이 열차가 제시간에 도착하도록 하는 것이라면, 리더의 역할은 열차가 올바른 목적지로 향하게 만드는 것이다. 경영진은 실행을 담당하고 리더는 전략과 변화를 담당한다. 많은 학자와 전문가들은 오랫 동안 조직이 성공을 유지하려면 이 둘이 모두 필요하다는 사실을 인정했다.

그렇다면 실행execution은 실제로 어떻게 보이는가? 근본적으로 실행은 조직의 조정을 통해 사람과 공식 조직, 문화가 전략의 실행을 뒷받침하도록 만든다. 그림 2-1은 이에 대한 모델을 제시하고 있다. 이 모델에서 전략과 목표가 분명하다면, 목표를 달성하기 위해 필요한 핵심 성공 요소(예를 들어 전략을 성공적으로 수행하기 위해 향후 12개월에서 18개월 내에 해야 하는 3~4가지의 것들)를 확인할 수 있다. 이를 구체화하면 조직이 이런 요소를 갖추도록 사람과 공식 조직, 문화를 조정하는 것에 대해 생각할 수 있다. 각요소(사람, 공식 조직, 문화)와 관련하여 어떤 종류의 사람과 기술이 필요할지, 다음과 같은 질문들을 던져볼 수 있다.

- 사람들이 우리가 무엇을 달성하고자 하는지 분명히 알고 있고, 동기

부여가 되어 있는가?

- 조직이 올바른 정보를 제공할 수 있는 구조인가?
- 정확히 평가하고 보상하고 있는가?
- 적절한 모니터링 및 통제 시스템을 갖추고 있는가?
- 사람들이 목표를 달성하기 위해 필요한 기대 행동을 공유하고 있는가
  (예를 들어 문화가 핵심 성공 요소를 뒷받침하고 있는가)? 이런 기대들이
  폭넓게 공유되고 확실한 지지를 받고 있는가?

|그림 2-1| **적합성 모델(Congruence Model)**

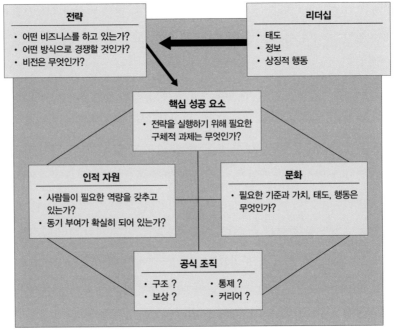

이런 질문에 대한 대답은 전략을 실행하기 위해 조직을 어떻게 조정해야 하는지 결정하는 데 도움을 줄 것이다. 잘못된 조정은(예를 들어 제대로 된 기술이 없거나 잘못된 체계를 사용하는 등) 실행의 성공 확률을 떨어뜨린다.

우리는 이 모델이 얼마나 유용한지 보여주려고 한다. 잘 알려진 기술과 검증된 비즈니스 모델로 규모가 크고 성숙한 사업을 운영하고 있다고 생각해보자. 사업이 이미 성숙했고 경쟁이 심하기 때문에 사업 전략은 비용을 낮춰 경쟁력을 갖추는 것이라고 가정해보자. 인텔Intel의 반도체 공장이나 토요타의 제조 공장을 예로 들 경우, 핵심 성공 요소는 효율성과 생산성으로 비용을 낮추고(품질 개선이나 효율적 제조), 혁신을 확대하는(더 빠르고 값싸게) 것이다. 이를 위해 필요한 기술은 훌륭한 운용 전문성, 훈련된 접근, 빠른 문제 해결, 단기적 집중이다. 효율성과 생산성을 높이기 위해 조직은 확실한 지표와 보상체계를 갖춘 기능적 조직(제조, 공학, 제품 개발, 판매, R&D)을 강조하고, 빠른 학습과 개선된 방법을 실행하기 위해 짧은 피드백 고리를 강조한다. 이는 효율성과 통제, 확실성, 변화 축소를 강조하는 활용에 관한 것이다. 개선은 계속 늘어나는 조정의 기능이다. 저가 전략에서 승자는 비효율을 가장 잘 줄이는 조직이다. 충분한 조정이 없으면(예를 들어 긴급성과 팀워크가 부족한 문화나 지속적으로 자신의 일을 개선하려는 기술과 동기가 부족한 직원들) 효율성이 떨어지고 경쟁자가 승리한다. 이런 상황에서 경영진의 역할은 사람과 구조, 문화를 지속적으로 조정하는 것이다.

이제 비즈니스와 기술의 미래가 불확실한 신생 조직의 리더가 직면하게 될 도전에 대해 생각해보자. 아마 트위터Twitter나 소셜미디어 기업이 여기에 속할 것이다. 이들에게 중요한 전략은 혁신과 유연성의 규모를 조정하는 것이다. 핵심 성공 요소는 성장과 유연성 그리고 빠른 혁신이다. 어떤 종류의 능력이 필요한가? 분명 기술적 능력이 중요하지만 적응하고 빠르게 움직이는 능력도 중요하다. 시장과 기술의 불확실성을 고려할 때 조직의 구조는 평면적이고 새로운 계획에 빠르게 반응할 수 있어야 한다. 페이스북Facebook에서 엔지니어들은 "빠르게 움직이고 빨리 실행하라"는 말을 듣는다. 성숙한 조직에 도움이 되는 표준화와 프로세스가 이런 기업에는 도움이 되지 않을 수 있다. 마찬가지로 수익 같은 재무 지표는 신규 고객 수나 이탈률, 고객 유지 같은 수치보다 유용성이 떨어진다. 속도와 유연성을 높이기 위해서는 계획, 실험, 속도 등의 기준과 가치를 강조해야 한다.[1] 1장에서 본 바와 같이 이는 탐험을 촉진하는 조정이다. 즉 검색과 발견, 자율성 그리고 혁신이다.

이런 예들 중 몇 가지는 살펴볼 가치가 있다. 첫째, 조정이 매우 다르더라도 각각은 특정 전략의 성공적 실행을 위해 필요하다. 경쟁이 효율성과 비용에 달려 있다면 가장 성공적으로 변동을 줄이고 혁신을 점진적으로 늘리는 조직이 승자가 될 확률이 높다. 시장이 빠르게 변화하고 있을 때는 빠르게 실험하고 적응할 수 있도록 하는 조정이 필요하다. 둘째, 조정은 경영자들의 최우선 역할이며 결코 쉽지 않은 일이다. 시스템과 프로세스를 만들고 일의 구조를 세우고 사람들에게 동기를 부여하고 책임을 지우며 지속적인 개선을 촉진하는 일은 도전이다. 셋째, 한 전략의 성공을 도울 조정이 다른 전략에는 독이 될 수 있다. 여기서 문제가 발생한다. 성숙한 비즈니스의 성공을 돕는 조정이 신규 비즈니스를 방해할 수 있기 때문이다. 마찬가지로 신규 비즈니스를 돕는 조정이 성숙한 비즈니스를 비효율적으로 만들 수도 있다. 그 밖에 기업의 전략은 타이밍이 중요하다. 앞서 시어스나 블록버스터의 사례에서 보았듯 한때 조직의 성공을 가져다준 조정이 다른 때에는 조직을 위험에 빠트리기도 한다. 위대한 기업(자랑스러운 전통을 가진 기업)은 성공 증후군(그림 2-2)에 가장 취약할 수 있다.

|그림 2-2| 성공 증후군

한 예로 중간 시장(mid-market)에 들어가려고 시도했던 독일 소프트웨어 기업 SAP의 사례를 살펴보자. 1972년, 전 IBM 엔지니어 5명이 만든 SAP는 전 세계 기업에 전사적자원관리(이하 ERP) 시스템을 제공하며 엄청난 성공을 거두었다. 소프트웨어 시스템을 통해 기업은 재고와 자재관리, 고객관계관리, 생산계획을 통합할 수 있게 되었다. 2006년, SAP의 수익은 94억 유로까지 증가했고 ERP 시장을 주도했다. 직원 수는 약 4만 명으로 2위 업체인 오라클의 3배에 달했다. 하지만 2006년에 SAP의 주가는 차츰 하락했고, 애널리스트와 기업들은 ERP 시장의 성장률이 낮아질 것이라고 예측했다. 이러한 성장 저하는 투자자들이 기대하던 2010년의 성장률에 도달하지 못할 수도 있음을 의미했다.

실망스러운 현실에 직면한 공동 CEO 헤닝 카거만Henning Kagermann은 SAP의 전략을 재검토했다. 이로 인해 기존의 ERP 시장에서의 성장 기회는 사라졌지만, 다행히도 중소기업 시장에는 여전히 상당한 기회가 있었다. 이를 파악한 후 카거만은 "지금의 기업용 소프트웨어 구매자가 아닌 중소기업들로부터 엄청난 수익의 기회가 있다"라고 공식적으로 언급했다.[2] 그는

2010년까지 1만 개의 새로운 중소기업 고객으로부터 10억 달러의 수익을 거둘 것이라고 주장했다.

이를 달성하기 위해 SAP는 중소기업들이 SAP 소프트웨어 온라인에 접근할 수 있도록 새로운 중형기업 대상 상품인 비즈니스 바이디자인(이하 바이디)을 출시했다. 값비싼 맞춤형 소프트웨어 디자인 대신 이 제품은 서비스형 소프트웨어SaaS; Software as a Service(이하 SaaS)에 의존했다. 장기 계약을 하거나 전략적 ERP에 수백만 달러를 지출하는 대신, 중소기업은 필요한 서비스만 사용하고 비용을 지불할 수 있게 되었다. 새로운 비즈니스 모델은 대기업에 대규모 고객 맞춤형 시스템을 판매하는 기존 비즈니스와 함께 운영되었다.

여기서 서로 다른 두 비즈니스에 필요한 조정을 생각해보자. 중심이 되는 ERP 비즈니스는 대기업에 매우 비싸고 복잡한 시스템을 장기로 판매하는 모델이었다. 이 통합 시스템의 디자인과 실행에는 매우 복잡하고 정교한 프로그래밍과 서비스 기술이 필요했다. 제품을 만든 기술자들은 바로 그 정교한 프로그래밍 때문에 SAP에 들어왔다. 조직은 기능적 전문성과 신중한 계획 및 디자인, 장기적인 틀에 의존해 프로젝트를 운영해야 했다. SAP의 문화는 이런 요구를 반영했고, 세부적이고 세심한 계획 및 조직, 혁신에 대한 장기적 관점을 강조했다. 반면 새로운 SaaS 비즈니스 모델은 적은 차익금과 짧은 서비스 기간, 표준화된 제품, 유저당 수익, 빠른 대응 시간에 의존했다. 혁신은 SAP 내의 기술자들만의 영역이 아니라 파트너들을 포함한 모든 사람의 책임이 되었다. 그림 2-3은 두 비즈니스 모델의 조정을 보여준다. 이 둘의 상당한 차이를 고려할 때, 바이디가 어떻게 전개될 것으로 예상하는가? 어느 부분에서 문제가 생길 확률이 가장 높을 것 같은가?

|그림 2-3| SAP의 조직 조정

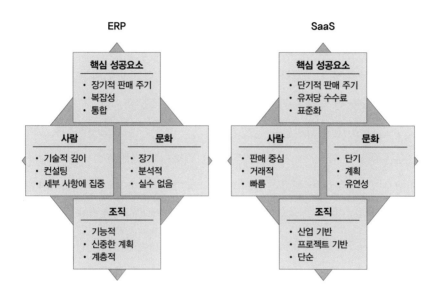

중소기업 비즈니스에 뛰어든다는 전략은 훌륭했지만, SAP의 전반적 성장은 2009년까지 정체를 보였고 바이디는 어려움을 겪었다. 공동 CEO인 레오 아포테커Leo Apotheker는 "우리는 더 이상 기술을 판매하지 않는다. 비즈니스 기회를 판매한다. … 동시에 우리는 비즈니스 모델을 컨설팅에서 지적 자본으로 변화시키고 있다. 이를 위해서는 직원들의 유전적 구조를 바꿔야만 한다"라고 주장했다.[3] 바이디 제품은 기술적으로는 성공을 거두었지만 조직의 문제들이 제품의 도입을 방해했고 출시를 어렵게 만들었다.

SAP의 많은 기술직 직원들은 새로운 제품이 자신들의 기술적 역량에 못 미친다고 보았다. 그들은 작은 모듈이 아니라 복잡하고 통합된 소프트웨어 시스템을 만들기 위해 회사에 들어왔기 때문이다. 대규모 시스템을 판매했던 세일즈 인력도 작은 패키지 상품을 파는 데 의욕이 없었다. 200개의 대기업 고객을 관리하던 거래처 관리자들도 저가의 바이디를 방해물로 보았고 최악의 경우에는 위협으로 생각했다. 회사에 도움이 되던 큰 기능적 조직도 중소기업 시장에 필요한 빠르고 유연한 모델을 홍보하기에는 유용하지 않았다. 하지만 경영자들은 별개의 바이디 조직을 마련하는 대신 기존의 교차 기능 팀이 새로운 사업을 운영하도록 시도했다.

그 결과 2010년 고객들은 석세스팩터스^{SuccessFactors}, 넷스윗^{Netsuite}, 세일즈포스닷컴$^{Salesforce.com}$, 마이크로소프트 다이나믹스$^{Microsoft\ Dynamics}$ 같은 경쟁사의 제품을 구매했다. SAP의 고객은 예상했던 1만 명이 아니라 1천 명 정도밖에 되지 않았고, SAP의 수익은 10억 달러가 아닌 3,500만 달러에 그쳤다. 2010년 2월, 아포테커는 바이디의 실패로 경질되었다. 2013년 10월 20일, SAP는 30억 유로의 예상 손실을 안고 바이디 사업을 중단한다고 발표했다.[4] 규모가 큰 성공적인 사업이 작은 사업을 실패하게 만든 것이다.

바이디의 노력은 실패로 끝났지만 서비스형 소프트웨어 판매는 올바른 전략이었다. 2011년 12월, SAP는 클라우드 기반의 인적 자원 소프트웨어 메이커인 석세스팩터스를 31억 달러에 매입했다. SAP의 모든 중소기업 자산과 아리바^{Arriba}를 포함한 석세스팩터스의 자산은 새로운 조직으로 통합되었고, SAP의 제품을 모든 고객에게 온 프레미스$^{on-premise}$(소프트웨어를 서버에 직접 설치해 쓰는 방식)와 SaaS로 모두 제공하는 하이브리드형 클라우드 전략이 개발되었다.

성공 증후군

바이디의 실패를 초래한 원인 중 하나는 SAP의 성공이다. 이는 코닥이나 시어스, 블랙베리BlackBerry 외 많은 기업이 겪은 상황과 동일하다. 실패의 논리는 서서히 퍼지고 경영자들이 경계를 늦추면 논리의 덫에 쉽게 빠지게 된다.

시작은 이렇다. 좋은 전략을 세웠다면 단기 성공은 조정을 통해 실행된다. 즉 전략을 실행하기 위해 경영자들은 적절한 인력을 확보하고, 조직을 바르게 구성하고, 옳은 일에 대한 측정과 보상을 하며, 핵심 성공 요소를 달성하기 위한 문화를 만들기 위해 열심히 노력한다. 노력이 성공하게 되면 조정은 전략 실행을 견인하고 회사는 성장하기 시작한다. 시간이 지나면서 조직이 커지면, 경영자들은 조정을 강화하기 위해 무엇을 수정해야 하는지 알게 된다. 더 좋은 체계가 개발되고 새로운 절차와 프로세스에 반영된다. 구조가 개선되고 통제와 통합을 더 잘하게 된다. 또한 기계를 만드는 데 필요한 기술도 풍부해진다. 이런 모든 변화는 조직의 실적을 향상시킨다. 그러나 동시에 구조적 타성에 젖어들 확률도 높인다. 성공을 가져온 구조와 시스템, 프로세스, 체계를 개발하려고 부지런히 일하던 사람들은 점차 변화를 꺼리게 되고, 불확실하고 마진이 적은 비즈니스에 도전하는 것을 거부하게 된다.

규모나 구조적 타성과는 별개로, 성공이 오래 지속될수록 조직은 성공을 가져올 행동에 기대되는 기준을 만들게 된다. 사람들은 어떤 행동을 하면 진급이나 인정의 형태로 보상을 받고, 어떤 행동을 하면 비난이나 징계를 받을지 깨닫는다. 기준에 순응하는 사람은 승진하고 기업의 기대에 적합한 능력을 가진 사람이 새로 채용된다. 사회적 통제 시스템이나 문화적 조정은 전략을 실행하고 회사의 성공을 이루는 데 도움이 된다.[5] 하지만 동시에 문화적 타성을 불러 일으키고 변화를 더욱 어렵게 만든다.

여기서 역설적인 면을 볼 수 있다. 공식적인 통제 시스템(구조와 메트릭스 또는 조직의 하드웨어)과 사회적 통제 시스템(기준, 가치, 행동 또는 조직의 소프트웨어)의 조정은 전략의 성공적 실행에 있어 대단히 중요하다. 하지만 이는 또한 분명한 위협 앞에서조차 변화를 어렵게 만드는 조직의 타성을 초래하기도 한다. 따라서 경영자들은 단기적으로 조직을 전략에 맞게 조정하려 노력한다. 외부 환경이 상대적으로 안정적일 때 이는 조직의 성공과 생존에 핵심이 된다. SAP의 경우 고객들이 대규모 ERP 시스템에 비즈니스 운영을 의존하는 동안 회사의 조정은 성공을 이끌었다. 그러나 시장이 성숙하고 클라우드 컴퓨팅이 도입되고 지속적인 수익에 기반한 새로운 비즈니스 모델이 나타나면서, 성공을 불러왔던 조정은 회사를 위험에 빠뜨렸다. 구조적·문화적 타성이 새로운 비즈니스 모델을 받아들이는 그들의 능력을 방해하게 된 것이다.

1장에서 소개한 기업들을 보면 이 함정이 얼마나 일반적이고 서서히 일어나는지 알 수 있다. 예를 들어 폴라로이의 사례를 깊이 있게 연구했던 조직 연구자 메리 트립서스와 지오바니 가베티는, 폴라로이드가 무너지기 전에 새로운 디지털 이미지 기술을 개발했지만, 기존 프로세스의 경직성과 새로운 비즈니스 모델을 실행하는 것에 대한 경영진의 무능으로 인해 상업화에 실패했다고 밝혔다.[6] 코닥도 비슷한 문제를 경험했다. 최고의 전자제품 기술을 갖고 있었지만 필름과 사진에 집착해 쇠퇴하는 디지털 카메라 시장의 함정에 빠졌다. 회사를 살리기 위해 채용된 고위 경영자는 "코닥은 마치 필름 이외에서 경쟁하는 것에 항체를 갖고 있는 것처럼 보였다"라며

안타까워했다.[7]

코닥은 훌륭한 브랜드와 R&D, 제조 능력에 매출 총이익도 높았지만, 계층적 문화와 완벽한 제품 디자인에 대한 집착이 새로운 비즈니스 모델로 옮겨가려는 회사의 역량에 방해가 되었다. SAP와 마찬가지로 코닥은 초점과 자원을 분산시키며 서로 다른 부분에서 나타나는 새로운 위협에 대응하려는 노력을 분산시켰다. 코닥과 함께 일했던 한 컨설턴트는 "후지필름과 달리 코닥은 고객 중심의 기업이 아니었고 그런 사고방식을 바꾸지 못했다"라고 지적했다. 반대로 경쟁사인 후지필름의 대응 방식은 달랐다. CEO 시게타카 코모리는 두 회사가 동일한 위협에 직면했다는 사실에 주목했다. "문제는 그 위협에 어떻게 대처하느냐 하는 것이다. … 기술적으로 우리는 이미 다양한 자원을 갖추고 있고 그런 자원을 새로운 비즈니스로 돌릴 수 있는 방법이 있을 것이라고 생각했다."[8] 후지필름은 계면화학 분야의 전문성을 카메라와 기기뿐 아니라 화장품과 LCD 패널, 의약품 개발에도 적용했다. 오늘날 후지필름은 코닥보다 10배나 큰 회사가 되었다.

성공 증후군이 기업이 겪는 문제의 근본 원인이라면 이 딜레마의 해결책은 무엇일까? 그 답은 단순하게도 전략과 조정의 관련성을 이해하고 시간을 두고 어떻게 변화할 것인지에 있다. 서로 다른 전략은 다른 종류의 조정이 필요하다. 성숙한 시장에서 경쟁하려면 A전략이 필요하지만 새로운 시장에서 경쟁하려면 B전략이 필요할 수 있다. 탐험을 위해 필요한 것과 활용을 위해 필요한 것은 다르다. 성공 증후군의 해결책은 경영자들이 다수의 조정을 해야 할 필요성, 즉 양손잡이 능력을 갖추어야 한다는 것을 인식하는 것이다.[9] 기업과 전략이 진화하면 조정도 진화한다. 기업의 초창기에 필요했던 것이 성장 단계에는 필요하지 않을 수 있다. 성장 단계에 필요했

| 그림 2-4 | 조직의 진화

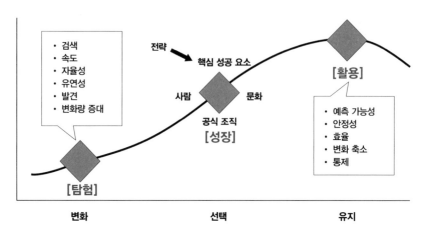

던 것이 성숙한 기간에는 도움이 되지 않을 수 있다. 그림 2-4는 이러한 진화를 보여준다.

탐험 단계에서 핵심 성공 요소는 새로운 비즈니스 개념과 모델을 입증하고, 세분화 시장과 고객을 파악하고, 실행을 위한 역량을 개발하는 것에 집중한다. 이 단계에서 조직의 조정은 속도와 계획, 적응을 강조한다. 이는 일반적으로 이런 환경을 좋아하는 사람을 고용하고 조직을 평면적으로 만들고 성장과 고객 확보를 측정하고 보상하며 실험 활동과 민첩함에 가치를 두는 문화를 만드는 것을 의미한다. 조직이 성공하고 성장하기 시작하면 초점은 더 광범위한 제품과 서비스를 제공하는 것으로 이동하고, 효율성과 마진 및 시장 점유율을 측정하는 데에 더욱 중점을 두게 된다. 이 단계에서 조직은 프로세스와 절차를 만들기 시작하고 더 엄격한 측정과 통제 방법을 도입해 공식적인 구조를 수립한다. 성공과 함께 시장과 기술이 성숙해지기 시작하면서, 경쟁의 기준은 비용과 효율성으로 이동한다. 핵심 성공 요소는 효율성과 점진적인 개선이다. 조직의 조정은 더욱 중앙 집중화되고 표준화되며 사람들은 프로세스 관리가 핵심이 되어 감에 따라 전문성을 더욱 발전시킨다. 성공은 생산성 개선을 유지하고 공정을 확장하는 데서 온다.

상대적으로 안정적인 시장과 기술에서 이런 적응은 점진적인 변화를 통해 장기간에 걸쳐 나타난다. 세계적으로 오래된 회사들은 이런 패턴에 들어맞는다.[10] 가장 오래된 기업인 일본의 건설회사 곤고구미Kongo Gumi는 불교 사원과 신사 건설 및 보수 전문 회사로 573년에 세워졌다.[11] 서비스, 식품 생산, 양조, 전문 금속 세공, 소매, 광산, 천연자원 분야에서도 오래된 기업들을 찾아볼 수 있다. 북미에서 가장 오래된 회사는 허드슨 베이 컴퍼니 Hudson's Bay Company라는 소매업체인데, 설립된 지 340년이 넘었다. 이런 기업이 속해 있는 산업은 수 세기에 걸쳐 변화했지만 기업들은 점진적 변화를 통해 적응하면서 진화를 해왔다.

앞에서 소개한 그림 2-1의 모델을 참고하면 변화는 동시에 일어난다기보다 순차적으로 일어나는 것을 알 수 있다. 정유회사 엑손모빌Exxon Mobil은 1870년에 스탠다드 오일Standard Oil에서 시작해 몇 번의 격변과 조직 개편을 겪은 후 1999년에 현재의 모습이 되었다. 원유 발견과 추출, 정유 및 판매 관련 기술은 크게 변화했지만 회사의 근본적인 미션은 바뀌지 않았다. 오늘날 엑손모빌은 1870년대와는 완전히 달라졌지만 그 변화는 오랜 기간에 걸쳐 일어났고 전략이나 구조, 문화의 동시적 이동이 필요하지는 않았다.[12]

하지만 오늘날에는 그러한 점진적 변화가 잘 일어나지 않는다. 변화의 속도는 급격하게 빨라졌다. 그림 2-5를 보면 무선전화 기술과 인터넷, 컴퓨터의 보급이 기존 기술의 변화(예를 들어 전기, 자동차, 전화)에 비해 얼마나 빨리 일어났는지를 보여준다. 미국 가정에서 전기와 전화의 보급률이 50%

에 도달하기까지는 50년 이상 걸렸다. 무선전화가 같은 수준으로 보급되는데는 14년이 걸렸고 인터넷의 경우는 10년밖에 걸리지 않았다.

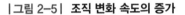

| 그림 2-5 | 조직 변화 속도의 증가

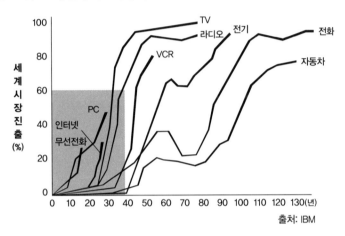

출처: IBM

급격한 변화로 인해 대기업의 실패율도 빠르게 증가했다. 예전에는 경영진이 회사의 방향을 바꾸는 데 수십 년의 시간이 있었지만 이제는 더 이상 그렇지 않다. 오늘날 리더에게는 새로운 역량을 개발하고 벼랑 끝을 뛰어넘는 대응을 하기까지 수년의 시간밖에 없다. 이런 세상에서 살아남기 위해서 활용이 더욱 필요해졌다. 여기서 바로 리더십이 요구된다. 기존 자산과 역량을 활용해 현재 수익의 원천이 되는 성숙한 비즈니스에서 경쟁하는 동시에, 자산과 역량을 새로운 사업을 탐험하는 데 사용함으로써 향후 시장을 대비해야 한다. 그림 2-4로 다시 돌아가보자. 이제 자신의 사무실에서 여러 개의 성장 곡선이 서로 다른 속도로 펼쳐지는 모습을 보고 있는 성공적인 리더를 상상해보자.

서로 다른 전략에는 그에 따른 각각의 조정이 필요하다. 이 개념을 이해하는 것은 어렵지 않지만 실제로 실행하기는 어렵다. 이해를 돕기 위해 온라인 소매업에서 웹서비스, 비디오 제작 및 전자 하드웨어에 이르는 서로 다른 시장에서 경쟁하며 작은 스타트업으로 시작해 20년 만에 900억 달러의 거대 기업이 된 회사를 살펴보려 한다.

아마존의 활용과 탐험

1994년, 제프 베조스는 아마존을 설립하고 이를 '세계에서 가장 큰 서점'이라고 알렸다. 그다음 해 7월 웹사이트의 가동 준비가 끝났다. 1996년 주요 경쟁사인 반스앤노블스Barnes and Noble와 보더스북스Borders Books가 각각 20억 달러 정도의 수익을 냈을 때 아마존은 160억 달러의 판매를 기록했다.

20년이 흐른 뒤, 아마존은 직원이 15만 명 이상 되고, 책과 음악에서부터 장난감, 전자 제품, 장신구, 스포츠 용품, 산업 제품, 기저귀, 의류, 식품, 와인, 가구, 미술품 등 900억 달러 가치에 달하는 다양한 물품을 조달하는 기업이 되었다. 2013년, 아마존의 수익은 월마트의 수익이 2.2% 증가한 데 반해 22%가 증가했다. 아마존은 500억 달러의 수익을 달성하는 데 16년이 걸렸는데, 월마트가 같은 목표를 달성하는 데 걸린 시간의 반 정도밖에 되지 않았다. 맥킨지McKinsey의 한 연구에 따르면 상위 5개 경쟁사에 비해 아마존은 약 7배 많은 종류의 상품을 판매하고 있고, 가격은 5~13% 정도 낮으며, 고객 만족도는 13% 정도 높다고 한다. 또한 판매의 6% 정도를 R&D에 지출하고 있는데 이는 다른 소매업체의 3배 정도 되는 규모다. 반면에

보더스는 파산했고 반스앤노블스는 어려움을 겪고 있다. 아마존에 대해 쓴 한 책의 제목을 빌리자면 아마존은 '모든 것을 파는 상점'이 되었다.[13] 하지만 어떻게 보면 이런 비교는 아마존의 업적을 실제보다 축소해서 말하는 것이다. 오늘날 아마존은 단순한 온라인 소매업체를 뛰어넘었다. 아마존은 타겟Target 같은 소매업체부터 비영리 기관인 메이저리그 야구MLB, 노바티스Novartis 같은 제약 회사와 CIA 같은 정부 기관이 온라인 비즈니스(아마존 웹서비스)를 운영하는 데 필요한 클라우드 컴퓨팅 플랫폼을 제공하는 최고의 기술기업이 되었다. 또한 다른 회사들(아마존 풀필먼트) 제품을 보관하고 배달하는 서비스 및 유통 회사가 되었고, 비디오 스트리밍 회사(아마존 인스턴트 비디오), 전자 하드웨어 회사(킨들과 파이어폰), 애플Apple이나 넷플릭스 같은 회사와 경쟁하는 비디오 제작회사(아마존 스튜디오), 그리고 최근에는 출판사(아마존 퍼블리싱) 비즈니스도 하고 있다. 기술 컨설팅 기업인 가트너Gartner는 아마존 웹서비스가 IBM을 포함해 클라우드 컴퓨팅을 하는 14개의 회사보다 5배 더 큰 처리 능력을 갖고 있다고 평가했다.

아마존은 어떻게 20년 만에 실제 재고를 갖고 있지 않으면서도 잉그램Ingram 같은 도매업자로부터 책을 사던 온라인 서점에서 세계 최고의 기술 기업 중 하나가 되었을까? 아마존이 책과 함께 다양한 물품을 팔고, 자사 제품을 판매하며 다른 소매업체들의 온라인 상점이 되고, 유통과 주문처리 부문의 강자가 되고, 클라우드컴퓨팅과 비디오 스트리밍, 제작에 집중하는 배급자가 된 배경에는 리더십과 양손잡이 능력이 있었다. 아마존의 리더들은 효율성과 점진적 개선이 핵심인 소매와 유통 같은 성숙한 시장을 이용하는 동시에 기존 자산과 역량을 활용하여 유연성과 실험 정신이 중요한 새로운 분야로 탐험하는 능력을 이용할 줄 알았다.

아마존이 어떻게 이런 변신을 할 수 있었는지, 어떻게 지속적으로 기존 자산을 활용하여 새로운 기회를 탐험하고 있는지에 대해서 살펴보자. 이를 위해 아마존의 진화를 세 단계로 나누어 보았다. 표 2-1은 아마존의 진화를 정리한 것으로 아마존이 달성한 25가지 혁신을 요약해서 보여준다.

1단계: 서점에서 거대 온라인 서점이 되다(1994년~2000년)

아마존의 설립자이자 CEO인 제프 베조스는 인터넷의 파괴적인 잠재력을 믿고, 인터넷에서 어떤 종류의 상품이 가장 잘 팔릴지 생각하며 온라인 소매업을 시작했다. 그리고 고객과 제조업자 사이에서 중개인 역할을 하고 전 세계에 거의 모든 종류의 상품을 판매할 인터넷 회사를 만들겠다는 비전을 세웠다. 그는 구매자들이 자신이 구매한 물건이 무엇인지 정확히 알 수 있고 온라인으로 쉽게 판매될 수 있는 상품으로 책을 떠올렸다. 기존 책의 유통 모델은 출판사에서 책을 만들어 도매업자에게 팔고 보관하다가 서점에 판매해 유통되는 방식이었다. 인터넷 서점은 이러한 유통 단계를 바꾸어놓을 수 있었다.

그의 초기 모델은 웹사이트(아마존닷컴)에서 책을 선전하는 것이었다. 고객이 책을 주문하면 아마존은 도매업자로부터 그 책을 구매해서 고객에게 배송한다(혁신#1). 이 방식의 장점은 아마존이 재고 없이 엄청나게 다양한 책을 제공하고 운영상 손해를 보지 않는 것(책을 배송하기 전에 고객이 책값을 지불하지만 아마존은 매월 말까지 도매업자에게 책값을 지불하지 않는다)이었다. 이런 방식은 다른 어떤 오프라인 상점도 할 수 없는 방대한 종류의 책을 고객에게 제공할 수 있게 해주었다.

| 표 2-1 | 아마존의 혁신

단계	유형	내용
1단계(1994년~2000년)		
#1	탐험	인터넷 서점
#2	활용	고객의 선택에 도움이 될 리뷰 제공
#3	활용	늘어나는 책을 보관하기 위해 창고 건설
#4	활용	주문처리 기술에 투자
#5	활용	마케팅 프로그램 제휴
#6	탐험	SWAT팀 - 음악과 DVD 판매
#7	활용	아마존 창고에 제품을 보관하고 배송하고 싶어하는 회사들과 제휴
#8	활용	다양한 상품의 유통을 위해 정교한 기술 개발
#9	탐험	이베이(eBay)와 경쟁하기 위해 경매 도입
#10	탐험	닷컴에 투자(예: 펫츠닷컴)
2단계(2000년~2005년)		
#11	활용	다른 소매업체를 위한 플랫폼 개설
#12	활용	주문처리를 핵심 역량으로 결정, 주문처리 능력 강화, 다른 소매업체에게 주문처리 역량 제공
#13	탐험	아마존 프라임 - 고객에게 무료 배송 서비스 제공
3단계(2005년)		
#14	탐험	팔로알토에 자회사 검색 엔진(A9) 설립
#15	탐험	광고 서비스(클릭리버)
#16	탐험	크라우드 소싱(엠터크)
#17	탐험	고객 상품 개발을 위해 쿠퍼티노에 Lab126 설립
#18	탐험	비디오 스트리밍(아마존 인스턴트 비디오)
#19	탐험	플랫폼 개발(탄력적 클라우드 컴퓨팅, EC2)
#20	활용	단순 저장 서비스(S3)
#21	탐험	클라우드 컴퓨팅(아마존 웹서비스, AWS) - EC2, S3 및 기타 프로그래밍 조합
#22	활용	제품 범주 확장을 위해 인수(예: 자포스, 다이퍼스닷컴)
#23	탐험	영화 및 비디오 제작(아마존 스튜디오)
#24	활용	메이데이 - 새로운 고객 서비스 양식
#25	탐험	아마존 스마트폰 - 파이어

오늘날까지 이어지고 있는 베조스의 철학은 항상 아마존이 물건을 판매

하는 것으로 돈을 벌지 않는다는 것이다. 그는 고객이 구매 결정을 하도록 돕는 데서 돈을 번다고 생각했다. 이 철학은 두 번째 혁신(혁신#2)으로 이어진다. 책 리뷰를 제공하는 것이다. 처음에는 회사 내 편집자들이 리뷰를 작성했지만 곧 고객들이 작성하게 되었다. 이런 리뷰는 다른 고객의 선택을 돕는 가치를 창출했다. 웹사이트는 성공을 거두었다. 1996년에 아마존은 2000년까지 대략 1억 달러의 매출을 올릴 것으로 예측되는데, 이 예측은 15% 정도 빗나갔다. 2000년, 아마존은 16억 달러의 수익을 올린 것이다.

초기 성장으로 인해 보관과 배송이 많아지면서 혼란스러워지자 아마존은 창고에 투자하고(혁신#3) 정교한 주문처리 기술을(혁신#4) 개발했다. 다른 웹사이트에서 아마존이 판매하는 책을 추천하도록 장려하기 위해 고객이 타 웹사이트를 보고 아마존을 방문하면 그 웹사이트에 수수료를 지불하는(혁신#5) 제휴 프로그램을 만들었다. 이는 제휴 마케팅이라는 수백만 달러 가치의 비즈니스를 창출해냈다.

1997년, 유통 부문 역량을 키우면서 베조스는 온라인으로는 판매가 덜 되지만 쉽게 배송할 수 있는 상품이 무엇인지를 확인하도록 SWAT팀을 구성했다. 탐험적 노력은 음악과 DVD 판매(혁신#6)로 이어졌다. 이 기간에 아마존은 온라인 판매 및 유통을 위해 다른 소매업체들과 파트너십을 맺었다(혁신#7). 예를 들어 이토이eToys의 재고, 유통, 온라인 판매를 처리하기로 합의했는데 이는 근본적으로 이토이의 판매와 유통을 전담하는 것이었다. 아마존을 통해 보관되고 배송되는 제품의 양과 종류가 증가하면서, 아마존은 유통과 주문처리 센터의 규모와 복잡성을 확대시켰다. 이런 기회를 활용하기 위해 보다 정교한 기술을 갖춘 새로운 센터를 만들었다(혁신#8). 베조스는 제조 직원들에게 작은 물건(책과 장신구)부터 큰 물건(상업용 청소기와 산업 제품)에 이르는 모든 종류의 제품을 처리할 수 있는 주문처리 센터를 설계하라고 주문했다.

아마존이 진화하면서 베조스는 핵심 비즈니스 이외의 영역을 탐험할 때 생길 수 있는 위험을 감수하라고 지속적으로 강조했다. 하지만 이 시기에 펼쳤던 모든 노력이 성공적이었던 것은 아니었다. 이베이와 경매 부문에서 경쟁하려 했던 시도(혁신#9)는 결국 실패로 끝났고, 신기술을 얻기 위해 시도했던 몇몇 인수(예를 들어 코스모스닷컴이나 펫츠닷컴에 대한 투자 - 혁신 #10)도 실패했다. 이런 투자들은 단기적으로는 실패했지만, 그중 일부는 궁극적으로는 아마존이 새로운 분야로 진출할 수 있는 역량을 개발하는 데 도움이 되었다. 경매 분야에서의 실패는 다른 소매업자들을 위한 온라인 시장을 제공하는 아마존의 비즈니스 플랫폼을 성공적으로 만드는 데 사용된 기술을 개발하도록 해주었다. 유럽의 DVD 우편 대여 회사에 대한 투자는 프라임 멤버십 프로그램에 핵심이 되는 소프트웨어 능력을 갖추도록 해주었다.

베조스는 고객의 경험을 높일 수 있는 개선을 강조했고 회사를 정의하는 가치, 즉 고객 집착, 검소함(비즈니스 클래스 불가), 행동력, 주인의식, 정치적 행동하지 않기(다른 사람의 아이디어 빼앗지 않기), 사실에 기반한 광고 스타일(파워포인트 사용 금지-제안과 아이디어를 보여주는 여섯 페이지 분량의 설명)을 강조했다. 그의 전략은 단기 수익성보다는 잉여현금흐름을 높이고 시장 점유율을 높일 장기 전망에 기반한 결정이었다. 그는 "마진을 조금 높이는 것은 우리가 추구하는 방향이 아니다. 우리는 주당 잉여현금흐름을 최대한으로 높이기를 원한다. 투자자들은 잉여현금흐름을 보고 투자한다. 마진을 보고 투자하는 것이 아니다"라고 주장했다.[14] 그는 두 종류의 소매업체가 있다고 믿었다. 하나는 어떻게 해야 더 비싸게 팔 수 있는지를 계산하는 업체이고, 다른 하나는 어떻게 하면 더 싸게 팔 수 있는지를 생각하는 업체다. 아마존은 항상 후자에 속했다. 베조스는 "우리는 항상 아주 적은 마진으로 영업하는 것에 만족했다"라고 말했다.[15]

2000년 아마존의 수익은 27억 달러가 되었고, 베조스의 말을 빌리자면 서점에서 '사람들이 사려고 하는 물건을 찾고 발견하는 장소'로 변화했다. 점진적 개선(더 나은 유통, 보다 정확한 상품 준비 및 배송, 더 빠른 주문 시간)과 광범위한 제품군에 대한 투자는 아마존이 새로운 영역을 탐험하고 다음 단계로 변화하기 위한 역량 개발에 도움이 되었다.

2단계: 온라인 플랫폼이 되다(2000년~2005년)

2000년대 초반, 아마존은 자회사의 제품을 판매하는 동시에 다른 소매업체들이 자신들의 제품을 팔 수 있도록 온라인 플랫폼을 제공했다. 예를 들어 아마존은 토이저러스Toys-R-Us의 웹사이트를 운영하고 아마존 창고에서 재고를 배송해주는 플랫폼을 제공했다. 이 서비스를 제공하면서 아마존은 비교할 수 없을 만큼 많은 상품군을 갖게 되었고, 오프라인 상점이 갖추지 못한 정교한 전자상거래 기술을 지속적으로 개발하고 다른 소매업체로부터 판매 수수료를 받았다(혁신#11). 아마존의 이런 접근 방식은 제품 판매를 면밀히 지켜보고 제품군이 어떻게 운용되는지 알게 되어 수량이 충분하다면 스스로 그런 제품을 판매할 수 있게 해주었다. 이는 자체 강화 사이클이었다. 낮은 가격과 폭넓은 제품군으로 더 많은 고객이 방문했다. 고객이 늘어나자 판매량이 증가했고, 수수료를 지불하고 웹사이트에 들어오려는 판매자가 더 많이 모이게 되었다. 이를 통해 아마존은 주문처리 센터나 웹사이트를 운영하는 서버 부문에서 고정 수익이 늘어났다. 그리고 높아진 효율성으로 가격을 더욱 낮출 수 있었다.

2002년, 회사가 계속 성장하고 유통 부문의 역량을 개선하는 데 지속적으로 투자하면서 핵심 전략에 관한 다음과 같은 의문들이 생겼다. 유통은 상품인가, 핵심 역량인가? 상품이라면 왜 투자해야 하는가? 왜 판매업자의 장비와 소프트웨어에 의존하지 않는가? 아마존은 고객에게 진정한 가치를 제공하고자 한다면 유통은 핵심 역량이 되어야 한다고 결론을 내렸다. 이를 기반으로 모든 소프트웨어를 새로 만들고 유통을 재정비했다(혁신#12). 새롭고 강화된 역량을 바탕으로, 아마존은 고객이 구매한 제품의 배송 시간을 구체적으로 약속할 수 있게 되었다. 이때가 바로 좀 더 비싸더라도 시간에 민감한 고객에게 무료 배송을 하기로 결정한 시기였다. 아마존 프라임이 탄생한 것이다. 한 달에 79달러를 내면 고객은 아마존에서 구매한 모든 제품을 이틀 안에 무료로 배송 받을 수 있게 되었다(혁신#13).

처음에 모든 재무 분석가들은 아마존 프라임이 적자를 낼 것으로 예측했다. 사용량이 많은 유저들만 멤버가 될 것이라는 우려에서였다. 하지만 베조스는 전혀 다른 시각을 갖고 있었다. "이 서비스는 79달러의 문제가 아니다. 다른 곳에서 쇼핑하지 않도록 사람들의 사고방식을 바꾸는 것이다."[16] 프라임은 고객을 아마존의 추종자로 만들었고, 그들이 가입한 멤버십 혜택을 최대한 활용하도록 유도했다. 프라임은 웹사이트에서의 지출을 평균 2배 정도 증가시켰다. 고객들은 더 다양한 상품을 구매하게 되었고, 더 많은 판매자들이 자신의 제품을 아마존에서 판매하려고 했다. 이는 영업 레버리지를 증가시켰고 아마존의 자산을 활용하여 더 많은 이익을 남길 수 있도록 해주었다. 또한 판매자가 아마존 주문처리 센터에서 제품을 보관하고 배송하도록 해주는 아마존 풀필먼트Amazon fulfillment는 새로운 기회를 창출해 영업 레버리지를 더욱 증가시켰다. 아마존은 판매자들에게 자체 인프라를 사용하도록 하면서 수수료를 받아 제품을 판매할 때보다 더 많은 수입을 올렸다.

이를 통해 아마존은 2004년에 69억 달러의 수익을 달성했다. 다시 한번 온라인 소매업체에서 다른 소매업체를 위한 온라인 플랫폼으로 변신한 것이다. 그 과정에서 아마존은 자체 제품군을 확장하고 고객이 원하는 새로운 제품군에 대한 통찰을 얻었으며 이용자의 충성도를 강화했다.

3단계: 클라우드 컴퓨팅 회사가 되다(2005년~현재)

분산화와 독립적 결정은 아마존 철학의 핵심이다. 베조스는 '계급적 체계는 변화에 충분히 대응하지 못한다'라고 보았다. 그는 문제와 가장 가까운 사람이 문제를 해결하는 데 가장 적합하다고 믿었다. 아마존에는 '피자 두 판 팀2-pizza teams'이 있는데, 피자 두 판이면 충분히 먹일 수 있는 정도의 인원으로 구성된 그룹으로, 각 팀에는 소프트웨어 개발자와 비즈니스 담당자, 디자인 스텝 등이 포함되어 있다. 베조스는 "그들이 문제에 가장 가까이 있기 때문에 이런 분산화가 혁신에 중요하다"라고 말했다.[17]

베조스는 아마존의 핵심 비즈니스 외의 분야에서 위험을 감수하도록 지속적으로 지원했다. 예를 들어 제품 검색엔진(초기에 실패해서 매각되었다)을 개발하기 위해 만든 독립체(A9)(혁신#14), 광고 서비스(클릭리버)(혁신#15), 난제들을 해결하기 위해 인간의 지성과 크라우드소싱을 이용하는 연구소 엠터크(혁신#16)에 자금을 지원했다. 캘리포니아 쿠퍼티노에 있는 랩126은 아마존 고객을 위한 제품을 개발했다(혁신#17). 이 그룹은 킨들Kindle의 수뇌부로 2006년 아마존 프라임 멤버들이 무료로 이용 가능한 아마존 인스턴트 비디오를 도입했다(혁신#18). 이런 노력은 겉으로 보기에는 이질적으로 보이지만 공통 목표를 갖고 있었다. 아마존이 온라인 소매업체가 아닌 기술 플랫폼으로 변화하는 데 필요한 역량을 개발하는 것이었다.

그중 하나가 남아프리카공화국 케이프타운에 기반을 둔 IT 프로젝트였다. 프로그래머 존 달젤John Dalzell이 이끄는 이 사업은 IT 프로젝트의 속도를 둔화시키는 병목현상을 줄이기 위해 시작되었다. 코드 베이스를 일련의 기본 회로로 줄임으로써, 달젤과 그의 팀은 개발자들이 아마존 서버에서 모든 종류의 앱을 실행할 수 있도록 도와주는 서비스를 만들었다(혁신#19). 원래 내부의 개발 속도를 높이기 위해 디자인되었지만, 사람들은 곧 탄력적 클라우드 컴퓨팅(EC2)이라고 알려진 이 서비스가 아마존 밖에 있는 개발자들에게도 유용하다는 사실을 알게 되었다. EC2는 단순 저장 서비스(S3)라고 알려진 또 다른 프로젝트(혁신#20) 및 다른 소프트웨어 앱과 통합되어 아마존 웹서비스(이하 AWS - 혁신#21)가 되었다. AWS는 인프라 소프트웨어, 하드웨어, 데이터 센터를 '개발자와 회사가 정교한 가변형scalable 앱을 만드는 데 이용할 수 있는' 하나의 서비스로 디자인되었다. 아마존의 이사회 멤버인 클라이너 퍼킨스Kleiner Perkins의 존 도어John Doerr는 이것이 방해가 될 수 있다고 생각해 탐탁지 않게 여겼다. 하지만 베조스는 아마존이 수조 달러 시장에서 비용 우위를 갖고 있다고 생각하고 그의 의견을 무시했다. 오늘날 AWS는 60억 달러의 수익을 내면서 빠르게 성장하고 있는 독립적인 클라우드 컴퓨팅 비즈니스가 되었다. 〈월스트리트저널Wall Street Journal〉은 아마존 웹서비스가 언젠가 현재의 900억 달러보다 더 큰 수익을 창출할

것이라고 예측했다.[18]

　아마존은 의류와 신선식품 같은 새로운 범주를 추가하며 계속 새로운 영역으로 이동했고, 자포스나 다이퍼스닷컴 같은 성공적인 온라인 회사를 매입했다(혁신#22). 또한 아마존 인스턴트 비디오를 통해 새로운 대본과 영화를 개발하기 위해 아마존 스튜디오에 10억 달러를 투자했다(혁신#23). 아마존은 1만 개 이상의 대본과 2,700개의 파일럿 프로그램에 대한 제안을 받았다. 아마존의 전통에 따라 대본과 프로그램은 책과 마찬가지로 아마존 이용자들의 리뷰를 받았다. 아마존이 현재 고객의 텔레비전에 더욱 편리하게 비디오 스트리밍을 제공하는 새로운 셋톱박스를 만들고 있다는 추측도 나오고 있다. 2013년, 아마존은 새로운 방식의 고객 서비스를 제공하기 위해 원격 지원과 비디오 채팅, 비디오 드로잉을 통합한 킨들의 새로운 서비스인 메이데이(혁신#24)를 출시했다. 2014년에는 스마트폰 비즈니스에도 진출하여 파이어(혁신#25)를 내놓았다.

　새로운 시장과 제품에 대한 끊임없는 추구로 아마존은 고객집착과 행동, 지속적인 실험정신, 검소함, 직접적인 피드백, 지속적인 결과 평가를 강조하는 '의도적인 다윈주의purposeful Darwinism' 문화를 만들었다. 일부에서는 매우 경쟁적이고 스트레스가 높은 환경을 초래한다는 지적도 있었다.[19] 하지만 이런 문화는 아마존이 주문 처리와 실험 활동 같은 성숙한 비즈니스와 비디오 스트리밍 같은 새로운 비즈니스 모두에서 뛰어난 실적을 내는 데 도움이 되었다.

활용과 탐험을 위한 전략 및 실행

이 짧은 이야기를 통해 우리는 이제 아마존이 어떻게 20년 만에 다양한 변화를 할 수 있었는지에 대해 답할 수 있게 되었다. 아마존의 이야기는 기존 역량과 시장을 활용하면서 새로운 역량과 시장을 개발한 기업의 예를 보여준다.

아마존의 결정은 고객 집중, 낮은 가격, 장기적 시각을 강조하는 핵심 가치에 기반한다. 베조스는 "장기적인 계획에는 고객과 주주들의 관심이 관련되어 있다는 사실을 알고 있을 것이다. 단기적으로 보면 항상 그렇지는 않다. … 발명 과정에는 많은 실패가 있을 수 있기 때문에 장기적인 접근이 필수적이다. … 우리가 2~3년 내에 많은 돈을 벌고 싶어했다면 킨들이나 아마존 웹서비스, 아마존프라임 같은 의미 있는 사업들은 시작도 하지 못했을 것이다."[20]라고 말한다.

아마존의 전략을 설명하며 베조스는 많은 기업들이 고객 중심이라고 주장하지만 대부분은 실제로 그렇지 못하다는 사실을 지적한다. 그 이유로 그는 "기업은 기술에 초점을 둔다. 새로운 분야로 비즈니스를 확장시키고자 할 때 그들이 갖는 첫 번째 의문은 '왜 우리가 그것을 해야 하지? 우리는 그 분야에 관한 기술이 없는데'라는 것이다. 이런 생각은 회사에 한정된 시간만 허락한다. 세상이 변하면서 한때 최첨단이었던 기술이 더 이상 고객이 필요로 하지 않는 기술이 되기 때문이다. 좀 더 안정적인 전략은 '고객이 원하는 것은 무엇일까?'라는 생각에서 시작된다. 그다음 부족한 기술이 무엇인지 파악하면 된다"라고 설명했다.[21]

이런 방식은 '하던 일을 고수하라'거나 '핵심 경쟁력에 집중하라'는 전통적인 전략과 대치된다. 오히려 단기적으로 점진적 개선을 추구하고 탐험을 위해 자원을 지원하고 경영진이 지지함으로써 장기적 성공을 위한 역량을 강조한다.[22] 베조스는 "매일 효율성을 높이고 비용을 낮추는 수많은 혁신이 일어난다. … 그 반대편에 킨들이나 웹서비스, 아마존 프라임 같은 대규모 혁신이 있다"라고 말했다.[23] 그는 이를 위해 대기업에게는 양손잡이 능력과 기회가 필요하다고 공개적으로 지지하며 다음과 같이 말했다. "오늘날 좋아진 점들 중 하나는 단기적으로는 회사 재정에 영향을 받지 않으면서 대규모 실험을 할 수 있을 만큼 충분히 규모가 커졌다는 점이다."[24] 킨들 같은 실험을 위해 아마존은 앞을 내다보고 단기 비즈니스를 접을 준비가 되어 있었다.

활용과 탐험을 동시에 하는 아마존의 접근 방식은 단순히 전략 때문이 아니라 리더들이 이를 실행하기 위해 조직을 조정했기 때문에 가능했다. 아마존의 전략이 성공할 수 있었던 요인이 무엇이었는지 생각해보면 다음과 같은 5가지로 요약할 수 있는데, 결국에는 모두 리더십으로 귀결된다.

첫째, 아마존은 고객을 중시하고 낮은 가격으로 '모든 것을 파는' 2천억 달러의 비즈니스로 만들겠다는 제프 베조스의 강한 전략이 있었다. 이런 열망은 회사가 모든 종류의 제품을 보관하고 배송하는 역량에 지속적으로 투자하는 것을 정당화했다. 1단계(1994년~2000년)에 책을 보관하는 데 필요한 것보다 훨씬 크고 복잡한 창고를 만드는 것이 타당해졌다. 또한 고객 경험과 관련한 기존 역량(예를 들어 넓은 제품 선택의 폭, 빠른 배송, 효율성)을 개선하고, 필요할 경우 인수합병을 통해 지속적으로 새로운 영역을 탐험할 수 있도록 이끌었다. 베조스는 "우리는 실험 비용을 낮춰 더 많은 실험을 하려고 노력했다. 실험을 백 번에서 천 번으로 늘리면 혁신의 숫자는 엄청나게 증가한다"라고 말했다.

둘째, 회사의 명확한 미션과 가치는 가장 높은 곳에서 낮은 곳까지 일관되게 흐르는 공통의 정체성을 제공했다. "고객 중심의 기준을 산업 전반과 전 세계로 높인다." 아마존이 얼마나 적극적으로 이를 추구했는지를 보여주는 사례 중 하나로 주주들에게 보내는 연례 편지를 들 수 있다. 매년 베조스는 고객에게 낮은 가격으로 제공하겠다는 회사의 미션과 변함없는 약속을 강조하기 위해 1997년 보냈던 첫 번째 편지를 함께 보냈다. 이러한 노력은 회사의 전략적 비전과 맞물려 아마존의 이질적인 부분들을 하나로 묶어주었다.

셋째, 베조스는 유일한 책임자가 아니었다. 아마존에는 잘 짜인 고위 경영진 팀이 있었다. "누군가를 고용할 때마다 그 사람은 다음 사람을 고용하는 기준을 높여야 한다. 그래야 전반적인 인적 자원이 항상 발전한다." 이과정에는 '기준을 높이는 사람들'이라는 분명한 기준이 포함되었는데, 이는 회사에 적합한 자질과 문화를 갖춘 사람을 채용해야 할 고위 경영진을 채용하는 데 적용되었다. 아마존 리더들 간에 대립적인 결정을 내리는 경우도 있었지만 한번 결정을 내리고 나면 온전한 책무가 뒤따랐다. 이를 잔인하고 공감이 부족하다고 보는 사람들도 있었지만 최고를 위해 노력하는 것으로 받아들이는 사람들도 있었다.[25]

넷째, 혁신을 위해 탐험할 때 아마존은 일반적으로 규모가 작고 지리적으로 따로 떨어진, 양손잡이 능력을 가진 조직의 형태로 탐험 활동을 했다. 분산적 접근 방식은 결과에 책임지는 사람에게 결정권을 부여함으로써 리더십이 여러 단계에서 핵심이 되도록 만들었다. 베조스는 의사소통이 증가하는 것을 제대로 돌아가지 않는다는 신호로 보았는데, 이는 사람들이 유기적으로 일하지 못한다는 것을 의미했기 때문이다. 구조적 분리는 탐험과 활용이 교차 기능 팀 안에서 이루어질 경우 달성하기 힘든 수준의 집중력과 강도를 이끌어 내면서, 팀들을 기업의 핵심 부문으로 남겨 두어 아마존의 자원에 접근할 수 있게 해주었다.

다섯째, 아마존의 리더십은 활용과 탐험을 동시에 할 때 생길 수밖에 없는 긴장을 완화시키는 능력과 파괴적인 변화를 계속해서 추구할 수 있는 용기를 갖고 있었다. 베조스는 이런 신념을 몸소 보여주었다. 그는 아마존의 자체 제품 판매를 악화시킬 수 있는 경쟁자들의 제품을 웹사이트에 올리도록 했다. 아마존의 신발 판매 웹사이트Endless.com와 직접 경쟁하는 자포스를 매입했다. 또한 새로운 역량 개발에 투자했다(하드웨어 개발). 킨들로 인해 종이책 판매가 감소할 수 있다는 우려에도 불구하고 최고의 직원들에게 일을 맡겼다. 이익을 감소시킨다는 주주들의 불만에도 R&D 투자를 유지했다. 또한 초기 실패와 회의론에도 불구하고 새로운 제품군(신선식품)을 지속적으로 탐험했다. 이는 고객과 장기적 관점에 대한 그의 흔들리지 않는 신념을 반영한다. 베조스는 "느리지만 꾸준한 진전이 결국 모든 도전을 이기게 해준다. … 모든 아이디어가 나에게서 나오지는 않는다. 그것은 내 일이 아니다. 나의 일은 혁신의 문화를 만드는 것이다."라고 말했다.[26]

혁신 흐름에서 균형을 잡다

살아남는 종은 가장 강하거나 가장 지적인 종이 아니다,
변화에 가장 빨리 대응하는 종이다.
– 찰스 다윈

변화에 맞서 조직이 살아남기 위해서 리더는 중요하지만 모순되는 2가지 일을 해야 한다. 지속적이고 점진적인 혁신과 변화를 통해 기존 자산과 역량을 활용하고, 새로운 경쟁자에 비해 기존 자산과 역량으로 경쟁력을 얻을 수 있는 신규 시장과 기술을 탐험하는 것이다. 이를 실행하는 데 있어 난제는 성숙하고 경쟁적인 비즈니스에서 성공하는 것이 매우 어렵다는 것이다. 이 성공에 경영진의 자원과 관심이 이미 완전히 쏠려 있다는 것이다. 새로운 비즈니스와 비즈니스 모델의 실험은 기존 비즈니스에서 창출되는 수익과 마진을 방해하거나 제공하지 못한다고 여겨진다. 이럴 경우 보통 탐험보다는 활용에 더 많이 투자하는 경향이 있다.

하지만 어떤 회사들은 이 어려운 일을 해내고 결국 진화한다. 앞서 예로 들었던 GKN은 250년 된 90억 달러의 항공우주 자동차 회사로, 처음에는 석탄 채굴 회사에서 시작했다. 1886년에 설립된 존슨앤드존슨Johnson &

Johnson은 살균 붕대 제조업체에서 현재는 제약, 의학 장비, 소비재를 포함한 상품군을 갖춘 글로벌 회사가 되었다. 토요타는 1937년에 베틀 제조업체로, 노키아는 1867년에 목재회사로, 뉴코어는 1905년에 자동차 회사로, 해리스 코퍼레이션Harris Corporation은 1895년에 인쇄기 제조업체로 시작했다. 이 회사들이 실패한 다른 회사들과 구별되는 점은 무엇일까? 물론 행운이 따랐을 수도 있지만, 가장 큰 차이점은 회사와 경영진의 적응 능력이었다.

이 장에서는 리더들이 활용과 탐험 사이에서 균형을 잡는 방법을 확실하게 이해할 수 있도록 틀을 제공하고자 한다. 이를 위해 130년 이상 된 두 회사의 진화 모습을 살펴볼 것이다. 하나는 100년간의 성공 후 실패한 회사이고, 다른 하나는 변화에 맞춰 지속적으로 진화한 회사다. 우선 미국의 아이콘이라고 할 수 있는 시어스 로벅 컴퍼니의 흥망성쇠를 살펴볼 것이다. 1886년 설립된 후 1972년까지 회사가 어떻게 미국에서 가장 크고 성공한 소매업체가 되었는지, 1973년부터 현재까지 왜 실패를 겪게 되었는지 살펴볼 것이다. 또한 월마트가 어떻게 양손잡이 능력을 이용해 시어스를 대체하는, 세계에서 가장 큰 소매업체가 되었는지 비교해볼 것이다. 1880년 설립된 나무 양동이 제조업체에서 90억 달러의 용기 및 위성 제조업체가 된 볼 코퍼레이션의 진화도 살펴볼 것이다.

이 사례들을 통해 기술과 시장의 변화가 어떻게 각기 다른 조직의 조정을 요구하는지 살펴봄으로써 1장에 소개한 혁신 흐름의 틀을 보다 자세히 설명할 것이다. 이 과정에서 리더들이 큰 변화에 직면했을 때 어떻게 성공 증후군에 빠지게 되는지도 알아볼 것이다. 이 틀은 앞서 언급했던 실패를 설명하고, 개념적으로는 쉽게 이해되는 탐험과 활용이 왜 실행하기 어려운지 이해하는 데 도움을 준다. 또한 리더들에게 향후 성공을 위해 조직을 어떻게 이끌어야 하는지 생각할 수 있도록 실질적인 방법을 제공할 것이다.

시어스: 성공에서 실패로

1972년, 시어스는 미국 GDP의 1%를 차지했고 미국 가정의 절반 이상이 시어스의 신용카드를 갖고 있었다. 3개월 동안 미국인 3명 중 2명이 시어스에서 쇼핑을 했다. 시어스는 900여 개의 대형 매장과 2,600개의 소규모 매장을 갖고 있었다. 시어스의 주당 가격은 2만 달러에 달했고, 오랫동안 시어스에서 일한 직원들은 은퇴할 때 백만장자가 되었다. 당시 시어스의 회장이었던 고든 메트칼프Gordon Metcalf는 시카고에 108층짜리 시어스타워 건설을 의뢰했는데 이는 당시 세계에서 가장 높은 빌딩이었다. 10년 후, 시어스는 실패의 위기를 맞게 되었고 사기가 떨어진 시어스 직원들은 그 건물을 "메트칼프의 마지막 구조물"이라고 불렀다.

표 3-1과 그림 3-1은 시어스의 안타까운 쇠퇴를 보여준다. 1970년, 시어스는 미국에서 가장 큰 소매업체로 2위인 제이시페니JC Penny 규모의 4배 가까이 되었다. 하지만 2000년에는 순위가 13위로 떨어졌고 더욱 빠르게 하락했다. 1970년, 시어스는 수익이 거의 300억 달러가 되었고 직원은 40만 명이 넘는 거대 소매업체였다. 당시 월마트는 1962년에 세워져 수익이 3,100만 달러밖에 되지 않고 직원도 1,500명 정도에 그쳤다. 하지만 2012년에 월마트의 규모는 시어스의 13배가 되었다.

2005년, 시어스의 쇠퇴는 가속화되었고, 파산한 케이마트Kmart를 인수한

| 표 3-1 | 미국의 상위 소매업체

순위	1970년	2014년
1	시어스	월마트
2	제이시페니	크로거
3	케이마트	코스트코
4	울워스	타겟
5	맥크로리	홈디포
6	그랜트	월그린
7	제네스코	CVS 케어마크
8	얼라이드	로우스
9	메이	아마존
10	데이턴 허드슨	세이프웨이

| 그림 3-1 | 시어스와 월마트의 판매 비교

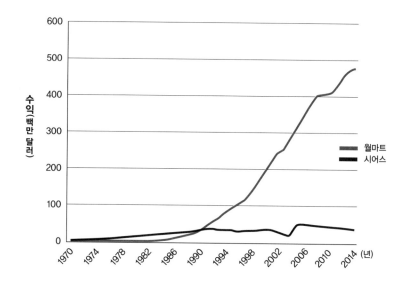

에디 램퍼트Eddie Lampert가 운영하는 사모펀드사 ESL에 매각되었다. 당시 시어스는 S&P500에 비해 실적이 19% 낮았고 월마트에 비해서는 29% 낮

앞으며, 제이시페니나 콜스Kohl's 같은 경쟁사에 상당히 뒤쳐져 있었다.[1] 인수 후 시어스의 동일 매장 판매는 매년 줄었다.[2] 매장 수는 1970년대와 동일했다.[3] 시어스에 대한 한 기사는 "시어스: 미국인들이 쇼핑하지 않는 곳"이라고 제목을 달았다.[4] 2008년 예일대에서 열린 CEO 회의에서 참석자들은 "시어스가 회복할 수 있을까?"라는 질문을 받았다. 그들 중 60%가 그렇지 못할 것이라고 대답했다.[5] 오늘날 관련 분야 애널리스트들은 위대한 시어스 제국의 잔재인 부동산이 곧 매각될 것이고 150년 동안 아이콘이었던 회사가 사라질 것이라고 예측하고 있다(시어스는 2018년 파산보호를 신청했다).

시어스의 예는 오랫동안 회사의 성공을 돕는 데 있어 리더들이 겪는 어려움을 뼈아프게 보여준다. 1920년대 시어스는 최초로 어려움을 겪었지만 이를 훌륭하게 해결했다. 그러나 1970년대에 비슷한 위기에 직면한 시어스는 결국 크게 실패했다. 이런 상황이 왜, 어떻게 일어났는지를 이해하면 기업들이 어떻게 오랫동안 살아남을 수 있는지 그리고 왜 그렇게 자주 실패하는지 알게 될 것이다.

성공

시어스는 1886년 미네소타 노스 레드우드에 살던 23세의 전신기사 리차드 시어스Richard Sears가 세인트루이스 레일로드에서 우편으로 금을 입힌 회중시계를 판매하겠다는 아이디어에서 시작되었다.[6] 그는 시계를 12달러에 사서 다른 전신기사들에게 14달러에 팔았는데 당시 상점에서는 그 시계를 25달러에 판매했다. 그는 전부 환불해준다는 조건으로 사람들이 처음 본

사람에게서 물건을 사게 만들었다. 그것이 훗날 미국에서 가장 큰 소매업체가 된 회사의 시작이었다. 설립한 지 10년이 지나기도 전에 리차드 시어스와 그의 새로운 파트너인 인디애나의 시계공 알바 로벅Alvah Roebuck은 크림 분리기에서 자전거, 의류, 장난감, 피클(24종류), 도구, 그리고 '소비, 약물중독, 말더듬이, 귀머거리, 어리석음' 치료제까지 다양한 상품을 판매하며 번창했다.[7] 당시 미국인의 약 70%가 교외에 살고 있었고 상점에 가기가 어려웠다.[8] 시어스의 카탈로그는 그들을 문명과 교양에 접근하게 해주는 통로가 되었고, 과거 잡화점에서의 쇼핑을 한 번에, 더 많은 재고와 낮은 가격으로 할 수 있게 해주었다. 시어스는 자신들이 "전 세계에서 가장 싸게 판다"고 광고했고 미국 농부들을 대신하는 구매자가 되어 20세기 초반 소매업 제국이 되었다.

1920년대에 시어스는 첫 위기를 맞는다. 경기 침체로 농장들이 어려움을 겪게 되자 시어스의 카탈로그 비즈니스도 어려움을 겪었다. 인구 이동 추이를 보여주는 인구통계 데이터에 관심이 많던 전 군 장성 로버트 우드 Robert Wood가 새로운 CEO로 임명되었다. 그는 인구 이동에 대한 통찰을 바탕으로 사람들이 농장에서 도시로 이동하는 현상이 시어스의 미래에 미칠 영향을 파악했다. 또한 자동차의 출현으로 사람들의 이동이 쉬워지면 쇼핑에 어떤 영향을 미칠지도 예상했다. 1925년, 혁신의 일환으로 그는 시어스를 지역의 카탈로그 유통센터에서 상점으로 변화시키기 시작했다. 상점을 열면 카탈로그 판매가 줄어들 것이라는 내부 반대에도 불구하고 변화를 주도했다. 1929년, 시어스는 300개 이상의 점포를 갖게 되었고 수익의 40% 이상이 이 새로운 채널에서 창출되었다.[9]

자동차의 중요성이 커질 것이라고 예측한 우드는 백화점이 있고 주차가 어려운 도시 중심부에 상점을 배치하지 않고 주차 공간이 넓고 부동산 가격이 저렴한 교외에 배치했다. 또한 서부 지역의 인구가 증가하는 것을 반영해 상점을 서부로 옮기기 시작했다. 이는 향후 50년간 시어스의 성공에 큰 기여를 한 훌륭한 선택이었다.

앞으로 살펴보겠지만 기존 조직의 자산을 재구성함으로써 새로운 기회를 창출하는 우드 같은 리더의 능력은 기업의 장기 생존과 성공의 핵심이다. 시어스는 카탈로그 유통센터에서 상점으로 그리고 새로운 비즈니스로 변화하는 능력을 갖고 있었다. 양손잡이 능력을 갖춘 회사, 즉 기존 비즈니스를 활용해 경쟁하고(카탈로그 판매) 새로운 비즈니스를 탐험하는(독립된 상점) 회사의 능력은 변화 앞에서 조직이 생존할 수 있게 해주었다.

1932년, 신규 상점 판매량은 카탈로그 판매를 넘어섰고, 시어스는 교외의 인구가 늘어날 것을 예상해 도시를 벗어난 농지나 과수원에 상점을 세우기 시작했다. 시어스가 상점을 지으면 커뮤니티가 형성되었다. 시어스는 고객이 필요한 것을 팔았다. 고객이 물건을 구매할 돈이 없으면 신용으로 물건을 팔았다. 시어스는 전국에 수천 개의 조립식 주택을 내놓았다. 새로운 미국 중산층의 관심이 농업 기구에서 자동차, 새 집으로 옮겨가자 시어스도 상품 포트폴리오를 변경했다. 자동차 타이어 올스테이트를 포함해 가정용 전자기기와 자동차 부품을 판매하기 시작했다. 상품의 판매가 늘어나면서 시어스는 자동차 보험과 생명 보험도 추가했다. 공급자 네트워크를 개선하고 그들과 장기적 협력 관계를 맺었다. 또 우드는 망한 증기기관차 제조업체 CEO들을 불러 기관차 대신 냉장고를 만들라고 제안했다. 여기서 월풀이 탄생했다. 시어스는 해외로도 영역을 확장해 쿠바(1942년), 멕시코(1947년), 캐나다(1952년)로 진출했다. 월마트가 낮은 가격으로 좋은 품질의 제품을 판매한다는 아이디어를 홍보하기 전에 이미 시어스는 그렇게 하고 있었다.

50년 동안 사업을 확장하면서 시어스는 뛰어난 사업 감각으로 칭송받았다. 피터 드러커Peter Drucker는 "비즈니스가 어떠해야 하는지 그리고 운영이란 무엇인지를 보여주는 더 좋은 예는 시어스 외에 없다"라고 말했다.[10] 1950년대 초, 소매 거래에 쓰이는 돈 5달러 중 1달러는 시어스로 들어갔다. 20명 중 한 명이 시어스와 수천 개의 공급업체에서 일한다는 추정도 있었다.[11] 1960년대 중반 시어스는 기자들에게 '미국 소매업의 거인', '소매업의 모범'이라고 불리는 거대 소매업체가 되었다. 1963년에 상점에서 판매되는 수천 가지 물품 중 반은 10년 전만 해도 없던 물품이었다. 1968년, 시어스는 크래프츠맨 공구, 켄모어 식기세척기, 다이하드 배터리 같은 31개의 제조업체 브랜드의 전부 혹은 일부를 소유했다. 1972년, 최고의 성공을 거두고 있을 때는 직원 수가 무려 40만 명이 넘었다.

실패

그 후 시어스의 쇠퇴가 시작되었다. 1920년대와 마찬가지로 1970년대에도 시어스는 상당한 인구 변동을 경험했다.[12] 교외로의 대규모 이동과 제2차 세계대전 이후 맞물린 냉장고와 세탁기에 대한 끊임없는 수요가 줄어들기 시작했다. 시어스의 제품으로 집 안을 채우고자 했던 젊은 노동자 가정이 줄어들었다. 케이마트 같은 새로운 체인점과 할인점이 등장해 고객들에게 더 낮은 가격으로 제품을 제공하기 시작했다. 새로운 체인점들은 시어스와 같은 쇼핑몰에 입주해 있어 고객들이 가격을 비교할 수 있었다. 1920년대와는 달리 이 시기에 시어스의 경영진은 결정을 내리고 행동에 옮기기보다는 논쟁으로 시간을 지체했다. 더 낮은 가격을 제시하거나 새로 등장한 특화된 경쟁자들에 대응하는 대신, 시어스의 경영진은 운영을 집중화하고 기본으로 돌아가자고 강조하며 상점의 집기를 바꾸고 유명 패션 모델인 셰릴 티그스Cheryl Tiegs를 모델로 기용했다. 변화가 아니라 몸을 낮추고 효율성을 높이는 데 초점을 맞춘 것이다. 리더들이 기존 비즈니스(카탈로그 판매)와 신규 비즈니스(교외의 상점) 모두에서 경쟁하는 것을 선택했던 1920년대와는 달리, 경영진은 방어적인 태도를 취하며 당시 발생하던 인구 변동을 무시했다.

회사의 방대한 역사를 돌아보며 도널드 카츠Donald Katz는 "시어스의 리더십은 성장하는 방법만 배웠지, 변화하는 방법은 배우지 못했다"라고 말했다.[13] 회사는 오만해졌다. 당시 한 간부는 "시어스의 경쟁자는 우리 자신밖에 없다. 시어스가 1등이고 2등이며 3등이고 4등이다. 매출을 사등분 해도 여전히 경쟁자보다 많다"라고 했다.[14] 또 다른 간부도 "우리에게 필요한 것은 조금 더 잘하는 것이다"라고 말했다.[15] 이사회는 장기간 시어스에 몸담은 사람들로 채워져 있어서 회사와 무관한 일에는 관심을 갖지 않았다.

1978년, 시어스의 운영 비용은 수익을 초과할 정도까지 거침없이 증가했다. 1973년에서 1978년 사이 지출이 40% 증가했고 마진은 반으로 줄었다. 50만 명의 직원을 고용하는 데는 비용이 너무 많이 들었다. 내부적으로는 경영진이 회사를 살리기 위해 필요한 것들에 대해 끊임없이 논쟁하느라 불화가 생겼다. 한 간부는 "우리는 20년간의 전략 부재와 견제받지 않은 강압적인 관료주의 성장의 희생양이다"라고 지적했다.[16] 시어스가 1980년이 되면 살아남지 못할 것이라고 믿는 사람들이 생겼다. 시어스의 영광스러운 역사가 결국 스스로를 망하게 만들었던 것이다.

　1980년 4월, 시어스에서 삼 대째 일한 에드 브레난$^{Ed\ Brennan}$이 사장으로 임명되었다. 브레난은 오랫동안 회장을 맡던 에드 텔링$^{Ed\ Telling}$과 함께 대대적인 변화를 이끌었다. 우선 1,500명의 최고위 경영자들 중 60%를 조기 퇴직시켰고, 텔링의 지도하에 서비스 분야를 다각화했다. 올스테이트에 더해 딘 위터$^{Dean\ Witter}$와 콜드웰 뱅커$^{Coldewll\ Banker}$를 매입했다. 1980년대에 직원 수가 4만 명인 올스테이트 보험을 매입한 시어스는 거대 금융기업이 되었다. 텔링은 금융 서비스 분야로 더 공격적으로 이동함으로써 고객들이 갖고 있던 시어스라는 브랜드의 신뢰도를 이용하려 했다. 그는 시어스 고객들이 콜드웰 뱅커를 통해 집을 사고, 딘 위터에서 대출을 받으며, 시어스에서 물건을 사고, 올스테이트에서 보험을 들 것이라고 보았다. 이런 인수합병을 통해 시어스는 세계에서 가장 큰 소매업체이자 두 번째로 큰 재산보험 회사, 가장 큰 부동산 업체이자 일곱 번째로 큰 증권회사가 되었다. 텔링은 수출기업이 되겠다는 목표로 시어스 월드 트레이딩 회사를 설립했고 시어스와 세계를 위해 새로운 회사를 만들었다.[17]

　한편 브레난은 시어스를 '미래의 상점'이라고 부르며 사람들을 더 많이 끌어들이는 쇼핑센터로 만들기 위해 900개의 시어스 상점을 점검했다. 한 인터뷰에서 브레난은 타겟이나 월마트 같은 저가 소매업체와 경쟁하는 전략이 무엇인지에 대한 질문을 받고, "할인점에 대해 5년 동안 연구했다. 시어스라는 이름을 버리고 체인점을 시작하는 것도 생각해 보았지만 그 대신 미래의 상점이라는 이름을 걸고 해보기로 결정했다. 할인점은 당분간 보류하기로 했다"라고 대답했다.[18] 아이러니하게도 시어스는 후에 코스트코^{Costco}로 바뀐 프라이스클럽$^{Price\ Club}$을 인수할 기회가 있었다. 하지만 시어스의 몇몇 간부들이 지적했듯 이미 10년 이상 늦은 일이었다.[19] 1992년, 시어스는 520억 달러의 수익 중 39억 달러가 줄었다. 손실의 75%는 상품 판매(시어스 상점) 감소에서 초래된 것이었다. 1993년, 결국 시어스는 카탈로그 비즈니스를 접었다.

시어스가 서서히 쇠퇴하면서 파산한 케이마트를 인수한 헤지펀드 매니저 에디 램퍼트가 2005년 시어스를 인수했다. 시장은 시어스가 활기를 되찾을 기회가 생겼다고 기뻐했다. 합병을 두고 한 긍정적인 논평가는 "판매가 아니라 수익성에 관한 문제다. 규모는 줄겠지만 … 더 좋은 전략으로 안정성을 찾을 것이다. 또한 월마트에 대항해 경쟁력도 높아질 것이다"라고 주장했다. 하지만 다른 애널리스트는 "시어스의 가정용 기기를 케이마트에 가져다 놓거나 조 박서Joe Boxer 의류를 시어스에 갖다 놓는 것으로 회사의 상황을 바꾸지는 못할 것이다"라고 우려를 나타냈다.[20]

단기적으로 램퍼트는 비용 절감을 단행했다. 하지만 한 애널리스트는 "램퍼트가 비용 절감에만 초점을 맞췄을 뿐 매출 증가에는 거의 신경을 쓰지 못했다"라고 지적했다. 또 다른 애널리스트는 시어스 상점에 대한 자본 투자가 타겟이나 월마트의 4분의 1에 그친다며, "램퍼트는 망해가는 시어스 상점에 돈을 쏟아붓고 싶어하지 않는다"고 말했다. 결과는 예측 가능했다. 동일 상점 판매는 인수 이후 매년 감소했고 주가는 5년 중 4년 동안 S&P지수 대비 19% 낮은 실적을 보였다.

시어스를 담당했던 한 애널리스트는 "탈출구가 없는 막다른 길로 뒷걸음질치고 있다"고 평가했다.[21] 베스트바이Best Buy나 홈디포Home Depot, 타겟, 월마트의 위협에 대항해 혁신적인 방법을 찾기보다 시어스 경영진은 시어스 홈라이프Sears Homelife나 웨스턴 오토Western Auto, 툴 테리토리Tool Territory,

그레이트 인도어The Great Indoors, 시어스 에센셜Sears Essentials, 쇼핑몰 밖에 단독으로 있는 시어스 그랜드 센트럴과 쇼핑객들이 온라인으로 주문하고 창고에서 물건을 찾아가는 온라인 상점 마이고퍼MyGofer에 이르는 벤처 사업으로 점진적 개선을 이어 가려고 노력했다.[22] 이런 성의 없는 시도들은 거의 실패로 돌아갔다. 시어스의 경영진은 새로운 이름을 내건 성공적인 할인점 판매 전략을 찾지 못했다. 급변하는 시장에 맞서 리더들은 점진적인 혁신에 의존했고, 기존 쇼핑몰 비즈니스와 새로운 교외 대형 할인점 비즈니스에서 경쟁할 방법을 찾는 데 완전히 실패했다.

결국 시어스의 가치는 청산 가치로 나타났다. 자산은 150억~200억 달러 사이로 추정되었다.[23] 켄모어Kenmore나 크래프츠맨Craftsman, 다이하드Diehard 같은 브랜드의 라이선스는 다른 소매업체에 넘어갔다. 130개의 점포를 가진 의류 브랜드 랜즈엔드Lands' End는 매각되었다. 램퍼트는 헤지펀드 매니저였을 뿐 소매업자가 아니었다. 그의 성공적인 케이마트 인수는 저평가된 케이마트의 부동산 판매에서 나온 것이었다. 램퍼트가 투자 자금 회수를 위해 위대한 시어스 제국의 유산을 매각할 것이라는 소문이 돌았다.

성공의 역설

시어스는 왜 실패했을까? 그 이유를 설명하는 것은 어렵지 않다. "행복한 가정은 비슷한 이유로 행복하지만, 불행한 가정은 각기 다른 이유로 불행하다"라는 톨스토이의 말처럼, 모든 비즈니스의 실패는 각기 다르며 상황의 복잡성을 아우를 단순한 대답은 없다. 하지만 피터 드러커는 "모든 실패는 경영자가 잘못했기 때문에 생긴다"라고 말했다. 기업의 리더는 새로운 위협을 알아차리고 조직의 기존 자산을 변경해 새로운 기회를 잡아야 할 책임이 있다. 이것이 바로 조직의 리더가 해야 할 임무의 본질이다.

시어스의 예에서 보았듯 리더들을 괴롭힌 함정은 바로 성공 증후군이다. 안정적인 환경에서 사업의 성공은 전략과 조직 구조, 사람, 문화를 조정하는 데서 온다. 원래 카탈로그 비즈니스를 하던 시어스는 시스템과 프로세스, 구조를 발전시켜 빠르게 성장했고, 거대한 교외 고객층에 상품을 제공하면서 성공했다. 1925년, CEO 로버트 우드는 미국의 인구가 도시로 이동하고 있음을 파악하고 이 신규 시장을 선점하기 위해 상점을 열었다. 내부의 상당한 반대에도 불구하고 회사를 소매업체로 변화시켰다. 그는 회사가 기존의 카탈로그 비즈니스를 활용하고 소매 상점이라는 새로운 분야를 탐험할 수 있게 힘을 쏟았다.

그 후 50년 동안 시어스의 전략과 구조는 주로 쇼핑몰에 중점을 두었고 상점 수를 900개로 늘렸다. 이것은 시어스에게 성공을 가져다주었지만, 동시에 변화를 시도하는 것을 불가능하게 만들었다. 1992년부터 2000년까지 시어스의 CEO로 재직했던 아서 마티네즈Art Martinez는 "나의 가장 큰 적이자 궁극적으로 가장 큰 동맹은 시어스의 문화와 거대한 관료주의였다. … 시어스는 과거를 사랑했고 동시에 과거의 노예였다"라고 지적했다.[24] 여기에는 2만 9천 페이지에 달하는 규정집과 새로운 도전 과제를 해결하는 데 과거를 돌아보는 경향이 포함된다. 시어스의 리더들은 효율성을 재고하고 비용을 낮추는 기존의 비즈니스를 활용하는 능력은 충분했지만, 고객과 경쟁 환경이 바뀌는 상황에서 새로운 상점 형태를 탐험할 능력은 갖추지 못했다. 활용과 비용 절감에 대한 강조는 고객과 경쟁을 모두 무시하고 내부에만 초점을 맞추게 만들었다.

설립된 지 얼마 되지 않았을 때 시어스는 카탈로그에서 소매업체로, 상품판매 회사에서 금융 서비스 회사로 시장에 맞춰 변화했지만 새로운 시장에는 적응하지 못했다. 시어스가 새로운 시장에 적응할 수 있었을까? 그랬다면 베스트바이나 타겟이 될 수 있었을까? 왜 그렇게 하지 못했을까? 1980년대에 맥킨지는 시어스와 콜드웰 뱅커, 올스테이트, 딘위터의 고객 목록을 합치면 미국 전체 가정의 70%를 넘는다고 밝혔다. 미국 전체 가정의 57%인 3,200만 명이 시어스의 신용카드를 갖고 있었다.[25] 시어스의 내부 통신망은 AT&T와 미국 정부를 제외하면 세계에서 가장 광범위했다. 실제로 한때 시어스는 비행기와 호텔 예약 시스템을 처리할 정도의 역량을 갖고 있었다. 타겟이나 베스트바이 같은 특화된 체인점과 경쟁할 수 있는 IT 역량을 갖고 있었고 월마트에 대항할 만한 유통 체계도 갖추고 있었다. 즉 자원을 갖고 있었던 것이다. 부족한 점은 변화의 능력, 즉 양손잡이 능력이었다.

　시어스는 세상에서 가장 싼 상점에서 가장 큰 상점으로, 브레난의 말을 빌리자면 '세상에서 가장 편리한' 상점으로 변화했다. 하지만 시간은 시어스가 세상에 '가장 무관심한' 상점임을 보여주었다. 브레난 다음으로 CEO가 된 아서 마티네즈는 "성장하면서 어떤 회사가 되고자 하는가"라는 질문을 받았을 때 대답을 하지 못했다고 털어놓았다.[26] 그들은 할인점(매일 값싼 가격)이 될지, 전문점(랜즈엔드와 같은 상점 내 부티크)이 될지, 아니면 박리다매의 소매업체가 될지 알지 못했다. 소매업 시장이 저가를 강조하는 상점(월마트나 타겟)과 고품질 상점(삭스나 노드스트롬)으로 분리되면서 시어스는 대형 하드웨어 상점과 백화점의 중간에 머물렀다. 시어스는 1920년대에 시장의 변화를 예측하고 자신들의 입지를 이용해 수익을 올렸던 때와는 달리

1970년대에는 그런 능력을 잃어버렸다.

시어스의 예를 통해 시장이 변화하면서 기업과 리더들이 변화를 따라가지 못했다는 점을 분명히 알 수 있다. 시어스는 월마트와 타겟 같은 할인점과 베스트바이와 홈디포 같은 전문점, 메이시스Macys와 노드스트롬Nordstrom 같은 백화점, 그리고 아마존과 이베이 같은 온라인 소매업체들의 틈 사이에 갇혀버렸다. 하지만 마티네즈는 이를 열심히 일했던 직원들의 탓으로 돌리지 않았다. 그는 "그들은 매일 잘못된 장소에서 잘못된 시간에 잘못된 임무를 수행하면서 잘못된 회사를 만들고 있었을 뿐이었다"라고 말했다.[27] 한마디로 리더십의 실패였다.

그 결과 1992년에서 2000년 사이 시어스의 리더들은 100개 이상 되는 상점의 문을 닫고, 108년 된 카탈로그 비즈니스를 접었으며, 5만 명의 직원을 해고했다. 시어스 타워를 매각했고 1993년 올스테이트를 분리시켰으며, 홈서비스 분야에 뛰어들어 시어스의 브랜드를 이용하려는 (실패한) 시도를 했다. 1993년부터 1997년까지 시어스는 약간의 성공을 맛보기도 했지만 2000년에 다시 쇠락의 길로 들어섰다. 쇼핑몰 밖에서의 노력(자동차 부품 비즈니스, 시어스 홈라이프, 툴 테리토리, 시어스 그랜드 센트럴)은 별 효과를 거두지 못했다. 시어스가 쇼핑몰에 갇혀 있는 동안 홈디포나 콜스, 서킷시티Circuit City, 베스트바이는 수백 개의 신규 상점을 열었다. 탐험과 활용 2가지 강점을 이용하지 못하고 시어스는 계속 쇠퇴했으며, 소매영업 부문의 유지 개선에서 금융투자 부문으로 자금을 돌렸다.

시어스와 월마트의 차이점은 분명하다. 시어스와 마찬가지로 월마트도 초기에 한 시장에만 집중했다. 즉 작은 교외 커뮤니티에서 할인 상품을 팔았다. 또한 시어스처럼 월마트도 급속하게 성장하여 미국뿐 아니라 남미까지 확장했다. 시어스가 그랬던 것처럼 월마트는 오늘날 미국 GDP의 상당한 부분을 차지하고 있다. 하지만 시어스와 달리 월마트는 변화하는 시장에 적응해 스스로를 변화시켰다. 시어스와는 달리 대형 할인점으로 시작한 월마트는 현재 70개 이상의 브랜드를 운영하고 있지만 대부분은 '월마트'라는 브랜드 네임을 사용하지 않는다. 월마트는 16개 국가에서 일반 상점, 슈퍼마켓, 할인점, 레스토랑 등을 운영하고 있다. 새로운 형태의 비즈니스를 담당하던 전 월마트 간부 안토니 허커Anthony Hucker는 "훌륭한 유통망을 바탕으로 하는 한 월마트라는 브랜드를 쓰든 쓰지 않든 문제가 되지 않는다"라고 말했다.[28] 월마트는 유통과 IT, 글로벌 조달 부문의 기존 자원을 이용하고, 이를 새로운 형태와 시장을 탐험하기 위해 지역 브랜드와 연결 짓고 있다. 하나의 형태(대형 슈퍼마켓)와 브랜드(월마트)에서 9개의 형태와 71개의 브랜드로 확장했다. 작은 마을에서 대형 상점으로 시작한 월마트는 오늘날에는 대도시에서 작은 상점(월마트 익스프레스)으로 변신하고 있다. 물론 실수도 있었다. 독일과 한국에서의 실패가 대표적이다. 하지만 월마트의 리더들은 신규 시장을 탐험하는 데 기존 역량을 활용했다. 50년 이상 쇼핑몰에 위치한 상점들의 활용만 강조하다 판매 부진과 새로운 경쟁에 직면해 쇼핑몰 밖에 있는 형태로 주저하며 이동했던 시어스와 달리, 월마트는 새로운 비즈니스를 탐험하는 회사의 강점을 공격적으로 활용했다.

볼 코퍼레이션: 140년의 성장

이제 140년의 역사를 가진 90억 달러의 기업을 살펴보자. 이 회사에 대해 들어본 적이 없을지도 모르지만 당신은 항상 이 회사의 제품을 사용해 왔을 것이다. 바로 볼 코퍼레이션이다. 이 회사는 전 세계의 음료수 캔을 만드는 최대 제조업체로, 코카콜라Coke, 펩시Pepsi, 버드와이저Budweiser, 칭타오Tsingtao, 하이네켄Heineken, 칼스버그Carlsberg, 쿠어스Coors에 연간 2천억 개 이상의 캔을 납품하고 있다. 또한 음료와 식품을 담는 플라스틱 용기 생산의 대표 주자이자 원거리 센싱을 위한 영상 탐사 위성 생산 분야에서도 대표적인 기업이다. 볼은 1993년에 허블 우주망원경을 수리했고 2008년에는 화성 탐사 로봇 프로젝트에도 참여했다. 1880년, 등유를 담는 나무 양동이 제작 회사였던 볼 코퍼레이션은 어떻게 알루미늄 캔과 철제 캔 제조업체이자 세계적인 첨단기술 회사가 되었을까?

볼 코퍼레이션의 진화

이야기는 1880년 프랭크 볼Frank Ball과 그의 네 형제가 랜턴에 쓸 등유를 보관하기 위해 나무 커버로 된 깡통을 만들기 시작했을 때로 거슬러 올라간다. 얼마 지나지 않아 유리병이 나무 양동이보다 값싼 대체품이 되었고 볼 형제는 재빠르게 방향을 바꿔 유리병을 생산했다. 그들이 만든, 뚜껑을 돌려서 닫는 유리병은 가장 성공적인 상품이 되었고, 그 후 수 세대에 걸쳐 미국인들이 가정에서 사용하고 있다. 1905년, 신문에서는 볼 형제를 "과일병 남작들the fruit jar barons"이라고 불렀고 회사에서 일하는 직원 수는 2천 명이 넘었다. 성공의 핵심은 경쟁자에 비해 월등한 밀봉 뚜껑을 만들려는 끊임없는 혁신과 자동화된 제조 공정이었다. 초과 설비를 이용해 그들은 냉장고에 쓰이는 개스킷과 라디오 배터리에 쓰이는 아연 케이싱 관련 비즈니스에도 발을 들여놓는다.

가정용 유리병을 가장 많이 판매한 시기는 1931년이었다. 대공황이 시작되자 회사는 새로운 유리 제품을 개발하기 시작했고, 1933년 금지법이 폐지되자 맥주 및 술병 시장에도 뛰어들었다. 볼의 리더들은 제조 우위를 이용해 규모가 작고 경제력이 떨어지는 유리 생산업체들을 사들였다. 1935년, 회사의 시장 점유율이 55%가 되었지만 1947년 반독점 판결로 더 이상 다른 회사를 매입하지 못하게 되었다. 1949년, 볼은 64년 만에 처음으로 손실을 보았다.

당시 CEO였던 에드 볼Ed Ball은 항공 분야의 기술적 진보에 매료된 열광적인 파일럿이었고, 우주항공 분야에 유리 기술을 적용할 수 있을 것으로 보았다. 이 아이디어를 실행에 옮기기 위해 그는 도기 제조술과 전자공학 분야의 전문가를 R&D 부문 책임자로 고용했다. 1956년, 에드 볼은 정밀 유리 제조에 사용될 수 있는 장비를 갖춘 콜로라도의 작은 회사를 개인적으로 매입했다. 이 장비는 상업적으로는 실패했지만 항공우주 분야에 새롭게 적용되는 제품을 만드는 볼 에어로스페이스 앤드 테크놀로지Ball Aerospace And Technologies 부서를 만드는 일을 주도했다. 1950년에서 1960년에 이 부서는 볼 코퍼레이션의 성장을 이끌었고 7억 달러의 수익을 올렸다. 이 기간에 회사는 고무 제품에서 기계 제품에 이르는 새로운 비즈니스 분야를 실험했다.

1969년까지 볼 코퍼레이션은 금속공학 분야에서 상당한 전문성을 쌓아왔고, 음료수 용기로 금속 캔이 유리를 대체할 것으로 보았다. 볼의 리더들은 새로운 시장으로 옮겨가기 위해 몇몇 회사를 매입했다. 또한 우주항공 비즈니스 분야의 엔지니어들을 데려와 경쟁력을 갖추도록 많은 기술을 가

르쳤다. 그 후 20년간 회사는 음료수 용기를 유리에서 금속으로 바꾸며 꾸준히 성장을 지속했다. 1980년대에는 중국과 유럽, 남미까지 범위를 확장했다. 당시 CEO로 재직했던 존 피셔John Fisher는 볼을 '기술적 기반을 갖춘 포장 회사'로 정의했는데 이 개념은 오늘날까지 유지되고 있다.

1990년대에 들어섰을 때, 100년 이상 회사의 기반이 되었던 유리 사업은 생산 과잉과 낮은 가격으로 어려움을 겪고 있었다. 간소화 및 현대화 노력에도 불구하고 목표한 만큼 수익을 올리지 못했다. 당시 CEO이자 사장이었던 데이브 후버Dave Hoover는 "우리는 더 이상 줄어드는 시장에서 낮은 가격으로 생산할 수 있는 입장이 아니라는 사실을 깨달았다"고 말했다.[29] 비용을 낮추는 유일한 방법은 투자와 생산을 늘리는 것이었지만 경제적으로 볼 때 이는 쇠퇴하는 시장에서 적절하지 않은 선택이었다. 1995년, 볼은 유리 사업을 중단하고 자산을 매각한다는 고통스러운 결정을 내렸다. 얼마나 어려운 결정이었는지에 대한 질문을 받았을 때 후버는 "볼 코퍼레이션의 지난 125년을 되돌아보면 볼이 많은 사업을 시작했다 접은 것을 볼 수 있을 것이다. 우리가 여전히 존재할 수 있는 이유 중 하나는 변화와 생존의 방법을 알고 있었기 때문이다. … 유리 사업을 중단하는 것도 옳은 일이라고 생각한다"라고 대답했다.[30]

그 후 볼 코퍼레이션은 계속 변화를 시도했다. 1994년 알루미늄 캔에서 플라스틱 병으로 시장이 옮겨가는 것을 파악하고 플라스틱 사업 분야에 경험이 많은 경영자들을 고용해 플라스틱 용기 사업에 투자를 시작했고 R&D에 투자했으며 제조 공장을 만들었다. 합병 없이도 사업은 5년 만에 5억 달러 이상의 규모로 성장했다. 전 CEO와 피셔를 포함한 리더들이 이 변화를 이끌었다. 1998년에는 111년 이상 머물렀던 인디애나의 먼시(볼 주립대학이 설립된 곳)를 떠나 본사를 콜로라도의 브룸필드로 이전했다. 이를 통해 비용을 절감하고 우주항공 분야와 제조 분야의 문화적 통합을 더욱 단단하게 만들었다.

2014년, 볼 코퍼레이션의 매출은 85억 달러를 기록했다. 볼은 계속해서 점진적 혁신(라인 확대, 새로운 종류의 캔, 제조 공정 개선)과 불연속적인 변화(새로운 우주항공 기술) 모두에 초점을 맞췄다. CEO 후버는 회사의 목적을 "좋은 품질의 상품과 서비스를 고객에게 제공하고, 주주에게 매력적인 투자수익률을 제공하며, 직원에게 의미 있는 직장 생활을 제공하고, 이웃에게 시간과 자원을 공헌함으로써 주주의 가치를 높이는 것이다"라고 정의했다.[31] 직접 통조림 병이나 알루미늄 캔, 플라스틱 병을 발명한 것은 아니었지만, 볼은 140년 이상 그런 제품들의 이용을 예측하고 경쟁사들보다 더 효율적으로 상품을 만들어왔다. 회사를 지켜보던 사람 중 한 명인 리차드 블로젯Richard Blodgett은 "볼의 성공 기반에는 항상 변화하는 능력, 필요할 때 스스로를 바꾸는 흔치 않은 능력이 있었다"라고 말했다.[32] 이에 대해 CEO 후버는 "25년 후 나는 우리가 현재 하고 있지 않은 사업 쪽으로 진화할 것이라고 생각한다. … 여전히 포장 사업 분야를 하고 있을지는 잘 모르겠지만 더 폭넓은 제품을 제공할 것이고 … 우주항공 분야에서의 사업을 계속할 것이다"라고 말했다.[33]

볼은 어떻게 성공했는가

1장에서 살펴본 기업들의 숫자가 정확하다면 왜 볼 코퍼레이션은 다른 많은 기업들처럼 실패하지 않았을까? 아니, 왜 이전보다 쪼그라들지 않았을까? 볼의 대표 상품인 통조림 병은 역사에 남을 만한 제품이다. 볼의 성공 이유는 분명하다. 140년 동안 볼에는 기술과 시장의 변화에 맞춰 회사를 진화시킨 리더들이 있었다. 정부가 합병을 막았을 때는 필요에 의해 진화한 경우도 있었다. 플라스틱 병의 경우처럼 시장을 예측하고 새로운 시장으로 조기에 옮겨가기도 했다. 140년 동안 유지될 수 있었던 이유는 리더들이 기존 역량을 활용하여 신규 분야로 이동할 수 있었기 때문이었다. 그림 3-2에서 볼 수 있듯이 그들은 성숙한 시장과 신규 시장에서 동시에 경쟁할 수 있는 양손잡이 능력을 갖추고 있었고, 기술과 시장의 변화에 맞춰 진화할 수 있었다. 2011년 연간 보고서에 따르면 "우리는 오랜 기간 45개 이상의 사업을 해왔고 그 사업들은 모두 진화나 기술적 혁신과 관련이 있었다"라고 쓰여 있다.[34]

볼의 리더들은 기존 역량을 활용하고 새로운 역량을 개발하기 위해 합병과 내적 성장을 모두 이용했다. 1950년대에 그들은 기술 사업을 시작하고 알루미늄 캔 시장에 들어가기 위해 합병을 활용했지만 플라스틱 병 사업은 완전히 처음부터 시작했다. 새로운 비즈니스를 실험하고 거기서 적절한 자본 이익이 나오지 않으면 투자를 중단했는데, 여기에는 100년 이상 볼의 정체성이 되었던 유리병 사업도 포함되었다. 그들은 일상적으로 실적이 좋지 않은 공장의 문을 닫고 전략적 계획에 맞지 않는 어스와치Earthwatch 같은 회사를 분사했다.

또한 새로운 사업에 뛰어들기 위해 기존 고객과의 관계와 제조 전문성을 이용했다. 예를 들어 최초의 플라스틱 병 판매는 알루미늄 캔 비즈니스를 통해 관계를 맺은 고객과 이루어졌다. 전 CEO 시셀Sissel은 "우리는 최고의 제품 공급자로서의 경험을 갖고 있다. … 그래서 고객과의 관계를 바탕으

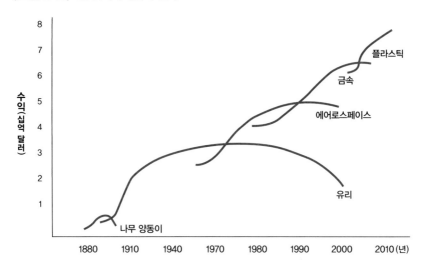

|그림 3-2| 볼 코퍼레이션의 진화

로 우리는 플라스틱 병 사업을 지원할 수 있었다"라고 말했다.[35] 그들은 이런 관계 덕분에 병을 생산하기 전에 상당한 양의 주문을 확보할 수 있었다. 몇 년 전 볼은 플라스틱 병 사업을 중단하기로 결정했다. 그들은 공장을 매입함으로써 전 세계로 확장하면서 기술과 제조 전문성을 활용하여 비용과 제품 개발 시간을 낮췄다. 또한 압출 알루미늄 캔에 집중하기로 결정했다. 볼의 연간 보고서에서는 향후 성공의 핵심에는 우수한 운영을 통한 '현재 사업 가치의 극대화'와 기술적 전문성을 이용하여 '새로운 제품과 역량을 확대하는 것', 즉 탐험과 활용을 강조했다.[36]

포장 사업에 주력하고 우주항공 부서를 매각하라는 월스트리트의 압력에도 불구하고 볼 코퍼레이션의 리더들은 위와 같이 행동했다. 그들은 완전히 다른 사업을 경영하고 활용하는 능력을 갖추고 있었다. CFO 레이 시브룩Ray Seabrook은 두 사업(우주항공 및 포장)을 하는 것은 마치 "집에 완전히 다른 두 사람이 있는 것과 같다. 포장은 매우 구조적이고 정돈되어 있으며 깔끔하고 시간을 중시하는 사람과 같다. 반면 우주항공은 한 달 동안 보이지 않다가 뭘 하고 있냐고 물으면 은하계에서 무언가를 디자인하고 있다고 답하는 사람과 같다"라고 말했다.[37] 시어스와 달리 볼의 리더들은 고객을 중시하고, 그들의 조직적 역량을 이해하고 있었다.

조직은 어떻게 살아남는가

흥미롭게도 진화생물학 분야의 최근 연구는 시간이 흐름에 따라 어떤 조직은 살아남고 어떤 조직은 실패하는지를 이해하는 데 도움을 준다. 진화evolution란 시간이 흐르면서 생기는 변화다. 자연선택natural selection은 시간이 지남에 따라 유리한 특성(생존에 유용한 특성)이 더 흔해지고 불리한 특성이 도태되는 과정을 말한다. 이에 대해 진화생물학자인 데이비드 슬론 윌슨David Sloan Wilson은 "자연선택은 분류학상 정체성에 상관없이 유기체와 환경 사이의 관계에 기반한다"고 말했다.[38] 따라서 새나 곤충, 점균류나 인간뿐 아니라 조직에도 적용될 수 있다.

진화론의 3가지 토대는 변화(특성이 다른 유기체나 조직), 선택(유기체의 생존 능력에 차이를 가져온다), 유지(한 세대에서 다음 세대로 이어진다)다. 환경이 변하면서 특성은 유기체에 더 잘 맞거나 맞지 않도록 변화되어, 더 잘 맞는 특성을 가진 유기체가 살아남을 확률이 높아진다. 조직은 생존을 위해 경쟁하면서 다른 조직보다 경쟁력을 높여주는 방식으로 변화한다. 이 경우 적합성은 생물의 성공적인 생식이 아니라 자원을 끌어 모으는 (물리적, 재정적, 지적) 능력이 된다. 적합하지 않은 유기체는 죽고 만다.

따라서 조직의 생존은 비즈니스 유닛 간의 변화와 선택에 달려 있다. 즉 환경에 맞춰 조직의 생태적 적합성을 유지할 수 있는 방향으로 프로세스를 조절할 수 있는 경영진의 능력이 중요하다. 이 프로세스는 무작위의 변화가 아니라 기존 회사의 자산과 역량을 이용하고 새로운 기회에 맞게 변형시켜 변화와 선택, 유지에 신중하게 접근하는 방법을 의미한다. 이는 신중한 투자와 관련되어 있고, "학습 방법을 배우는 능력"이라고 특징지을 수 있는 반복 가능한 프로세스를 가져오는 조직의 학습을 촉진한다.[39] 여기에는 분산과 차별화, 목표가 분명한 통합, 그리고 양손잡이 능력에서 요구되는 복잡한 균형을 조절할 수 있는 리더십 능력이 포함된다.[40] 따라서 반복해서 탐험하고 활용할 수 있는 조직은 그렇지 못한 조직보다 살아남을 확률이 높다.

다윈은 150년 전에 생물학적 종에 관한 글을 썼지만 그의 이론은 오늘날 조직에도 적용된다. 1959년에 〈포춘〉은 제너럴 모터스General Motors를 미국에서 가장 크고 강력한 제조업체로 평가했지만, 50년 후 제너럴 모터스는 파산했다. 2000년, 게리 하멜Gary Hamel은 자신의 저서 《꿀벌과 게릴라 Leading the Revolution》에서 엔론Enron을 세계에서 가장 현명한 기업 중 하나로 칭송했다.[41] 하지만 2001년 엔론은 폐업했고 《엔론 스캔들The Smartest Guys in the Room》이라는 책에 실리는 신세가 되었다.[42] 헤지펀드사인 롱텀 캐피털에는 노벨상 수상자인 2명의 설립자를 포함한 경영진이 있었다. 1998년 롱텀 캐피털이 무너졌을 때 미국의 금융시장도 거의 망가졌다.[43] 다윈이 옳았다. 힘도 지능도 생존을 보장하지 못한다. 오직 적응만이 생존을 보장하고 이는 동물과 식물뿐 아니라 기업에도 적용된다.

조직의 관점에서 탐험은 근본적으로 리더들의 임무이고 활용은 경영자들의 임무다. 앞의 예에서 보았듯 초기 시어스의 리더들(리차드 시어스와 로버트 우드)은 회사를 저가의 박리다매 업체에서 교외에 위치한 거대한 소매업체로 변화시켰다. 하지만 뒤를 이은 리더들은 대형 할인점과 온라인 쇼핑에 맞서 회사를 변화시키는 데 실패했다. 볼 코퍼레이션의 리더들은 효율적 제조를 통한 성공적인 활용과 신규 기술 개발을 위한 활용에 모두 집중했다. 혁신에 관한 한 설문조사에서는 대기업이 오랜 기간 성공을 유지하는 것이 얼마나 어려운지를 보여준다. 설문조사의 마지막은 다음 질문으로 마무리된다. "대기업의 경험과 자본력, 엄청난 핵심 경쟁력, 거대한 전략적 자산 등을 고려했을 때 대기업은 왜 더 성공하지 못하는가?"[44]

다른 유기체와 마찬가지로 조직은 변화와 선택, 유지라는 진화의 압박을 받고, 리더들은 이 프로세스를 자신에게 유리하게 만들 수 있다. 유명한 조직학자인 제임스 마치James March는 "조직이 당면한 가장 기본적인 문제는 현재의 생존을 보장할 만큼 충분히 활용하는 동시에 미래의 생존을 보장할 만큼 충분한 에너지를 탐험에 쏟아야 하는 것이다"라고 말했다.[45] 다음 절에서 이러한 도전을 할 때 고려해야 할 방법을 제시하려고 한다.

혁신 흐름

시장과 기술의 변화가 기업과 산업에 어떻게 영향을 미치는지, 이런 변화가 언제 기존 비즈니스를 위협하는지 생각해보자. 1장에서 이야기했던 혁신 흐름을 기억하는가? 혁신은 2가지 방식으로 발생한다. 첫째는 새로운 역량 개발을 요구하는 혁신(예를 들어 새로운 기술이나 비즈니스 모델)이고, 둘째는 신규 시장이나 고객의 문제를 다루는 혁신(예를 들어 고객에 대한 통찰이 부족한 부분)이다. 기술과 비즈니스 모델 혁신(그림 3-3의 수평축)과 시장 및 고객(수직축)을 생각해보자.

간단히 구분해보면 기업들이 경쟁하는 4개의 주요 카테고리로 나누어진다. 1사분면에는 기존 시장에 새로운 상품과 서비스를 제공하기 위해 기존 역량을 계속해서 확장시키는 회사들이 해당된다(예를 들어 기존 기술을 이용하여 신약을 개발하는 제약회사다). 2사분면에는 가장 파괴적으로 새로운 역량과 시장을 개발해야 하는 회사들이 포함된다(예를 들어 쿼츠 기술을 개발해 정교한 기계식 시계를 제조하고 저가시장 고객들에게 전자 시계를 판매하는 회사다). 3사분면에는 덜 파괴적이고 기존 고객과 시장에 새로운 제품과 서비스를 제공하기 위해 새로운 역량을 개발해야 하는 회사들이 해당된다(예를 들어 DVD 우편 대여가 아니라 비디오 스트리밍을 통해 기존 고객에게 영화를 제공하는 넷플릭스 같은 회사다). 3사분면의 혁신은 전통적인 혁신 프로세스를 밀어내고 공개적이고 광범위한 혁신으로 더 많이 퍼져나가는 것이다. 4사분면에는 기존 역량을 활용하여 새롭고 달라진 시장에 진입해야 하는 회사들이 해당된다(예를 들어 장거리 풀 서비스를 제공하지만 단거리를 여행하고자 하는, 가격에 민감한 고객을 위해 저가 항공편을 제공하는 항공사다).

이 틀의 유용성을 설명하기 위해 2장에서 살펴본 후지필름의 예로 돌아가보자. 2001년, 후지필름과 코닥은 필름 부문에서 세계 1, 2위를 다퉜다(후지필름의 시장점유율이 37%, 코닥이 36%였다). 두 회사는 필름 판매에 주력하는 것에서 시작해 카메라를 개발했고(코닥은 1888년, 후지필름은 1934년) 비슷한 비즈니스 모델과 강력한 제조 기술, 소매 부문에서의 거대한 영향력을 갖고 있었다. 두 회사 모두 은할로겐감광제 필름 판매를 엑스레이 필

| 그림 3-3 | **혁신 흐름**

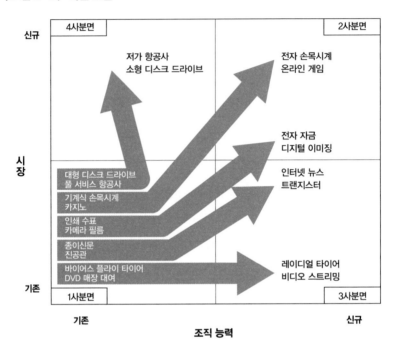

름, 현상, 디지털 이미지화 같은 관련 분야에 활용하고 있었다. 하지만 전 세계 필름 판매량은 2000년 정점을 찍은 뒤 빠르게 하락했고 2005년에 필 름 판매는 50% 감소했다.

급격한 하락은 예상보다 더 빠르게 진행되었고 두 회사 모두 엄청난 재 정적 압박을 받았다. 2000년, 후지필름 매출의 60%와 수익의 70%는 필름 판매에서 나왔다. 위기를 극복하기 위해 후지필름은 새로운 시장에서 자신 들의 화학적 전문성을 활용하려는 노력을 펼치기 시작했지만, 코닥은 지적 재산권 보호를 위한 공격적인 법적 캠페인을 포함해 핵심 사업인 사진의 R&D에서 돈을 버는 것에만 초점을 맞추고 있었다. 코닥의 한 고위 간부는 회사가 망한 후 "코닥은 뒤에서 어떤 일이 벌어지는지 한 번도 알려고 하지 않았다"고 말했다.[46] 오히려 코닥의 리더들은 자신들의 강점이 기술적 전문성이 아니라 브랜드와 마케팅에 있다고 믿었다. 위기에 직면한 그들의 반응은 다양화와 이미징으로의 변화 노력을 약화시켰다(코닥은 2004년 화학과 카메라 비즈니스를 처분했다). 코닥은 회사 비즈니스의 핵심이 아니라고 여겨지는 기술에 대해서는, 상업화를 위해 직원들이 규모가 작고 반독립적인 사업을 할 수 있도록 허락하는 프로그램을 초기에 없애 버렸다.

시케타카 고모리가 새로운 CEO로 임명된 후 후지필름은 정반대의 방향을 택했다. 그는 "우리는 기술적 자산과 비즈니스 자원을 어디에 써야 할지에 대해 자문을 구해야 한다"라고 말했다.[47] 재정의 압박을 받을 때도 회사의 독점적 기술을 새로운 상품과 서비스에 적용할 것을 강조했다. 그는 리더들에게 3가지 질문을 던졌는데, 이는 그림 3-3에 나온 혁신 흐름의 틀에 맞아떨어진다. 첫째, 새로운 시장에 현재 기술을 더 적용할 수 있는가?(4사분면) 둘째, 현재 시장에 추가로 적용할 수 있는 새로운 기술이 있는가?(3사분면) 셋째, 새로운 시장에 새롭게 적용할 수 있는 기술이 있는가?(2사분면)[48] 혁신 흐름의 관점에서 볼 때 그는 3개의 각 사분면에서 자신들의 핵심 역량(1사분면)을 넘어서 성장의 기회를 체계적으로 찾도록 리더들을 밀어붙였다.

이를 달성하기 위해 고모리는 "비즈니스 모델을 재구성해야 한다"라고 주장했다.[49] 그는 5천 명의 직원을 해고하고 R&D를 중앙 집중화했으며 초기 단계의 신규 기술에 다시 집중했다. 또한 새로운 관련 역량을 얻고 직원들이 신규 사업을 제안하도록 내부 벤처캐피털 프로세스를 만들기 위해 인수합병을 공격적으로 시작했고, 기존 구조를 14개의 비즈니스 유닛으로 분산시켜 새로운 벤처가 독립적으로 운영되도록 만들었으며, 회사가 성장하는 데 필요한 것과 방해되는 것이 무엇인지를 상위 1천 명의 리더들에게 두 페이지짜리 메모로 적어내도록 하는 등의 문화와 사고방식을 적극적으로 장려했다. 그는 시장에서 스스로를 차별화하기 위한 3가지 핵심 기술도 확인했다. 여기에는 LCD와 반도체에 사용되는 기능재료, 계면화학 부문의 전문성을 활용한 제약, 콜라겐과 항산화제 부문의 전문성에 기반한 노화방지 화장품이 포함되었다. 이에 대한 투자가 위험하고 비용이 많이 들 것을 알고 고모리는 "회사의 경영진은 효율성을 뒤로 미루어 놓아야 할 때가 있다"고 말했다.[50] 기존 역량과 고객 활용에만 집중했던 코닥과는 달리 고모리는 기존 시장과 신규 시장 모두에 필요한 핵심 역량을 개발할 것을 강조했다.

고모리는 'CEO나 높은 직급의 경영자는 회사가 살아남고 번창하도록 향후 20~30년, 아니면 그보다 더 미래에 대해 생각할 책임이 있다'고 보았다.[51] '혁신으로부터의 가치'라는 새로운 비전 아래 고모리는 직원들을 다시 대학으로 보내 전기공학을 배우도록 했고, 도시바Toshiba에서 엔지니어들을 데려왔으며(일본 회사로서는 이례적인 일이었다), 그들이 새로운 기술과 비즈니스를 탐험하다 실패해도 책임을 묻지 않았다. 또한 기업가적 문화의 필요성을 강조했으며 계속해서 탐험적 벤처를 추구했다. 그는 나노기술이나 계면화학 같은 기존 역량을 새로운 시장에 적용할 것을 강조했고(4사분면), 신규 시장과 기존 시장 모두에서 합병과 인적자원 투자를 통한 새로운 역량 개발(2, 4사분면)을 강조했다. 조직의 탐험에 대한 노력이 부족하고 위험을 회피하는 문화를 가졌던 코닥이나 SAP와는 달리 고모리는 새로운 사업의 중요성을 높이고 여기에 자원과 경영진의 관심이 갈 수 있도록 만들었다.

|그림 3-4| 후지필름의 혁신 흐름(2000년~2015년)

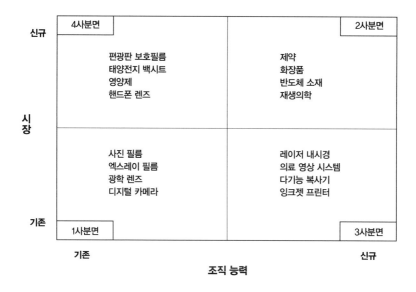

그림 3-4에서 알 수 있듯이 결과는 놀라웠다. 후지필름은 지난 15년간 연간 10% 이상의 성장률을 보이며 230억 달러의 회사가 되었다. 후지필름의 리더들은 전자(복사기, 반도체 재료, 핸드폰 렌즈, LCD 필름), 제약(알츠하이머, 에볼라), 화장품(노화 방지 크림), 재생의료(조직 이식), 의료장비(의료 이미징, 내시경), 필름 등의 다양한 산업에서 성공적으로 경쟁할 수 있는 핵심 역량을 활용했다. 고모리는 "좋은 기업은 외부 변화에 적응할 능력을 갖춘 기업이지만, 최고의 기업은 스스로 변화를 만들어내는 기업이다"라고 말했다.[52] 반면 코닥의 가치는 20억 달러로 하락했고 주가는 최저치로 떨어졌다. 계속 적자를 기록하면서 코닥은 지적재산권을 매각하고 부동산을 임대하고 있다.

이 사례는 성공을 거둔 조직에게 핵심 역량을 넘어선 혁신을 이루는 것이

얼마나 어려운지 보여준다. 하지만 도전의 특성은 문제가 새로운 역량 개발인지 신규 시장 진입인지, 아니면 둘 모두인지에 따라 조금씩 달라질 수 있다. 각 사분면에 해당되는 회사의 리더들이 당면하는 어려움을 살펴보면서 이를 설명하려 한다.

1사분면: 기존 역량, 기존 고객

대부분의 기업에서는 기존의 기술과 고객, 시장에서 혁신이 일어난다. 기술적 지식을 확장하고 새로운 제품과 서비스를 추가하고 인접한 시장과 고객으로 확대할 수 있지만 근본적으로 우리가 알고 있는 영역 안에 머무른다. 금융 기관은 고객에게 새로운 서비스를 발표한다. 자동차 회사는 젊은 고객층을 위한 새로운 모델을 출시한다. 기술 회사는 더 작고 빠른 버전의 제품을 제공한다. 패스트푸드 업체는 신규 메뉴를 추가한다. 이런 '혁신'은 비용이 많이 들 수도 있지만(예를 들어 신약 개발) 기존 역량과 시장에 대한 지식을 기반으로 하는 활용이라고 할 수 있다. 이를 위해 경영진은 조직을 개편해야 할 수도 있지만(프로젝트 팀, 매트릭스 폼, 새로운 체계, 인센티브 등), 여전히 기존 구조와 프로세스를 기반으로 삼는다. 적합성 모델 측면에서 인적 기술과 공식 조직에서의 약간의 변화가 필요할 수도 있지만 완전히 새롭고 다른 조정이 필요한 것은 아니다. 리더의 관점에서 이런 도전은 거의 항상 기존 조직 내에서 수용되거나 가끔은 조직의 다른 사람들에게 위임되기도 한다.

하지만 조직의 성공을 돕던 기존의 조정이 더 이상 유용하지 않게 되어 역량과 시장에 큰 변화가 필요한 경우도 있다. 타성이 새로운 제품과 서비스를 위험에 빠트리고 회사를 실패하게 만드는 때다. 좀 더 자세히 알아보기 위해 이전에 나왔던 실패 사례들을 다시 살펴보고 그림 3-3에 나왔던 3가지 카테고리, 즉 ① 새로운 역량, 새로운 고객(2사분면), ② 새로운 역량, 동일한 고객(3사분면), ③ 동일한 역량, 새로운 시장(4사분면)으로 나누어 살펴보자.

2사분면: 새로운 역량, 신규 시장

가장 파괴적이고 위협적인 변화는 새로운 역량을 개발하고 제품을 새로운 고객과 시장에 파는 것이다. 쿼츠 시계가 등장했을 때 어떤 일이 있었는지 살펴보자.

1860년대부터 1960년대 사이 스위스는 시계 산업을 지배했다.[53] 1860년대까지는 영국이 시계 제조에 있어 최고였지만, 1860년대 들어 스위스가 값싼 시계를 만들기 시작하며 영국을 밀어내고 세계 최고의 자리를 차지했다. 100년 후 1960년대에도 스위스는 1,600개가 넘는 회사들이 좋은 품질의 기계식 시계를 만들며 여전히 시장을 지배하고 있었다. 1848년에 세워진 최고의 시계회사 오메가Omega는 1960년대 중반 전자시계 아이디어를 탐험하기 위해 뇌샤텔대학University of Neuchatel의 공학과 교수 2명에게 연구를 의뢰했다. 그들의 연구는 성공적이었고 1968년 회사의 고위 경영자들에게 자신들이 찾아낸 발견에 대해 알려주었다. 그들은 전자시계를 만드는 데 필요한 기술의 일부를 발견했고 특허를 받았으며 오메가에 그 성과를 제공했다. 오메가의 경영진은 어떤 반응을 보였을까? 그들은 제안을 거절했다. 정확하고 값싼 시계를 만드는 새로운 방법은 고급 시계를 만든다는 그들의 핵심 가치를 위협했고 정밀한 공학적 기술을 쓸모 없게 만들었으며 잠재적으로 브랜드를 위협하고 가격에 보다 민감한 고객으로 고객층을 변경해야 하도록 만들었다. 또한 마진도 낮은 비즈니스였다.

　몇 달 후 기술의 라이선스는 잘 알려지지 않았던 일본 회사 하토리 세이코Hattori Seiko로 넘어갔다. 그 후 15년간 스위스의 시계 산업은 어려움을 겪었다. 800개의 회사가 사업을 접었고 주라(스위스에서 시계를 만들던 지역)에 살던 5만 명의 사람들이 직장을 잃었다. 스위스시계산업협회SSIH/Asuag는 파산했고 니콜라스 헤이엑Nicolas Hayek이 새로운 CEO가 된 후에야 스위스는 새로운 기술을 받아들이게 되었다. 그의 지휘 아래 스위스 기업들은 기계식 시계와 함께 전자시계를 만들기 시작했고 다시 한번 수익성 면에서 세계 최고가 되었다. 저가 시계는 스와치Swatch와 플릭플락Flik Flak으로, 중가 시계는 론진Longines과 오메가로, 고가 시계는 블랑팡Blancpain과 브레게Brequet 브랜드로 경쟁했다.

　오메가가 기계식 시계를 받아들이는 것을 꺼렸던 이유는 잘못된 것이긴 했지만 이해할 수는 있다. 기계식 공학은 스위스 시계 산업의 핵심 역량이었다. 스위스의 시계업체들은 주로 귀금속상을 통해 상류층 고객에게 고급 시계를 팔면서 성공을 거두고 있었다. 마진이 높고 수량은 상대적으로 적었다. 브랜드가 중요했다. 반대로 전자시계는 잡화점을 포함한 다양한 소매업체를 통해 잘 알려지지 않은 브랜드가 박리다매로 팔렸다. 새 제품의 핵심 역량은 전자기술과 제조였을 뿐 정밀 공학이 아니었다. 저가 제품을 놓고 경영자들은 주저하다 기회를 놓쳤고 이는 결국 실패를 불러왔다. 탐험과 활용을 모두 할 수는 없었을까? 그들이 그렇게 하려면 양손잡이 능력을 갖추고 다른 조정으로 조직을 운영해야 했다. 적합성 모델에서 보면 이는 다른 전략, 다른 핵심 성공 요인, 다른 사람과 기술, 다른 조직의 구조와 문화라는, 낮은 마진의 제품에 너무 많은 노력을 들여야 하는 급진적인 변화였다.

다른 예로 미국의 카지노 호텔 기업인 시저스 엔터테인먼트Caesars Entertainment
와 샌즈 코퍼레이션Sands Corporation, 윈 리조트Wynn Resort를 살펴보자. 미국
에만 900개 이상의 카지노가 있는 600억 달러 가치의 산업이다. 연간 미국
성인의 25% 이상이 적어도 한 번은 카지노를 방문하는 것으로 추정된다.
카지노 운영자들은 수익을 얻기 위해 세밀하게 고객을 관리하고 카지노를
효율적으로 운영하면서 고객을 잘 이해하고 있었다. 잘만 하면 경기가 좋
지 않은 때에도 수익을 낼 수 있는 비즈니스였다.

카지노 운영자들이 겪는 문제는 방문자들의 평균 연령이 높다는 점이었
다. 젊은 사람들은 카지노를 방문하는 대신 온라인 게임을 훨씬 많이 했다.
향후 전망을 고려할 때 그들은 살아남으려면 나이 든 고객에 비해 무엇을
좋아하는지 잘 파악하지 못하고 있는 젊은 세대를 끌어오기 위해 온라인
게임을 제공해야 한다는 사실을 깨달았다. 다행히 카지노 영업자들은 위험
을 관리하고 사기를 방지하며 운에 좌우되는 게임을 운영할 수 있는 중요
한 역량을 갖추고 있었다. 하지만 카지노와 온라인 게임에서 모두 성공하
기 위해서는 매우 다른 고객을 상대할 다른 종류의 조직을 운영할 능력이
필요했다. 리더들은 양손잡이 능력을 갖추고 매우 다른 2개의 조정을 통해
사업을 해야 했다. 또한 적합성 모델에 따르면 새로운 온라인 비즈니스는
매우 다른 사람과 기술, 조직 구조, 체계, 문화를 필요로 했다. 기존 카지노
에서 그런 비즈니스를 하면 성공할 확률이 낮았다.

인터넷으로 인해 비슷한 문제를 겪은 회사들이 또 있었다. 바로 신문
사다. 지난 10년간 신문 구독자 수는 급격히 하락했고 광고 수입도 감소
했다. 1945년, 정점을 찍은 후 신문을 구독하는 가정은 90% 이상 감소했

다. 신문을 읽는 사람들의 평균 연령은 55세로 나타났다.[54] 베이비붐 세대 중 신문을 읽는 사람은 부모 세대보다 3분의 1 줄었고, X세대의 경우는 베이비붐 세대의 3분의 1밖에 되지 않았다. 30세 이하 중 10% 미만의 사람들만이 종이신문을 읽는 것으로 나타났다. 젊은 사람들은 신문이 아니라 핸드폰으로 뉴스를 읽었다. 2005년에서 2009년 사이 105개 이상의 신문사가 문을 닫거나 파산했고 1만 3천 명 이상의 기자가 실직했다.[55] 2000년 이후 광고 수입은 600억 달러에서 180억 달러로 급감했다.[56] 록키마운틴 뉴스Rocky Mountain News나 볼티모어 이그재미너Baltimore Examiner, 뉴올리언스 타임스New orleans Times-Picayune, 디트로이트 프리 프레스Detroit Free Press 같은 주요 신문사들도 문을 닫거나 발행 기간을 줄였다.

이런 상황에 직면하자, 신문사들은 줄고 있는 나이 든 구독자들을 잡아두면서 젊은 고객들에게 온라인으로 뉴스를 제공하는 방법을 찾기 위해 고심했다. 다행히 신문사들은 기사 콘텐츠를 만들 수 있는 중요한 역량을 갖추고 있었다. 문제는 이런 콘텐츠를 이용해 온라인에서 수익을 창출할 수 있느냐는 점이었다. 이전과는 다른 비즈니스 모델과 다른 능력을 갖춘 사람들(예를 들어 웹디자이너), 새로운 기술(온라인 플랫폼), 새로운 구조와 체계, 빠르고 유연한 새로운 문화가 필요했다. 변신에 성공하려면 경영자들이 양손잡이 능력을 배우고 종이와 온라인으로 뉴스를 전달할 수 있어야 했다.

이전과는 다른 조정을 하는 것 외에 또 다른 어려운 문제(2사분면에 해당)는 새로운 고객을 이해하는 것 외에 새로운 역량을 개발하는 것이었다. 후지필름의 예에서 보았듯 이는 일반적으로 새로운 비즈니스와 문화를 통합하는 데 필요한 라이선싱과 합병을 통해 기존 직원과는 다른 동기를 가진 새로운 기술을 갖춘 사람을 고용하고, 내부적으로 시행착오를 겪으며 새로운 역량을 개발하는 일을 수반했다. 새로운 비즈니스 모델과 조정, 사람, 그리고 비즈니스라는 새로운 조합을 다룰 수 있는 리더는 많지 않았다. 이런 도전에 직면했을 때 기존의 경영진, 특히 급박한 위기를 겪은 적이 없는 성공적인 회사의 경영진이 왜 문제를 해결하고 싶어하지 않는지는 이해할 수 있는 일이다. 하지만 우리는 앞에서 왜 성공 증후군이 팽배하고 성공적인 기업이 필요한 변화를 너무 늦을 때까지 미루는지를 살펴보았다. 넷플릭스의 CEO 리드 헤이스팅스는 "이런 기업들은 새로운 것에 충분히 초점을 맞추지 않았다는 사실을 깨닫고 이를 만회하기 위해 가망이 없는데도 필사적으로 싸운다"라고 말했다.[57]

3사분면: 새로운 역량, 기존 시장

3사분면은 기존 고객을 위해 새로운 제품과 서비스를 개발하는 역량이다. 이는 리더들에게 두 번째로 어려운 변화다. 새로운 역량 개발이 필요하기 때문에 2사분면에서 요구되는 여러 도전들이 수반되지만, 새로운 제품과 서비스를 이미 알고 있는 시장이나 고객에게 제공하는 것이기 때문에 약간 더 쉽다. 우리는 1장에서 50개 이상의 창고와 광범위한 주문조달 투자가 필요한 DVD 우편 대여에서 스트리밍 비디오로 비즈니스 방향을 전환한 넷플릭스의 사례를 보았다. DVD를 사용하는 고객이 2010년 정점을 찍은 후 75% 줄었고 스트리밍 이용 고객은 거의 그대로였지만 필요한 기술은 매우 달랐다. 넷플릭스는 기존 마케팅과 고객 관리 역량을 이용할 수 있었고 영화와 TV쇼를 이용할 수 있었지만 이를 전달하기 위해 새로운 기술 개발에 투자해야 했다. 이런 변화에는 문제가 따랐고 2개의 서로 다른 조직과 문화를 최대한 효율적으로 조직해야 했다.[58] 시장이 바뀌고 아마존이나 월마트, 훌루Hulu 같은 다른 비디오 스트리밍 제공업체들과 경쟁하게 되면서 넷플릭스는 자체 콘텐츠를 만들기 시작했다. 넷플릭스의 성공은 성숙했지만 쇠퇴하고 있던 DVD 우편 대여 사업을 운영하면서 인터넷으로 전달하는 비디오라는 새로운 사업을 성장시킨 경영진의 능력을 보여준다.

한편 기존 고객을 위한 새로운 역량 개발이라는 비슷한 문제에 직면했던 파이어스톤은 자신들이 만들던 표준 바이어스 타이어를 대신해 레이디얼 타이어가 등장했을 때 실패를 겪었다. 이에 대해 실패한 조직을 연구하는 조직학자 돈 설Don Sull은 파이어스톤의 실패가 새로 등장한 기술을 파악하지 못했기 때문이라고 지적했다.[59] 그는 파이어스톤이 '기존의 성공 때문에' 실패했다고 주장했다. 레이디얼 타이어가 더 좋다는 사례는 많다. 더 오래 가고 안전하며 값도 싸다. 파이어스톤도 이 사실을 알고 있었다. 하지만 불행히도 레이디얼 타이어를 생산하려면 완전히 다른 제조 역량이 필요했고 파이어스톤의 리더들은 기존의 바이어스 타이어 제조를 고집했다. 급격하게 변화하는 조직 구조와 공정에 직면했을 때 그들은 문제를 회피했다. 기존의 제조 공정을 레이디얼에 맞게 바꿔보려고 시도했지만 이는 생산성과 품질을 떨어트렸고 1978년에 역사상 최대의 리콜로 이어졌다. 새로운 기술을 받아들이지 못했기 때문에 파이어스톤의 실적은 급격하게 하락하기 시작했고 1988년 결국 브릿지스톤에 인수되었다.

마지막으로 RCA의 안타까운 예를 살펴보자. 1919년에 설립된 RCA는 미국의 대표 기업 중 하나였고 1955년에는 세계 최고의 진공관 제조업체였다. RCA는 기술적 역량을 바탕으로 라디오와 텔레비전NBC, 레코드 제작, 초기 컴퓨팅으로 사업을 다양화하던 중, 1950년대 중반에 트랜지스터라는 새로운 기술이 등장하면서 진공관 사업은 위협을 받았다. 하지만 뛰어난

리서치 능력 덕분에 RCA는 새로운 비즈니스 분야에서 CMOS^{Complementary} Metal Oxide Semiconductor(금속산화물 반도체) 기술에 중요한 특허를 내고 자리를 잡았다. 또한 주요 경쟁사인 IBM보다 규모가 약 2배 더 컸다. 하지만 1986년에 RCA는 GE에 매각된 후 사라졌다. 무슨 일이 벌어진 것일까?

맥킨지 파트너였던 리차드 포스터^{Richard Foster}는 저서 《이노베이션: 한계 돌파의 경영전략^{Innovation: The Attacker's Advantage}》에서 RCA가 변화하지 못하고 실패한 이유를 자세히 다루었다.[60] RCA는 필요한 기술을 갖추고 반도체 부문도 만들었지만 회사 내부에서는 투자 결정에 대한 신랄한 논쟁이 있었다. 진공관 사업 부문의 리더들은 사업이 쇠퇴하고 있긴 하지만 투자가 지속된다면 여전히 수익을 낼 것이라고 주장했다. 투자 없이는 향후 비즈니스에 자금을 댈 수익을 얻지 못할 것이라고 주장했다. 그들은 반도체의 앞날이 유망하지만 엄청난 투자에 비해 수익이 불확실하다고 주장했다. 또한 보고 체계와 조직 문제에 대한 논쟁도 있었다. 파이어스톤과 마찬가지로 경영진의 단호한 행동이 없었기 때문에 RCA는 교착상태에 빠졌고 모토로라^{Motorola}나 인텔 같은 회사가 승리를 거두었다. RCA의 경영자들은 성숙한 진공관 사업과 새로운 솔리드 스테이트^{solid-state} 사업을 운영하는 데 실패했다.

4사분면: 기존 역량, 신규 시장

마지막 도전은 기업들이 새로운 시장과 고객층에 다가가기 위해 기존 역량을 이용할 때 발생한다. 이 경우 역량은 이미 있지만 새로운 시장에 들어가야 하고 고객의 요구는 알고 있는 것과 다를 수 있다. 표면적으로는 이미 역량을 갖고 있고 시장에만 불확실성이 존재하기 때문에 리더에게는 가장 쉬운 변화처럼 보일 수 있다. 하지만 결과는 종종 예상과 다르게 나온다.

지난 30년간 미국의 주요 항공사들이 겪은 어려움을 생각해보자. 표 3-2는 1982년 미국의 주요 항공사 목록이다. 이 시기는 파산과 합병으로 점철된 피바람이 불던 때였다. 그 배경에는 많은 이유가 있겠지만(예를 들어 1989년 있었던 규제 완화, 유가 폭등, 테러 위협) 가장 주된 이유는 사우스웨스트항공Southwest Airlines 같은 저가 항공사LCC의 등장이었다. 그렇다면 왜 주요 항공사들은 저가 항공사의 위협을 막아내지 못했을까? 저가 항공사와의 경쟁에 맞서 대부분의 항공사는 자체적인 저가 노선을 만들어서 경쟁하려고 했다. 유나이티드항공United Airlines은 테드TED를, 델타항공Delta Airlines은 송Song을, 콘티넨털항공Continental Airlines은 콘티넨털 라이트Continental Lite를 만들었고, US항공US Airways과 아메리칸항공American Airlines은 기존의 저가 항공(캘리포니아항공과 퍼시픽사우스웨스트항공)을 매수했다. 하지만 모두 실패했다. 왜 그랬을까? 이런 사업은 그렇게 어렵지 않았다. 동일한 비행기와 승무원, 정비공을 활용할 수 있었고 목적지도 같았다. 실패의 이유를 알아보기 위해 그림 3-3으로 돌아가보자.

저가 항공이나 풀 서비스 항공이나 기본 역량은 동일했지만 (예를 들어 비행기, 예약 시스템, 공항 수속 등) 고객층의 기대는 상당히 달랐다. 저가 항공 비즈니스의 핵심 성공 요인 중 하나는 좌석 마일당 매우 낮은 비용으로, 단거리를 이동하면서 비행기를 띄워야 했다. 성공적인 운행을 위해서는 탑승구에서의 빠른 턴어라운드, 즉 빠르게 짐과 고객을 싣고 내려야 했고 빠르게 청소하고 물품을 채워야 했다. 이를 위해서는 주요 항공사들에게 익숙하지 않은 문화였던 팀워크와 긴급함이 필요했다. 결과는 완전한 실패였다.

저가 항공을 운영하려면 풀 서비스 항공을 운영할 때와는 다른 조정이 필

| 표 3-2 | 미국의 항공사(1982년~2015년)

순위	항공사	상황
1	유나이티드항공	파산
2	팬아메리칸월드항공	소멸
3	아메리칸항공	파산
4	델타항공	파산
5	이스턴항공	소멸
6	트랜스월드항공	소멸
7	노스웨스트항공	소멸
8	리퍼블릭항공	소멸
9	콘티넨털항공	소멸
10	웨스턴항공	소멸
11	US항공	소멸
12	피드몬트항공	소멸
13	사우스웨스트항공	수익
14	브래니프항공	소멸
15	텍사스항공	소멸

요했다. 저가 항공의 핵심은 서비스가 아니라 속도와 유연성이다. 반대로 풀 서비스 항공의 핵심은 상류층 고객을 끌어모으고 서비스와 편의를 제공하는 것이다. 풀 서비스 항공의 마진은 저가 항공의 마진보다 훨씬 높았지만 두 조직에 필요한 인력과 체계, 인센티브, 문화는 달랐다. 두 항공 서비스를 운영하는 기본적인 역량은 전반적으로 동일했지만 주요 항공사의 리더들은 저가 항공을 성공적으로 운영하지 못했다. 단순히 두 조직을 분리하지 못하는 경우도 있었는데 그 결과 갈등과 혼란이 초래되었다. 한편으로는 스위스의 기계식 시계 제조업체들처럼 마진이 낮은 비즈니스에서 얻을 수 있는 이득을 얻지 못했다. 결과는 고통스러울 정도로 분명했다.

파괴적 혁신과 혁신기업의 딜레마

1997년 《혁신기업의 딜레마The Innovator's Dilemma》를 출간하면서 클레이튼 크리스텐슨은 대형 디스크 드라이브(14인치 폼팩터) 생산업체의 리더들이 어떻게 해서 새로운 소형 드라이브(8인치 폼팩터)로 성공하지 못했는지 설명했다. 4사분면에 해당하는 도전(기존 기술을 새로운 시장에 적용)에 직면했을 때 메모렉스Memorex나 암펙스Ampex, 컨트롤 데이터Control Data 등 시장을 주도하던 대부분의 디스크 드라이브 제조업체들은 소형 드라이브로 경쟁하는 데 실패했다. 흥미로운 점은 이 회사들이 소형 드라이브를 만들 수 있는 기술적 역량을 갖추고 있었고 실제로 생산도 했다는 점이다. 그러나 새로운 제품을 갖고 나왔음에도 그들은 시장에서 실패했다. 클레이튼의 연구는 '파괴적 혁신'이라고 불리는 용어를 만들어냈는데, 이는 시장이 예상치 못한 방향으로 이익을 제공하는 제품과 서비스를 개발한다는 의미다.이런 제품과 서비스는 기존 고객에게는 어떤 면에서 가치가 덜하지만 낮은 가격대를 보고 새로운 고객이 시장에 진입하도록 만든다. 새로운 기술의 개발이라기보다는 시장의 변화인 셈이다.

크리스텐슨은 파괴적 혁신의 예로 소규모 제철공장(사소한 기술적 진보)이 철강 산업에 미친 영향, PC가 대형 컴퓨터 비즈니스에 미친 영향, 오픈소스 소프트웨어가 독점적 운영체계에 미친 영향, 원거리 학습이 대학에 미친 영향, 대형 할인점이 기존 백화점에 미친 영향, 그리고 무선통신이 유선전화 회사에 미친 영향을 예로 들었다. 당시 기업들에 위협이 되었던 것은 그들이 근본적인 역량을 모르거나 역량이 없어서라기보다는 성숙한 비즈니스와 신규 비즈니스 모두에서 경쟁하는 법을 알지 못했기 때문인데, 여기에는 새롭고 알려지지 않은 고객의 선호와 낮은 마진이 수반되었다. 크리스텐슨은 "이성적인 경영자들은 규모가 작고 확실하지 않으며 수익성 낮은 저가 시장에 들어가기 위해 설득해야 하는 상황을 만들지 않는다. … 상류층 고객을 찾기 위해 기존 고객을 저버리는 기업을 찾기는 어렵지 않다"고 결론지었다.[61] 책에서 그는 이런 딜레마를 쉽게 해결할 수 없다고 보았다. 기업들은 탐험하는 동시에 활용할 수 없었다. 그래서 그는 새로운 파괴적 비즈니스를 분리해야 한다는 해결책을 내놓았다.

하지만 파괴적 혁신을 분리하는 것은 해결책이 아니었다. 주요 철강 회사들은 소규모 제철공장의 마진이 매우 낮은 것을 보고 사업 기회를 포기했다. 10년이 지나기도 전에 소규모 제철공장은 더 낮은 가격으로 고품질 철을 생산하게 되었고 US스틸 같은 회사는 파산했다. 월마트나 타겟 같은 낮은 마진의 대형 소매업체는 종합소매점을 이전 규모의 일부로 줄였다. 마이크로소프트의 엔카르타Encarta와 누구나 자유롭게 참여할 수 있는 온라인 사전 위키피디아Wikipedia는 브리태니커Britannica 백과사전이 사업을 접게 만들었다. 오픈소스 소프트웨어 리눅스는 선Sun의 솔라리스Solaris나 노벨Novell의 넷웨어NetWare 같은 독점적 운영체계로부터 이익을 빼앗아 갔다.

경영자들이 맞닥뜨리게 되는 도전과 해결책은 간단하다. 즉 기술과 경쟁, 규제의 변화에 맞춰 기존 역량의 활용이 핵심이 되는 성숙한 비즈니스에서 경쟁하면서 동시에 탐험적인 비즈니스에서 경쟁하기 위해 기존 자산을 이용하는 것이다. 특별히 어려울 것은 없어 보이지만 많은 사례가 이것이 쉽지 않다는 사실을 보여준다. 성공적인 활용에 필요한 조정은 종종 탐험에 필요한 조정에 방해가 되기도 한다.

전략적 통찰과 실행

성공과 실패 사례에서 우리는 무엇을 배울 수 있을까? 우선은 조직의 리더들이 기존 비즈니스에서의 성공을 활용하면서 새로운 시장을 탐험하는 양손잡이 능력을 갖추었을 때 장기적으로 성공을 거둘 수 있다는 점이다. 2가지 주제를 자세히 살펴보자. 첫째는 기업들이 기존 비즈니스 모델을 활용하면서 미래를 위해 탐험할 수 있도록 기존 자산을 바꾸기 위해서는 리더십이 매우 중요하다는 점이다. 리더십을 길러야 하며 이를 지키지 못하면 쉽게 잃게 된다. 둘째는 조직의 조정과, 탐험과 활용에 필요한 능력이 근본적으로 어떻게 다른가에 관한 것이다. 기업이 성숙한 시장에서 성공하는 데 필요한 것은 새로운 시장과 기술에 요구되는 것과 거의 반대된다. 시어스나 스미스 코로나, 블록버스터, 그 외 여러 기업에서 이러한 사례를 찾아볼 수 있는데, 이를 통해 다음과 같은 교훈을 얻을 수 있다.

첫 번째 교훈: 리더십

시어스의 초기 성공은 교외에 사는 미국인들이 우편 주문을 통해(몽고메리 와드 같은 다른 회사들도 그렇게 하고 있었다) 상품과 서비스를 살 것이라는 리차드 시어스의 통찰력 덕분이 아니라 가장 싼값에 물건과 서비스를 제공하는 능력 덕분이었다. 초기에 시어스는 CEO 줄리어스 로젠왈드Julius Rosenwald의 지휘 아래 우편 주문을 통한 가장 편리하고 효율적인 상점이 되었다. 1856년 세워져 1920년 경기 침체를 겪을 때까지 60년 동안 시어스는 폭넓은 상품군과 효율적 운영으로 시장을 지배했다. 효율성은 오늘날 우리가 훌륭한 경영과 과학적 관리기법이라고 부르는 것으로, 시어스는 경쟁사에 비해 더 높은 매출 총이익을 거둘 수 있었다. 엄청난 시장 변화와 제이시페니나 울워스 같은 체인점과의 경쟁이 심화되었을 때도 시어스에는 강력한 내부 반대에도 불구하고 기업을 교외의 소매업체로 변화시킨 리더가 있었다. 이 시기에 대해 다니엘 래프Daniel Raff와 피터 테민Peter Temin은 우드가 단순히 카탈로그 사업을 보존하는 일뿐 아니라 시어스의 전반적인 수익을 극대화하는 데에 관심을 갖고 있었다고 말했다.[62] 우드는 향후 50년간 시어스의 성공을 위한 장을 마련하기 위해 현재의 상황에 도전하고자 했다. 마찬가지로 넷플릭스의 리드 헤이스팅스는 회사의 핵심 비즈니스를 비디오 스트리밍으로 옮기기 위해 DVD 우편 대여 사업을 희생양으로 삼았고, 월스트리트가 지나치다고 비난했음에도 불구하고 볼 코퍼레이션의 리더들은 주기적으로 시장 변화를 예측하고 변화를 이용하기 위해 자산을 재분배했다.

이를 스미스 코로나의 실패에 대한 어윈 대닐스Erwin Danneels의 의견과 비교해보자.[63] 사우스 플로리다 대학의 대닐스 부교수는 1886년에 설립된 스미스 코로나가 약 70년간 어떻게 타자기 사업을 지배했는지 설명했다. 1980년에 스미스 코로나의 시장 지분은 50%였다. 1976년, 스미스 코로나의 리더들은 전자 타자기와 개인용 워드프로세서를 예상하고 별개의 전자부문 유닛을 만들었다. 그 결과 1985년에 최초의 개인용 워드프로세서가 도입되었다. 하지만 시장이 쇠퇴하면서 경영진은 그다음 단계로 이동하는 것을 거부했다. 1993년, CEO는 "타자기와 워드프로세서라는 우리의 핵심 시장은 계속 굳건할 것이다"라고 말했다. 하지만 10년도 지나지 않아 회사는 청산되었다. 실패의 원인에 대해 스미스 코로나의 전 재무 담당자는 "비전, 즉 경영진의 비전 실패라고 생각한다"고 말했다.

 즉석 사진 분야를 주도했던 폴라로이드는 디지털 이미징 기술을 개발한 최초의 기업 중 하나였다. 경쟁사보다 4배나 뛰어난 기술을 보유하고 있었지만, 폴라로이드의 리더들은 이를 활용하지 않았다. 자신들은 제조기업이며 소프트웨어(디지털 이미징)를 미래를 주도할 사업으로 보지 않는다는 생각을 고수했다. 기술을 활용하지 못했을 뿐 아니라 새로운 마케팅 역량에 투자하고 신규 배급 채널을 만들고 새로운 비즈니스 모델을 개발하는 것을 거부했다. 1985년, 주주들에게 보낸 CEO의 편지에는 "전자 이미징이 일반화되어도 영구적인 시각적 기록에 대한 사람들의 요구는 계속 남아있을 것이다"라고 쓰여 있었다.[64] 폴라로이드는 전자 이미징 부서를 만들었지만 리더들은 하드웨어 사업에서만 돈을 벌 수 있다는 믿음으로 기존 비즈니스 모델을 고수했다. 폴라로이드는 1996년 전자 이미징 부문을 대부분 매각한 후 오랫동안 어려움을 겪다가 2008년 영업을 중단했다. 이와 대조적으로 후지필름의 CEO 고모리는 새로운 역량을 개발하고 기존 역량을 새로운 시장에 활용하여 기존 시장도 다시 활성화시켰다.

 이러한 사례들에서 얻을 수 있는 중요한 교훈은 탐험을 정당화하고 장려하는 리더의 핵심적인 역할이다. 리더가 적극적으로 새로운 역량 개발을 추진하지 않으면 조직은 정체되고, 조직이 성공을 거두고 있을 때에 이러한 현상은 특히 두드러진다. 사업이 성공적일 때 경영자들은 규모가 작고 마진이 낮은 비즈니스를 시험하는 데 자원을 낭비하기보다 성공을 보존하고 기존 운영을 점진적으로 개선하려는 경향이 있다. 경영진과 리더십 간에는 차이가 있다. 경영진은 현재 상태를 보존하고 개선하려고 한다. 조직에 발생하는 많은 '나쁜' 아이디어를 회피한다. 반면 훌륭한 리더는 주변을 살피고 현재 상태를 불안정하게 만들 수 있는 실험을 한다. 리더들이 훌륭한 경영자가 되었을 때 조직은 위험에 빠진다. 리더십 전문가 워렌 베니스Warren Bennis는 "실패하는 조직에는 경영진이 넘치고 리더가 부족하다"고 말했다.[65] 양손잡이 능력을 갖추기 위해 리더들은 훌륭한 경영자인 동시에 훌륭한 리더가 되어야 한다. 변화에 맞춰 성공하려면 조직에는 둘 모두가 필요하다.

두 번째 교훈: 조정

시어스와 볼 코퍼레이션의 사례를 통해 얻은 두 번째 중요한 교훈은 조직의 조정에서 나오는 힘과 위험이다. 활용은 효율성과 생산성, 변화 감소를 강조하는 반면, 탐험은 반대로 적극적인 조사, 발견, 변화 증가를 강조한다. 수십 년간의 조사가 이를 뒷받침한다.[66] 활용과 탐험을 모두 하기 위해서는 둘을 위한 하부 유닛을 만들어야 할 뿐 아니라 각기 다른 비즈니스 모델, 경쟁력, 시스템, 프로세스, 인센티브, 문화를 만들어야 한다. 간단히 말해 서로 다른 조정이 필요한 것이다.

19세기 말, 시어스가 초기 성공에서 무엇을 배웠는지 살펴보자. 1860년대에서 제1차 세계대전이 끝날 때까지 시어스가 성공할 수 있었던 중요한 이유 중 하나는 가격을 낮게 유지했기 때문이다. 전반적으로 성공적인 활용을 위해서는 전문화와 형식화, 체계에 크게 의존해야 했다. 시어스는 설립 이후 빠르게 성장했지만 1900년대 초반 실패의 위기를 겪었다. 시어스의 거침없는 성장은 거대한 비효율과 고객 불만으로 이어졌다. 당시 CEO였던 줄리우스 로젠왈드는 새로운 노동 절감형 기술(특히 기송관)에 투자하고, 기존의 혼란스러운 회사에 통제되고 형식적인 시스템을 도입함으로써 회사를 구한 것으로 인정받았다. 시어스가 1920년대 초까지 성공을 이어 갈 수 있었던 것은 바로 기계적 구조 덕분이었다.

하지만 이런 조정은 회사가 1920년대 말 인구 변동으로 인해 발생한 변화에 대응하지 못하게 만들었다. 시어스의 성공을 대표하던 조직의 자산(설비, 시스템, 인력, 기술, 문화)은 시장이 변화하자 커다란 타성의 원천이 되었다. 50년간 회사를 번창하게 해주었던 조정은 마침내 회사를 망가뜨리고 말았다. 수년간 얻은 소중한 교훈은 더 이상 관련 없는 것이 되었다. 과거의 성공이 미래의 볼모가 된다는 논리는 블록버스터와 스미스 코로나, 폴라로이드 외의 기업에도 동일하게 적용된다. 최대의 아이러니는 한때 성공에 필요했던 조정이 다른 시점에는 독이 된다는 사실이다. 활용을 성공적으로 해냈던 한 기업의 경영자는 입증되지 않은 새로운 탐험 유닛에 자원을 투자해야 한다는 제안을 받고 다음과 같이 말했다.

"당신은 우리의 기존 생산라인보다 마진이 낮은 비즈니스 모델을 이용해 고객이 원할지 원하지 않을지 모르는 제품을 개발하기 위해 기존 시장보다 확실히 규모가 작고 존재 유무도 모르는 시장에 수백만 달러를 투자하라고 제안하고 있다. 당신은 우리가 투자를 할 경우 심각한 조직의 문제에 부닥칠 수 있다고 경고하고 있고, 우리의 현재 비즈니스는 자원을 필사적으로 요구하고 있다. 왜 우리가 이 투자를 해야 하는지 다시 한번 말해줄 수 있는가?"

이것을 넷플릭스와 볼 코퍼레이션, 후지필름의 성공적이었던 노력과 비교해보자. 넷플릭스의 초기 성공은 효율성과 통제를 높인 조정을 설계하고 실행했던 능력과 관련이 있다. 리더들은 대여한 영화를 당일 배달하기 위해 독점적 수송 소프트웨어에 많은 투자를 했다. 활용을 위한 조정을 거침없이 개선하는 동시에 계속 탐험했고, 그 과정에서 스트리밍을 강화시키는 하드웨어(초기 장비는 영화 한 편을 다운받는 데 10시간이 걸리고 10달러 가치의 대역폭이 필요했다)를 개발하다 큰 실패를 겪기도 했다.

세계에서 가장 효율적인 병 제조 공장을 운영하던 볼 코퍼레이션도 조립식 주택에서 플라스틱 사출 성형에 이르는 다양한 분야에서 자신들의 역량을 탐험했다. 볼의 리더들은 창의성과 꼼꼼함을 강조했다. 그들은 내부적으로 기술을 개발하고(플라스틱 병) 필요할 때는 기술(금속 캔)을 얻기 위해 합병을 이용했다. 회사의 미래가 활용만 또는 탐험만 하는 것이 아니라 동시에 그것들을 해내는 데 달려 있다는 사실을 알고 있었다. 화성탐사 로봇을 만들 수 있게 해준 그들의 조정은 중국에 있는 병 제조 공장의 비용을 낮추는 데에는 도움이 되지 않았다.

여기서 우리는 조정의 힘과 실행의 중요성이라는 교훈을 얻을 수 있다. 미래를 보는 통찰은 실제 행동으로 옮기지 않으면 의미가 없다. 반드시 서로 다른 조정을 할 수 있어야 한다. 지금까지 예로 든 성공적인 회사들(넷플릭스, 볼 코퍼레이션, 아마존, 월마트)은 탐험과 활용 부문에서 서로 다른 조정을 이루어냈다.

결론

양손잡이 능력의 개념은 이해하기는 쉽지만 경영자들이 실제로 실행하기는 쉽지 않다. 4장과 5장에서는 IBM이나 시스코, USA투데이 같은 잘 알려진 기업과 플렉스트로닉스나 다비타 같은 덜 알려진 기업의 리더들이 어떻게 성공적으로 탐험하고 활용했는지 자세히 살펴볼 것이다. 그리고 리더들이 조직에서 양손잡이 능력을 실행에 옮길 때 이용할 수 있는 본보기를 제시할 것이다.

LEAD
AND
DISRUPT

2부

혁신기업의 딜레마를
해결하는 방법

6가지 혁신 이야기

발이 빠르고 적응력이 좋아야 한다.
그렇지 않으면 전략은 쓸모가 없다.
– 루이스 거스너

이전 장들에서 몇 가지 뚜렷한 패턴을 찾아볼 수 있었다. 첫째로, 장기적 성공은 성숙한 시장과 신규 시장 모두에서 성공적으로 경쟁할 수 있는 비즈니스 기능으로, 기존 자산과 역량을 활용하고 이를 새로운 자산과 역량을 창출하는 데 적용할 수 있는 능력, 즉 양손잡이 능력을 갖추는 것이다.

불행히도 성공적인 대기업들은 종종 성공의 희생양이 된다. 더욱이 변화의 속도가 빨라지는 때는 이런 경향이 더욱 가속화되는 것으로 보인다. 둘째로, 이러한 성공 증후군이 기저에 깔린 원인은 조직의 조정 능력과 전략과 실행이 밀접하게 연결되어 있을 때 생길 수 있는 구조적, 문화적 타성과 깊은 관련이 있다. 아이러니하게도 전략을 성공적으로 실행하려면 리더들이 조직을 조정해야 하는데(핵심 성공 요소, 사람, 구조, 문화), 바로 이 조정이 변화를 더욱 어렵게 만들 수 있다. 이런 모순은 장기적 성공을 위해 필요한 새로운 역량과 시장이 필요로 하는 혁신 흐름을 생각해보면 확실히 나타난다. 새로운 비즈니스와 전략이 새로운 조정을 필요로 할 때 기존의 성공적이었던 방식이 새로운 방식을 약화시킬 위험이 생긴다. 단기적으로는 항상 현상 유지를 해야 할 강력한 이유들이 존재하기 때문이다.

하지만 일부 기업은 타성을 극복하고 양손잡이 능력, 즉 기존 비즈니스와 신규 비즈니스에서 경쟁하는 데에 조직의 자산을 이용할 수 있는 능력을 갖추고 있다. 실제로 양손잡이 능력은 어떻게 보여질까? 성공 사례에서 얻을 수 있는 중요한 교훈은 무엇일까? 조직과 리더가 어떻게 기존 자산과 역량을 활용하는 동시에 이를 변경하여 위협에 대응하고 기회에 적응하기 위해 새로운 역량을 개발하는지를 설명하기 위해 우리는 6개 기업의 리더들을 자세히 살펴보았다. 경영자들은 대기업과 중소기업을 망라한 다양한 산업군(헬스케어, 신문, 제조, 첨단 기술)에서 선택했다. 그리고 그들이 과거의 타성을 극복하기 위해 무엇을 했는지 자세히 살펴보았다. 그 과정에서 양손잡이 능력에 필요한 3가지 핵심 요소를 발견하게 되었는데, 이를 통해 우리는 이전 장에서 언급했던 실패한 많은 기업들이 이런 방식을 따라가지 못했다는 사실을 알게 되었다.

이 장에서는 6개 회사의 리더들이 탐험과 활용을 어떻게 다루었는지, 양손잡이 능력을 개발하는 데 성공했는지 자세히 살펴볼 것이다. 각각의 예는 서로 다른 상황이지만 리더들이 사용한 방법은 매우 유사하다. 이 공통점이 본보기를 만드는 데 유용한 가이드라인이 되어주었다. 우선 USA투데이의 편집자 톰 컬리Tom Curley가 온라인 뉴스의 도전에 어떻게 대응했는지 살펴보자.

양손잡이의 실제 사례

USA투데이: 다른 모습을 보여주다

신문사들은 구독자 수가 급감하고 광고 수입도 기존의 3분의 1로 줄어듦에 따라 100개 이상의 일간신문이 2005년 이후 폐업했다.[1] 인쇄 미디어가 마주한 도전은 새로운 온라인 비즈니스를 개발하는 데 자신들의 콘텐츠 생산(보도) 역량을 활용하는 방법을 찾는 것이었다. 전 USA투데이 사장이자 편집자인 톰 컬리의 말을 빌리자면 "어떻게 신문이 아니라 네트워크가 될 수 있을까?"에 대한 답을 찾는 것이었다.

1990년대 말, USA투데이의 사업은 번창했지만 미래는 불확실했다. 가넷 코퍼레이션Gannett Corporation의 한 사업 부문이었던 이 신문은 1982년에 만들어져 '맥페이퍼McPaper'로 불리며 알록달록한 브랜드를 가진 언론이라는 비평가들의 조롱을 받으면서 유지되어 왔다. 창립 후 10년간 5억 달러 이상의 적자를 본 후 1992년이 되어서야 처음으로 수익을 냈고, 빠르게 성장하면서 1990년대 말에는 미국에서 가장 많이 읽히는 신문이 되었다. 돈 많은 사업가들이 구독자 층을 형성했고 광고회사들의 매력적인 플랫폼이 되어 꾸준한 수익을 얻었다.

하지만 1990년대가 지나가면서 먹구름이 보이기 시작했다. 신문 구독자가 계속해서 줄었고 특히 젊은 구독자들이 감소했다. 고객들이 점점 더 텔레비전과 인터넷에서 뉴스를 읽게 되면서 경쟁이 과열되었다. 또한 신문 인쇄 비용은 빠르게 증가했다. 컬리는 회사가 계속 성장하고 수익을 내려면 전통적인 종이신문 비즈니스를 넘어서야 된다고 생각했다. 그러려면 극적인 혁신이 필요하다는 사실을 그는 알고 있었다. 신문사는 기존의 뉴스 취재와 편집 역량을 완전히 새로운 미디어에 적용할 방법을 찾아야만 했다. 컬리는 신문과 TV, 온라인을 통해 배포되는 콘텐츠 생산에 집중하는 네트워크 전략을 내세웠지만 자신의 전략을 이해하지 못하는 간부 팀에게 실망해야 했다.

1995년, 컬리는 신념에 따라 온라인 뉴스 서비스인 USA투데이닷컴을 시작하기 위해 이전에 금융면 편집자였던 로레인 치코스키Lorraine Cichowski를 USA투데이의 미디어 프로젝트 총책임자로 선택했다. 그는 로레인에게 종이신문 비즈니스와 독립적으로 운영하도록 자율권을 주었고, 로레인은 USA투데이 밖에서 사람들을 데리고 와서 신문이 있던 곳과 다른 층에 그들을 배치하는, 일종의 독립적인 개발 부서skunk-works의 형태로 운영했다(그림 4-1 참고). 그녀는 즉시 역할을 배분하고 인센티브를 주고 매우 협력적인 기업 문화를 가진, 근본적으로 완전히 다른 조직을 만들었다. 인터넷 사용이 폭발적으로 증가하면서 이 조직은 성공에 딱 들어맞는 것처럼 보였다.

하지만 결과는 실망스러웠다. 약 10년 후, USA투데이닷컴이 약간의 수익을 벌어들이기는 했지만 온라인의 성장은 매우 더뎠고 전반적인 비즈니스 결과에 거의 영향을 미치지 못했다. 컬리는 새로운 유닛이 신문과 너무 분리되어 있어 신문의 거대한 자원을 활용하지 못하는 것이 문제라고 생각했다. 치코스키도 컬리의 임원진이었지만 그녀는 다른 멤버들의 지원을 거의 받지 못했다. 그녀의 유닛을 경쟁 상대로 보던 그들은 그녀를 도울 이유가 없었고 자원을 공유하려는 노력을 거의 하지 않았다. 대부분의 자본이 신문 부문으로 흘러들어 가면서 USA투데이닷컴은 곧 현금이 부족해졌고 온라인 부문의 재능 있는 직원들이 떠나기 시작했다.

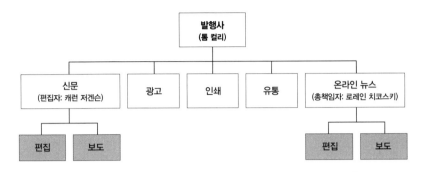

|그림 4–1| USA투데이 조직도(1999년)

치코스키는 다른 기업들이 인터넷 벤처를 분리한 것처럼 온라인 비즈니스를 신문에서 완전히 분리시키려 했지만 컬리는 다른 입장을 갖고 있었다. 신문의 성공에도 불구하고 그는 계속 광고업자들과 젊은 독자들을 끌어들이려면 온라인 부문이 필요했고 가넷의 36개 지역 방송국을 통해 비디오를 제공해야 했다. 1999년, 컬리는 하루 한 번 발행되는 신문과, 지속적으로 업데이트되는 온라인 뉴스 USA투데이닷컴, 그리고 텔레비전이라는 세 플랫폼에 뉴스와 이미지를 공유하는 네트워크 전략을 펼쳤다. 컬리는 "우리는 더 이상 신문 비즈니스만 하지 않는다. 우리는 뉴스 정보 매체다"라고 자신의 비전을 내세웠다.

이를 성공시키려면 신문에 기사를 쓰고 필요할 때 텔레비전 보도를 하며 자신의 기사를 온라인 뉴스 프로듀서들과 공유할 수 있는 기자들이 필요했다. 이는 간단한 문제가 아니었다. USA투데이의 편집자였던 캐런 저겐슨 Karen Jurgenson은 이렇게 말했다. "기자들은 기사를 쌓아두고 싶어 하는 다람쥐 같았다." 신문 기자들은 일반적으로 TV에서 보도하는 사람들을 거의 존중하지 않았고 경쟁자에게 특종을 빼앗겨 온라인에서 그 기사를 보게 되지 않는 한 뉴스 제공 웹사이트와 특종 기사를 공유하는 데 회의적이었다. 이런 장애물에 부닥쳐서도 컬리는 단호했다. "우리는 형태에 관계없이 콘텐츠를 제공해야 한다." 이를 실행에 옮기기 위해 컬리는 새로운 유닛을 분리시키는 대신 통합시켜야 한다고 믿었다. USA투데이라는 브랜드와 콘텐츠를 발견하고 제안하는 조직의 능력에서 얻을 수 있는 전략적 레버리지가 있다고 생각했기 때문에 컬리는 온라인 유닛을 분리하고 싶어 하지 않았다.

이 전략을 실행하는 것은 큰 도전이었다. 컬리는 종이신문 비즈니스를 유지하면서 방송과 온라인 뉴스 분야로 혁신할 수 있는 조직을 만들어야 한다는 사실을 깨달았다. 그래서 2000년에 USA투데이닷컴의 리더를 네트워크 전략의 강력한 지지자였던 내부 인사 제프 웨버Jeff Webber로 교체했다. 그는 인터넷 뉴스 전문가는 아니었지만 널리 존경받고 있었고 신문과도 좋은 관계를 유지하고 있었다. 컬리는 USA투데이 다이렉트라는 텔레비전 부문을 만들기 위해 외부 인사인 딕 무어Dick Moore도 영입했다. 온라인과 텔레비전 조직은 개별적인 프로세스와 구조, 문화를 유지하며 신문과 분리되어 있었지만, 컬리는 세 분야의 리더들이 단단히 통합할 것을 요구했다.

결과

통합을 위해 컬리와 당시 USA투데이 편집장이었던 캐런 저겐슨은 변화를 시도했다. 그들은 USA투데이의 가치인 공정성과 정확성, 신뢰를 강화했으며, 가치들이 각기 다른 유닛의 문화에 상관없이 플랫폼 전반에 적용되도록 했다. 기사와 과제를 검토하고 아이디어를 공유하고 다른 잠재적 시너지를 확인하기 위해 온라인과 텔레비전 유닛의 수장들과 매일 편집회의를 가졌다. 일간 편집회의를 통해 고위 간부들의 통합을 이룰 수 있었고,

구체적인 기사(예를 들어 콩코드기 추락 사고나 공화당 전당대회)를 공유함으로써 직급이 낮은 직원들의 통합도 이루어낼 수 있었다. 유닛의 수장들은 USA투데이 기자들과의 협력이 전략 성공에 매우 중요하다는 사실을 빠르게 파악했다. 그들은 신문기자들에게 텔레비전 및 온라인 방송을 훈련시키기로 결정하고 그들에게 비디오 카메라를 제공해 다른 미디어로 동시에 기사를 발송하도록 만들었다. 이런 움직임은 기자들이 자신의 기사가 더 많은 사람들에게 전달될 수 있고 TV 출연의 기회를 가질 수 있다는 사실을 깨닫게 되면서 빠르게 성과를 거두었다. 기자들이 방송 미디어에 맞게 기사를 다듬을 수 있도록 뉴스룸에 네트워크 편집자라는 새로운 직책도 만들었다.

동시에 컬리는 조직과 경영진도 대대적으로 바꾸었다. 네트워크 전략에 참여하려 하지 않는 고위 간부들 여러 명을 해고하고, 자신의 팀이 통일된 입장으로 일관된 메시지를 직원들에게 전달하도록 했다. 또한 세 미디어 전반에 걸친 성장 목표와 일반 보너스 프로그램이 묶인 유닛별 목표로 인센티브 프로그램도 바꾸었다. 인사 정책도 다른 미디어 유닛 간 이동을 장려하도록 바꾸었으며, 승진 및 보상 결정에 뉴스와 콘텐츠를 공유하고자 하는 직원들의 의지를 반영하기 시작했다. 이런 노력의 일환으로 유닛을 뛰어넘는 성과를 가시적으로 보상하기 위해 프렌즈 오브 네트워크Friends of the Network라는 표창 프로그램을 만들었다. 리더들은 조직 전반에 걸쳐 자신의 비전을 끊임없이 소통했다.

공유와 시너지는 높아졌지만 세 유닛은 신중하게 유지되었다. 각 유닛은 물리적으로 분리되어 있었고 각각 매우 다른 직원 유형을 추구했다. USA투데이닷컴의 직원들이 평균적으로 신문 기자들보다 훨씬 어렸고 더 협력적이고 속도가 빨랐다. 기자들은 계속 독립성을 유지하고 있었고 텔레비전보다 더 깊이 있는 보도에 집중했다.

이를 통해 USA투데이는 서로 다른 비즈니스를 하는 3개의 독립된 유닛으로 나누어져 있지만 강력한 경영진의 관리를 받고 세 비즈니스를 아우른다는 목표를 가진, 통합된(편집회의) 양손잡이 조직(그림 4-2)이 되었다. 그덕분에 USA투데이는 일간 신문이라는 성숙한 비즈니스에서 공격적으로 경쟁하는 동시에 강력한 인터넷 프랜차이즈를 개발하고 특종을 다루는 가넷 텔레비전 방송국까지 갖춘 브랜드와 콘텐츠 생산 역량을 활용할 수 있었다. 지난 10년간 온라인 뉴스의 중요성이 높아지면서 온라인과 종이신문은 통합되었다.

|그림 4-2| **USA투데이 – 양손잡이 능력을 갖춘 조직(2004년)**

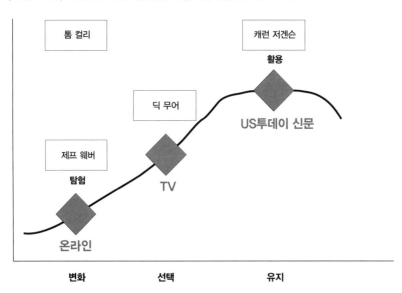

교훈

어떻게 이런 방식이 성공을 거두었을까? 왜 기존 비즈니스의 타성이 새로운 비즈니스를 방해하지 않았을까? 그 이유는 다음과 같다. 첫째, 컬리는 동일한 조직에 활용 유닛과 탐험 유닛이 왜 필요하고 그들이 왜 협력해야 하는지를 정당화하는 분명한 전략적 의도(신문이 아닌 네트워크)를 갖고 있었다. 둘째, 그는 조직 전반에 적용되는 공동의 가치(공정성, 정확성, 신뢰)라는 형태로 공통의 정체성을 제공했다. 셋째, 열정이 부족한 사람들을 더 헌신적인 사람들로 교체하며 새로운 전략에 맞게 간부 팀을 점진적으로 꾸렸다. 넷째, 탐험과 활용 유닛을 구조적으로 분리시켰고 중요한 소통의 자리(일간 편집회의)를 운영하고 공동운명 보상체계를 만들어 통합할 수 있도록 만들었다. 다섯째, 컬리와 그의 팀은 새로운 조직을 만들고 종이신문에서 나오는 자원을 새로운 웹 기반 사업에 사용하겠다는, 논란이 될 수 있는 결정을 포함해 반대에 부닥쳐도 포기하지 않겠다는 용기를 갖고 있었다.

물론 산업도 계속해서 변화했다. 신문의 광고 수입은 여전히 급락하고 있었고 종이신문은 불확실한 미래를 바라보고 있었다. 2014년 8월, USA투데이의 소유주인 가넷은 종이신문 부문과 디지털 부문을 분리시킨다고 발표했다.

시바 비전: 탐험에 걸다

1990년, 글렌 브래들리는Glenn Bradley 콘택트렌즈와 렌즈 세척액 제조업체인 시바 비전Ciba Vision의 사장으로 임명되었다.[2] 스위스 거대 제약업체인 시바 가이기Ciba Geigy(현 노바티스Novartis)의 유닛으로 1980년대 초반 애틀랜타에 세워진 시바 비전은 검안사와 소비자들에게 콘택트렌즈와 눈 관리 제품을 판매했다. 초기에 처음으로 식약청의 허가를 받은 이중초점 렌즈를 포함해 혁신적인 신제품을 생산했지만 1980년대 중반까지 업계 1위인 존슨 앤드 존슨에는 한참 못 미치고 있었다. 브래들리는 존슨 앤드 존슨이 일회용 렌즈 제조량에서 1위이고 시바 비전은 시행착오를 겪으며 존슨 앤드 존슨을 따라가고 있지만 결코 따라잡지 못할 것이라는 사실을 깨달았다. 더욱이 1987년에 존슨 앤드 존슨은 시바 비전의 전통적인 콘택트렌즈 판매를 위협하는 일회용렌즈를 내놓았다. 1990년대 초반 존슨 앤드 존슨은 사업 범위를 계속 확장하며 시바 비전의 수익을 감소시키고 있었다. 브래들리는 몇 년 동안은 눈에 띄게 쇠퇴하지 않고 사업이 지속될 수 있지만, 위험이 낮은 현재의 점진적인 혁신으로는 절대로 존슨 앤드 존슨의 우위에 도전할 수 없다는 사실을 알았다. 급진적인 신제품 없이는 서서히 쇠퇴하고 결국 실패할 것이라고 생각했다. 그는 회사가 살아남아 성장하기 위해서는 조직이 성숙한 전통적 콘택트렌즈 사업에서 계속 돈을 벌어들이면서 동시에 돌파구를 찾아야 한다고 보았다.

1991년, 브래들리는 모든 점진적 혁신을 중단하고 회사의 전체 R&D 예산을 변화에 초점을 맞춘 6가지 혁신에 사용하기로 결정했다. 그중 4가지는 일회용 렌즈나 연속착용 렌즈를 포함한 신제품과 관련이 있었고, 나머지 2가지는 새로운 제조 프로세스와 관련이 있었다. 위험하고 논란이 있는 혁신을 위한 자금을 마련하기 위해 그는 10여 개의 전통적 렌즈 관련 소규모 R&D 계획을 취소시켰다. 전통적인 유닛은 점진적 혁신을 계속 추구하면서 회사의 R&D 예산은 돌파구를 만드는 데 들어갔다. 브래들리는 "매력적인 과정은 아니다. 쉬운 변화도 아니다. 어떤 사람들에게는 과거의 것을 내려놓는 것이 어려울 수 있다. 단기 계획을 위협할 때는 더욱 그렇다"라고 말했다. 결국 팀의 30% 정도가 회사를 떠났다.

브래들리는 기존 조직의 통제 아래서 이런 프로젝트를 운영하려는 시도가 제대로 이루어지지 않을 것임을 알고 있었다. 불가피하게 생기는 인적 자원과 재정적 자원의 분배에 관한 갈등은 돌파구가 될 혁신을 둔화시키고 혁신에 집중하는 것을 방해할 것으로 보였다. 또한 새로운 제조 프로세스에는 기존과는 다른 기술이 필요했는데 이는 기존 유닛과 새로운 유닛 간의 소통을 어렵게 만들 수 있었다. 그래서 그는 6개의 프로젝트를 위해 각각의 R&D, 재무, 마케팅 기능을 갖춘 자율적인 유닛을 만들었고, 현재 상태에 도전하려 하고 독립적으로 운영할 능력이 있는 프로젝트 리더들을 뽑았다. 각 유닛은 경영진과 이정표 및 자금 지원, 간부들 간의 통합을 구체적으로 명시하는 계약을 맺었다.

또한 단기적인 수익 성장을 높이기 위해 패션용 렌즈(눈동자 색을 바꿀 수 있는 일반 콘택트렌즈) 제조업체를 매입했다. 이런 렌즈는 기존 기술을 이용했지만 새로운 고객층에 판매되었다.

자신의 조직을 자유롭게 구성할 수 있었기 때문에 새로운 유닛의 프로젝트 리더들은 매우 다른 구조와 프로세스, 문화를 만들었다. 연속착용 렌즈 팀은 전통적 렌즈 사업 시설과 별도로 애틀랜타에 남았고 일회용 렌즈 팀은 독일에 자리를 잡았다. 각 팀은 필요한 직원을 고용하고 보상 시스템을 갖추고 개발에서 제조에 이르는 독자적인 프로세스를 선택했다.

브래들리는 기존 비즈니스의 프로세스와 문화로부터 새로운 유닛을 보호하는 것이 중요하다는 사실을 이해했지만, 기존 사업 그리고 각 유닛이 전문성과 자원을 공유하지 않으면 성공하지 못할 것이라는 사실도 알고 있었다. 그래서 회사의 경영진을 통합하기 위해 몇 가지 조치를 취했다. 우선 각 유닛의 리더가, 기존 비즈니스를 깊이 이해하고 있고 회사의 간부들과 밀접한 관계를 맺고 있는 R&D 부문 부사장 애드리안 헌터^{Adrian Hunter}에게 보고하도록 했다. 브래들리와 가깝게 일하면서 헌터는 기존 비즈니스와 새로운 유닛 사이의 균형을 잡고 갈등을 해결했다. 고위 간부들 간의 통합을 위해 모든 혁신 유닛 리더들은 브래들리가 주최하는 간부급 회의에 참석해야 했다.

또한 브래들리와 그의 팀은 '삶을 위한 건강한 눈'이라는 시바 비전의 새로운 비전을 밝혔는데 이는 모든 사업 부분에 의미가 있었다. 이 슬로건은 돌파구적 혁신과 기존 운영 간의 연결을 강조하여 모든 직원에게 공동의 목표를 제시하고 조직이 분리되지 않도록 만들었다. 또한 브래들리가 언급했던 것처럼, 사람들에게 함께 일해야 할 경제적 이유뿐 아니라 사회적 가치도 제공했다. USA투데이와 마찬가지로 시바 비전은 경영자들에게 자신이 담당하는 특정 유닛의 성과가 아니라 회사 전반의 성과에 맞춰 보상하는 방식으로 인센티브 시스템을 개조했다. 마침내 시바 비전은 양손잡이 능력을 갖춘 조직이 되었다(그림 4-3).

결과

양손잡이 능력은 성과를 거두었다. 5년 동안 시바 비전은 새로운 콘택트 렌즈 제품을 성공적으로 출시했고, 노화로 발생하는 황반변성 치료제를 내놓았으며, 생산 비용을 크게 줄이는 새로운 렌즈 제조 프로세스를 개척했고, 일부 분야에서는 존슨 앤드 존슨을 앞질렀다. 또한 기존의 렌즈 사업도 일회용 렌즈와 연속착용 렌즈에 필요한 자금을 충분히 댈 수 있을 만큼 수

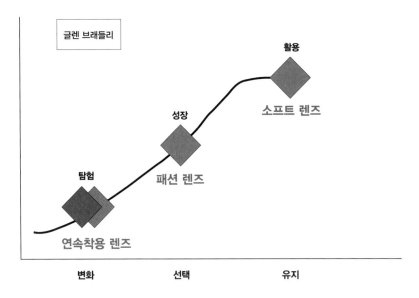

|그림 4-3| 시바 비전 - 양손잡이 능력을 갖춘 조직(2005년)

글렌 브래들리

활용

소프트 렌즈

성장

패션 렌즈

탐험

연속착용 렌즈

변화   선택   유지

익을 냈다. 그러면서 새로운 전략을 도입했고 시바 비전은 연 수익 3억 달러를 달성했다. 10년 후 매출은 3배로 증가해 10억 달러를 넘었고, 노바티스 제약 유닛으로 이전된 신약은 10억 달러 가치의 비즈니스를 위한 기반이 되었다. 양손잡이 능력을 갖춘 결과 브래들리와 그의 팀은 전통적 렌즈와 세척제로 성숙한 시장에서 성공적으로 경쟁할 수 있었고, 오늘날 회사의 성장 동력이 된 신제품과 기술로 이동할 수 있었다.

교훈

시바 비전이 성공한 이유는 무엇일까? 항상 그렇듯 운도 따랐다. 브래들리는 여러 곳에 내기를 걸었고 그중 몇몇에서 성과를 거뒀다. 하지만 단지 운 때문만은 아니었다. USA투데이의 톰 컬리처럼 브래들리는 독립적인 작은 유닛을 만들고 각 유닛이 자원과 지원과 감시를 담당하는 간부에게 보고하도록 했다. 이런 유닛은 핵심 성공 요소에 적합한 조정(사람, 구조, 문화)을 장려했고, 현재 상태에 도전하려는 의지와 기술을 가진 리더들이 유닛을 이끌었다. 브래들리는 탐험적 유닛의 책임자들을 고위 간부 회의에 참석시켜 경영진의 통합을 유도했다. 또한 성숙한 비즈니스와 탐험적 비즈니스의 추구를 정당화하는 중요한 전략(삶을 위한 건강한 눈)을 제시했다. 또한 컬리가 했던 것처럼 작은 성과가 아니라 전반적인 실적을 강조하는 방향으로 간부들의 보상 시스템을 개조했다. 마지막으로 그는 성숙한 비즈니스 부문 경영자들의 불만에도 불구하고 새로운 모험에 지속적으로 자원을 제공했다.

플렉스트로닉스: 스타트업을 키우다

엘리멘텀Elementum은 실리콘밸리의 평범한 스타트업처럼 보였다. 캘리포니아 마운틴뷰의 오피스 단지에 위치한 엘리멘텀의 넓고 개방된 사무실은 나란히 앉아 헤드폰으로 음악을 들으며 노트북으로 작업을 하고 있는 전 세계에서 온 많은 엔지니어들과 프로그래머들로 북적였다. 2~3개의 회의실에는 급하게 그린 순서도와 방정식이 빼곡히 써 있는 화이트보드와 소파, 빈백 의자가 놓여 있고, 작은 식당에는 사람들이 음식을 먹으러 가기 위해 일을 중단하지 않도록 점심이 준비되었다. 열정에 넘치는 똑똑한 사람들이 열심히 일을 즐기고 있고, "술 마실 때는 일은 생각하지 않는다"라는 문구도 보였다. 개도 환영이다. 개별 사무실은 없다. 다른 많은 실리콘밸리의 스타트업처럼 엘리멘텀도 컴퓨터공학을 전공하고 스탠퍼드대학교에서

MBA를 마친 후 자신의 첫 번째 회사를 스물 한 살에 매각한 연쇄 창업가에 의해 세워졌다. 실리콘밸리 스타트업의 여타 많은 창업가들처럼 네이더 미카일Nader Mikhail도 미국이 아닌 다른 나라 출신이었다.

하지만 이 스타트업이 다른 기업과 다른 점은 싱가포르에 있는 300억 달러 규모의 계약 생산업체인 플렉스트로닉스Flextronics의 벤처기업으로 만들어졌다는 점이다. 22만 5천 명의 직원이 일하고 있는 플렉스트로닉스의 핵심 비즈니스는 의약장비, 자동차, 군수, 통신, 컴퓨터, 게임, 소비재 등의 산업군에 있는 회사에 전자 제품을 만들어 제공하는 일이었다. 공급체인을 운영하고 애플이나 LG, 시스코, 휴렛팩커드, 마이크로소프트, 포드의 제품을 만든다. 이는 성공의 핵심이 끊임없는 점진적 개선과 효율성 증가인, 마진이 낮고 매우 경쟁적인 비즈니스다. 또한 식스 시그마Six Sigma(품질 혁신과 고객 만족을 위해 전사적으로 실행하는 기업경영 전략)와 전사적 품질 경영의 근원지다. 플렉스트로닉스에게 경쟁력을 제공한 차별화는 고객에게 낮은 가격으로 빠르게 제품을 공급하는 것이었다. 대부분의 경영자들은 10년 이상 이 분야에서 경험을 쌓았고 가격을 낮추는 데 뛰어났다. 플렉스트로닉스의 한 전략가는 "뛰어들고 싶지 않은 산업이다"라고 말했다. 고전적인 활용적 조직이다. 그렇다면 이 회사는 어떻게 양손잡이 능력을 갖추고 잠재적인 혁신 기술을 탐험할 수 있었을까?

활용하다

플렉스트로닉스는 글로벌 500대 전자제품 제조서비스EMS 회사로 주문자 상표부착 생산자들에게 디자인과 제조, 유통, 애프터마켓 서비스를 제공하는 공급체인 플랫폼이다. 30개 이상 국가에서 120개의 공장을 운영하며 3

만 개 이상의 공급업체를 갖고 있었다. CEO 마이크 맥나마라Mike McNamara 는 포드와 인텔에서 운영과 공급체인을 담당했고 20년 동안 플렉스트로닉스에서 근무했는데, 처음 CEO가 되었을 때 1억 달러에서 시작해 회사의 매출을 300억 달러까지 증가시켰다. 그는 "우리는 효율성 비즈니스를 한다"라고 말했다. 그를 다른 CEO와 차별화한 점은 탁월한 운영과 미래에 대한 관심을 강조한 것이었다. 그는 공급체인의 각 구성 요소(제조, 유통, 판매 후 서비스)가 전체 공급체인을 처음부터 끝까지 볼 수 있는 정보를 제공하지 못하고 분리되어 수직적으로 운영된다는 사실을 깨달았다. 그 결과 중요하고 복잡한 공급체인을 갖춘 기업이 전체적으로 어떻게 운영되고 있는지, 그리고 글로벌 체인 중 한 부분이 제대로 작동하지 않을 때 어떤 위험이 수반되는지를 전반적으로 파악하지 못하는 상황이 생겼다. 예를 들어 큰 시스템의 작은 부품을 만드는 말레이시아 제조 공장에 불이 나면 전체 매출 채널이 위험해질 수 있다. 전반적인 통합이 없었기 때문에 사용자들은 서로 다른 ERP 시스템의 스프레드시트를 조합해 통합시키고자 했다.

처음에 플렉스트로닉스는 이를 내부 IT팀을 통해 수정하려 했으나 수백만 달러를 써도 포괄적인 해결책을 개발하지 못했다. 맥나마라가 보기에 문제는 현재 사용 중인 시스템을 만든 IT팀이 고객의 더 큰 문제를 확실히 인지하지 못한 채 사소한 문제의 해결에만 초점을 맞추고 있다는 것이었다. 클라우드 기반의 인적자원 및 금융 소프트웨어 공급자인 워크데이Workday의 이사진으로 일했던 맥나마라는 더 좋은 방법이 있을 것이라고 생각했다. "나는 워크데이가 적절한 소프트웨어 구조와 혁신 속도로 무엇을 할 수 있는지를 보았다. 이를 훨씬 더 큰 시장이긴 하지만 공급체인 전반에도 적용할 수 있다." 만족하지 못한 그는 혁신 솔루션 책임자인 미카일에게 처음부터 끝까지 공급체인을 운영하고 고객이 전체 체인의 상태에 즉시 접근할 수 있게 해주는 소프트웨어 솔루션을 만들라고 지시했다. 미카일은 2개의 직책을 맡았다. 그는 스타트업의 CEO이자 플렉스트로닉스의 고위 간부 중 한 명으로 CEO 맥나마라에게 직접 보고해야 했다(그림 4-4).

탐험하다

미카일은 커피 잔부터 키보드, 아이들을 위한 장난감에 이르는 모든 물건에는 공급체인이 있다는 사실에 주목했다. 또한 조직의 군살을 빼고 복잡성을 성장시키고 위험을 줄이면 20조 달러의 잠재적 시장 가치가 생길 수 있음을 깨달았다. 고객과의 대화 후 미카일은 사용자들이 전체 공급체인을 운영하도록 클라우드 기반의 소프트웨어 패키지를 만드는 데 엄청난 기회가 있다고 생각했다. 마치 레스토랑이 사용하는 오픈 테이블이나 고객관계관리에서 사용하는 세일즈포스닷컴 같은 패키지를 만드는 것이었다. 이 시스템은 공급체인의 모든 부분에서 받은 데이터를 취합해 핸드폰 앱으로 실시간으로 제공하는 플랫폼이었다. 맞춤형 대시보드를 통해 사용자는 공급체인의 위험을 확인하고 대응할 수 있었으며, 각 구성 요소들과 완제품이 어디에 있는지 추적할 수 있었다. 플렉스트로닉스는 "제품이 정시에 도착하는가?" 혹은 "태국의 홍수가 공급체인에 어떤 위험을 초래하는가?" 같은 중요한 질문에 대답할 수 있었다. 개발하는 데 돈과 시간이 많이 드는 전통적 ERP시스템과는 달리 새 제품은 고객이 요금을 내고 서비스로서의 소프트웨어SaaS로 사용하도록 판매할 수 있었다. 많은 고객에게 연간 수십만 달러 정도를 받을 수 있을 것으로 보였다.

플렉스트로닉스는 자체적으로 복잡한 공급체인을 운영하고 엄청난 양의

|그림 4-4| 플렉스트로닉스 – 양손잡이 능력을 갖춘 조직

유용한 데이터를 수집하며 잠재적 고객에게 접근할 수 있었으므로 미카일은 2012년에 회사 내부에 스타트업 엘리멘텀을 만들자고 맥나마라에게 제안했다. 맥나마라는 엘리멘텀이 성공할 경우 벤처 투자가로부터 추가 자금을 모을 수 있을 것으로 예상하고 초기 자금으로 2천만 달러를 제공하기로 했다. 맥나마라와 미카일은 새 회사가 플렉스트로닉스와 분리될 경우 플렉스트로닉스의 경쟁자를 포함한 모든 사용자에게 제품을 판매할 수 있게 되므로 잠재력이 더 크다고 보았다. 맥나마라는 "성공한다면 이 회사는 플렉스트로닉스보다 더 높은 가치를 갖게 될 것이다. 이 회사를 내부에 두면 망하게 만들 수도 있다"라고 말했다.

새 회사가 잘 돌아가도록 그들은 미카일이 두 직책을 맡는 것으로 결정했다. 즉 미카일이 플렉스트로닉스의 10명의 고위 간부 중 한 명으로 남아 있으면서 엘리멘텀의 CEO 역할도 하는 것이었다. 플렉스트로닉스의 간부였기 때문에 그는 플렉스트로닉스 네트워크를 통해 잠재적 고객에게 접근할 수 있었을 뿐 아니라 회사의 전문적인 공급체인 내부에도 접근할 수 있었다. 미카일은 산호세에 있는 플렉스트로닉스 본사에서 매일 일정을 시작했고 맥나마라와도 자주 만났다. 간부들의 사무실은 모두 유리로 되어 있어서 팀의 모든 사람들은 맥나마라와 미카일이 만나는 것을 알고 있었고, 이는 새 회사에 대한 맥나마라의 헌신을 보여주었다. 그 후 미카일은 마운틴 뷰로 이동해 스타트업 CEO로서의 역할을 실행했다. 그는 모든 경영진이 스타트업을 만든 것을 좋아하지는 않는다는 것과 그들 중 일부는 그의 사무실을 없애고 그와 함께 일하던 사람들을 자신의 부서로 데리고 가려 했다는 사실을 알았다. 부사장은 엘리멘텀이 의도치 않게 경쟁자들에게 중요한 정보를 제공할 수도 있다고 우려를 표했다. 미카일은 이런 구조가 오직 원할 때마다 미카일을 만나는 맥나마라의 헌신과 의지 때문에 가능하다고 말했다. "맥나마라가 떠나면 우리는 끝이다" 그들은 맥나마라가 회사를 떠나면 회사의 분사를 가속화할 것이라고 명시한 거래 조건도 만들려고 했다.

미카일은 회사를 독립적으로 운영하면 몇 가지 중요한 장점이 생긴다고 보았다. 첫째, 플렉스트로닉스의 한 부서로 남아 있다면 절대 뽑지 못했을 인재를 뽑을 수 있었다. 그는 "분리되어 있지 않았다면 이 사람들은 여기에 있지 못했을 것이다"라고 말했다. 엘리멘텀의 문화는 점진적 개선과 신뢰를 중시하는 플렉스트로닉스와는 달리 속도와 유연성, 실험 정신을 강조했다. 플렉스트로닉스의 데이터와 채널을 활용하는 데서 오는 중요한 이점도 있었지만 어려움도 있었다. 재무 보고, 법률적 요구 사항, 인사관리 절차 같이 큰 조직의 프로세스 중 많은 것들이 엘리멘텀에도 적용되었다. 미카일은 회사 방침에 어긋나기 때문에 사람을 해고하거나 빨리 뽑는 것이 어렵다고 불평했다. 새로운 직원에게 주식을 제공하는 것을 큰 조직은 전혀 이해하지 못했기 때문에 그것도 문제가 되었다. 미카일과 최고운영책임자인 데이비드 블론스키David Blonski는 종종 이런 방침을 무시했기 때문에 그에 따르는 결과에도 책임을 져야 했다.

한동안 스타트업은 제대로 돌아가는 것처럼 보였다. 2014년 2월, 엘리멘텀은 라이트스피드 벤처스Lightspeed Ventures와 야후Yahoo의 창립자인 제리 양Jerry Yang, 워크데이와 피플소프트PeopleSoft의 창립자인 데이브 듀필드Dave Duffield, 박스Box의 창립자인 아론 레비Aaron Levie로부터 4,400만 달러의 자금을 지원받았다.[3] 레비는 "엘리멘텀은 산업을 파괴하는 것이 아니라 새로운 규칙을 만들고 있다"라고 말했다. 엘리멘텀의 고객사는 열 곳이 넘었고 직원도 55명에서 2배로 늘 것으로 예상되었다. 한 산업 분석가는 엘리멘텀이 분사된다면 그 가치는 10억 달러가 될 것이라고 말했다. 물론 엘리멘텀이 미카일이 약속한 것처럼 반드시 성공하고 몇 년 내에 수익이 1억 달러가 될지는 확실하지 않았다. 하지만 스타트업으로서 엘리멘텀은 자신의 길을 가는 것처럼 보였다.

교훈

엘리멘텀과 플렉스트로닉스는 어떻게 성공을 거둘 수 있었을까? 플렉스트로닉스와 SAP를 비교해보면 도움이 될 것이다. 엘리멘텀과 비즈니스 바이디자인은 모두 큰 활용적 조직 내의 스타트업이었다. 둘 모두 과거의 일 처리 방식에 도전하고 새로운 기술을 필요로 하는 새로운 비즈니스 모델인 SaaS를 이용했다. 모두 신규 시장을 열고 새로운 수익 원천을 찾으려는 목표를 갖고 있었다. 이런 유사점에도 불구하고 전략을 실행하는 방법에서 몇 가지 중요한 차이점이 나타나는데 이것이 성공과 실패를 갈랐다. 첫째, 플렉스트로닉스는 지역적으로 분리된 유닛으로 엘리멘텀을 만든 반면, SAP는 조직 내에서 바이디를 프로젝트 팀으로 운영하려고 했다. 둘째, 엘리멘텀은 어쩔 수 없이 생기는 내부의 반대를 극복할 수 있도록 CEO의 지원을 받았다. 고위 간부급의 통합은 엘리멘텀의 성공에 필요한 플렉스트로닉스의 중요한 자산을 이용할 수 있게 해주었다. 반대로 SAP에서 바이디는 진행을 방해하고 의사결정을 늦추는 계급식 구조를 통해 지원을 요청해야 했다. 마지막으로 엘리멘텀은 독립체로 운영되었기 때문에 미카일은 조직의 소프트웨어(사람과 문화)를 그의 핵심 성공 요인에 맞춰 조정할 수 있었다. SAP의 프로젝트 팀 구조 내에서는 탐험과 활용 노력 간에 지속적인 마찰이 생겼다. 이런 점에서 엘리멘텀은, 분리된 탐험-활용 유닛과 고위 간부급의 지원, 자원, 맞춤형 인센티브를 가졌던 시바 비전의 글렌 브래들리의 노력과 좀 더 비슷하다고 할 수 있다.

다비타

1999년, 다비타DaVita(당시 토탈 렌털 케어로 불렸다)는 직원 1만 2천 명, 회사 가치는 15억 달러인 신장 투석 회사로, 엄밀히 말하자면 파산한 회사였다. 주가는 50달러에서 2달러로 폭락했고 주주들에게 소송을 당해 미국증권거래위원회의 조사를 받고 있었다. 채권자 중 한 명이 대출금을 회수하면 회사는 청산해야 할 상황이었다. 그러나 2015년, 회사의 수익은 120억 달러를 상회했고 직원은 6만 명으로 늘었으며, 해당 산업 분야에서 합병 없이 가장 높은 성장률을 달성했다. 주가는 2천 퍼센트 이상으로 평가되었다.[4] 오늘날 다비타는 미국 최고의 신장 투석 서비스 제공업체다. 회사는 신장 투석으로 시작해 현재는 제약 서비스 분야에서 8억 달러 이상의 사업을 포함해 다른 헬스케어 시장에도 진출했다. 다비타가 다시 성공할 수 있었던 것은 리더들의 양손잡이 능력과 리더십 덕분이었다.

다비타의 초반(1999년~2005년)은 고전적인 역전 스토리로 새로운 CEO

였던 켄트 시리Kent Thiry가 극적으로 회사의 방향을 바꾸었다. 이 시기 시리는 구조조정을 하고 새로운 경영자들을 데려오고 회사명을 바꾸었으며 팀워크와 영업 효율, 환자 돌봄을 강조하는 강력한 문화를 만들었다. 2005년에 시리와 그의 팀은 직원의 이직률을 반으로 줄였고, 대형 투석회사를 매입했으며, 수익을 30억 달러까지 2배로 늘렸다. 또한 해당 분야에서 최고의 임상 결과를 달성했는데 이는 오늘날까지 이어지고 있다.

2004년, 회사가 잘 운영되자 시리는 회사의 강점을 활용하면서 새로운 수익 흐름을 창출하기 위해 작은 탐험 팀을 꾸렸다. 그는 팀에게 다비타의 임상 강점을 새로운 시장과 연결해 상당한 경제적 가치를 얻을 방법을 찾도록 지시했다. 팀이 중점을 둔 분야 중 하나는 만성 신장병 환자에게 약국 서비스를 제공하는 것이었다. 이런 환자들은 만성질환을 겪고 있고 여러 개의 약을 먹어야 하는 문제를 갖고 있었다. 하지만 그들 중 다수가 이동 수단이 없기 때문에 약을 타는 데 어려움을 겪었다. 그들의 상태와 치료의 복잡성 때문에 많은 환자들이 필요한 약 처방을 모두 따르지 못하고 있었고, 종종 병원에 입원까지 해야 했다. 신장과 만성 신장병 환자 치료에 있어서 다비타의 전문성과 늘어나고 있는 미국의 당뇨병 환자 수를 고려할 때 이는 확장할 가능성이 있는 분야였다. 처음에 팀은 비즈니스를 시작하기 위해 벤처 파트너를 찾으려 했지만 찾지 못했다. 그래서 2004년, 시리는 베인Bain에서 같이 일했고 다비타에서 기업가 정신을 가진 경영자로 존경받던 빌 휴슨Bill Hughson에게 그 역할을 맡겼다.

다비타 Rx

새로운 벤처를 감독하기 위해 시리는 본사가 있던 로스앤젤레스에서 운영을 시작하도록 제안했다. 하지만 휴슨과 CEO 다음 위치였던 조쉬 골롬 Josh Golomb은 물리적으로 분리되어 있어야 한다고 주장했다. 그들의 논리는 제약 사업과 신장 투석 사업은 완전히 다르고 기업가 정신을 갖고 접근해야 한다는 것이었다. 새로운 사업이 원래의 회사로부터 활용할 수 있는 중요한 자산(환자, 데이터, 임상 전문성, 백오피스의 운영 효율성, 일부 문화적인 면 등)이 있긴 하지만, 차이점이 크기 때문에 함께 있으면 이를 훼손시킬 수 있어 새로운 조정이 필요하다고 했다. 이에 따라 다비타는 베이 지역에 있던 소규모 전문 약국을 매입했다. 그리고 다비타 Rx라는 새로운 이름을 걸고 '만성 질환 환자들을 위한 세계 최고의 약국 중심 돌봄 회사'가 되고자 했다. 우선 500명의 다비타 환자들로 시작했다. 시리는 비즈니스가 생존할 수 있는지 확인하기 위해 18개월간의 기간을 주고 독립적으로 운영하는 것을 허락했다.

2005년 벤처를 시작한 후, 휴슨과 골롬은 22개 주의 환자들에게 약 주문 처리 서비스를 제공하는 사업을 빠르게 성장시켰다. 다비타 Rx는 수량에 의존하는 마진이 낮은 사업이었기 때문에 그들은 초기에 운영 역량을 쌓고 규모를 빠르게 조정하는 데 집중했다. 백오피스 기능에 시간과 돈을 투자하는 대신 본사로부터 인적 서비스, 구매, IT, 재무 분야의 지원을 받았다.

이 시기에 대해 골롬은 제약 사업은 신장 투석 센터를 운영하는 것과 모든 면에서 달랐다고 말했다. 벤처였기 때문에 체계가 덜 잡혀 있고 애매한 점이 있었다. 새로 고용한 직원들은 간병인 타입이라기보다는 운영자 타입이었다. 신장 투석 사업에서 중요한 체계와 시스템(수익과 마진)은 스타트업에 적절하지 않았다. 새롭게 만들긴 했지만 독립적인 스타트업의 스톡옵션이 제공할 수 있는 상승 잠재력이 없는 벤처였기 때문에, 신장 투석 부문에서 받아들이기 힘든 더 많은 보너스와 획기적인 직함을 포함한 보상 시스템으로의 변경이 필요했다. 골롬이 보기에 이것이 가능했던 이유는 오직하나, 휴슨이 시리와 다비타의 고위 경영자들과 신뢰를 쌓고 있었기 때문이었다.

다비타의 환자와 데이터를 활용하는 것 외에 본사는 다비타 Rx에 팀워크와 환자 돌봄, 운영의 탁월성이라는 중요한 비전과 가치를 제공했다. 이를 각인시키기 위해 다비타 Rx의 직원들은 연수에 참석해 자신들이 어떤 환자들을 대하고 있는지를 직접 보도록 투석 센터에서 다른 직원들과 함께 시간을 보내며 훈련을 받았다. 제약 사업에서는 환자를 매일 만나지 않았기 때문에 골롬과 휴슨은 고위 경영자들과의 연습, 훈련, 접촉을 통해 공감을 얻도록 열심히 노력했다.

사업을 성장시키는 과정에서 문제도 생겼다. 2007년, 전반적인 성장률은 상승하고 있었지만 환자 만족도는 급격하게 떨어졌고 탈퇴율은 걱정스러운 수준까지 도달했다. 임상 부문 간부들은 다비타 Rx가 자신들의 고객에 영향을 미치게 되는 상황에 불만을 품고 시리에게 불평을 털어놓았다. 시리는 사업을 접어야 할지 휴슨과 골롬에게 의논했다. 골롬은 이 시기를 "내 경력에서 최악의 시간"이라고 회상했다. 위기는 그들이 환자 만족도에 집중하게 만들었다. 골롬은 운영을 개선하기 위해 6개월간 달라스에 있는 가장 큰 약국으로 이동해 다비타의 임상 전문가들과 많은 회의를 통해 신뢰를 다시 쌓고자 노력했다.

Rx 사업은 다비타가 완전히 소유한 자회사로 운영되었다. 시리와 다비타의 고위 간부들은 6~8주마다 이 사업의 재무, 임상, 운영 체계를 검토하는 회의를 하는 인터페이스를 운영했다. 그때까지 사업은 성공적이었고 스타트업으로 시작한 회사는 2015년에 8억 달러의 수익을 달성하며 성숙한 비즈니스로 성장했다. 또한 다비타 Rx는 경쟁사에 비해 2배의 약물 복용 충실도를 달성했고 입원 환자 수도 2배나 적었다. 이 분야는 다비타를 신장 투석 서비스 제공업체에서 통합적인 헬스케어 업체로 진화시키는 데 도움을 준 중요한 비즈니스 유닛이 되었다.

2009년, 휴슨이 골롬에게 자리를 넘기면서 골롬은 다비타 Rx의 사장이 되었다. 헬스케어 비용 압박이 증가하면서 낮은 가격으로 서비스를 제공하는 그들의 능력은 더욱 큰 가치를 갖게 되었다. 다비타 Rx는 대기업의 새로운 벤처로 시작해 오늘날에는 자신들의 역량을 활용해 아직 투석을 받지는 않지만 만성 신장질환을 가진 환자들에게 전문 제약 돌봄 서비스를 제공함으로써 그들의 생명을 연장시키고 헬스케어 비용을 낮추어 줄 방법을 탐험하고 있다.

교훈

골롬은 다비타 Rx의 성공에 3가지 필수 요소가 있었다고 말한다.

첫째, 제약 사업은 신장 투석과 매우 다르기 때문에 독립적으로 운영하는 것이 중요했다. 즉 다비타 조직 내에서 운영되었다면 하기 어려웠을 일들을 하는 조직(사람, 구조, 시스템, 문화)을 만들 수 있었다. 다비타 Rx의 전략 팀 수장이자 벤처의 초창기 멤버였던 킴 마티네즈Kim Martinez는 제약 사업이 기존 유닛 내에서 시작했다면 결코 성공하지 못했을 것이라고 단호하게 말했다. 그녀는 새로운 운영을 위해서는 성공적인 임상 분야에서 필요한 것과 정반대인 애매함과 변화를 편하게 받아들일 수 있는 능력을 지닌 사람들이 필요했다고 표현했다.

둘째, 빌 휴슨이 CEO와 다른 고위 간부들과 신뢰를 쌓은 덕분에 독립적으로 운영하면서도 재무 같은 백오피스뿐 아니라 환자 데이터 같은 본사의 중요한 자산에 접근할 수 있었다. 본사와 다비타 Rx가 문화와 가치를 공유하고 있었기에 공동의 정체성을 가질 수 있었고, 다비타 Rx의 세일즈맨들은 환자들에게 접근해 다비타의 제약 서비스를 설명할 때 임상 치료소와 협력할 수 있었다. 이런 신뢰는 마찰이 생길 때 특히 중요했다. 시리의 지원이 없었다면 벤처는 실패했을 것이다.

셋째, 골롬은 다비타 Rx에 다비타의 문화를 주입함으로써 사람들을 끌어모으고 유지할 수 있는 환경을 만들 수 있었다. 이는 다비타 Rx를 독립적이고 잠재적으로 경쟁력 있는 개체라기보다 다비타의 일부분으로 보이도록 만들었다.

휴렛팩커드 스캐너 부서: 준 부서

1996년, 콜로라도 그릴리에 위치한 휴렛팩커드[HP]의 스캐너 부서 책임자 필 파라시[Phil Faraci]에게는 한 가지 문제가 있었다.[5] 1990년대 초부터 부서는 평판스캐너 사업을 보완하기 위해 5년 동안 5개의 개발 프로젝트를 진행했지만, 몇 년 전 만든 휴대용 스캐너 외에 새로운 스캐너를 만드는 데는 진전이 없었다. 몇 개의 시제품을 만들었지만 어떻게 진행해 나가야 할지 확신이 없는 상태였다.

평판스캐너 비즈니스

개인용 컴퓨터에 쓰이는 스캐너는 1980년대 중반에 처음 나왔다. 사용자들은 스캐너를 이용해 사진 등의 이미지를 복사하고 저장하고 조작하고 디지털 파일로 변경할 수 있게 되었다. 평판이라고 불리는 이런 스캐너는 복사기와 비슷하게 생겼는데, 문서를 놓을 커다란 유리 표면과 문서를 비춰줄 조명, 자료를 디지털화하는 이미지 캡처 시스템, 데이터를 처리하는 파이프라인으로 구성되어 있었다. 스캐너는 컴퓨터에 연결해 캡처한 이미지를 저장하고 조작할 수 있었다.

평판스캐너 가격은 데스크톱 출판이 일반화되면서 크게 떨어졌다. 기술과 제조가 개선되면서 스캐너는 작아지고 빨라지고 저렴해졌다. 1996년, HP는 IBM에 이어 두 번째로 큰 컴퓨터 및 주변 기기 생산업체였다. 그릴리는 스캐너 생산의 중심지였는데 지난 몇 년간 전사적 품질관리와 적시 생산방식을 통해 탁월성의 중심지가 되었고 최고 품질의 제품을 제공하고 있었다.

HP는 1996년에 평판스캐너 시장에서 최고였지만 경쟁이 심화되고 마진 압박을 받고 있었으며 제조 효율성 개선에 더 집중해야 했다. 그릴리에 있던 많은 사람들은 평판스캐너 사업의 역량을 성장시키고 시장 주도자의 역할을 유지하려면 쓸 수 있는 모든 자원을 써야 한다고 생각했다. 일부는 소비자 시장으로의 이동이 최첨단 고품질 제품을 생산한다는 HP의 명성에 흠집을 낼 것이라고 우려했다. HP의 문화와 비즈니스의 특징을 모두 반영해 그릴리의 문화는 합치된 의사 결정, 충돌 회피, 정확한 공정, 꼼꼼함을 강조했다. R&D 팀이 이런 문화를 주도했다.

휴대용 스캐너 비즈니스

HP는 평판스캐너가 주도적인 사업이었지만, 손에 들고 사용하는 휴대용 스캐너 개발에 사용할 수 있는 기술도 갖고 있었다. 휴대용 스캐너는 사용자가 이미지 쪽으로 장치를 이동할 수 있었고, 대체로 평판스캐너보다 훨씬 작게 만들 수 있었다. 하지만 이미지 위에 가져다 댄 사용자의 손의 움직임으로 생긴 변형은 고르지 못하고 질이 떨어지는 이미지를 만들었다. HP의 연구소는 손에 들고 쓰는 몇 가지 기술을 실험했는데, 그중 조로Zorro라는 코드명의 스와이프Swipe(터치 스크린에 손가락을 댄 상태로 화면을 쓸어 넘기거나 손가락을 떼지 않고 정보를 입력하는 일) 기술을 발견했다. 이 기술은 이전 시제품의 문제를 일부 해결해주었지만 여전히 기술적인 문제가 상당했고, 휴대용 제품에 대한 시장 수요도 불확실했다.

잠재력을 인식한 HP 잉크젯 그룹HP's Ink Jet Group의 안토니오 페레즈Antonio Perez 부사장은 향후 사업을 위해 그릴리에 1천만 달러를 투자하기로 결정했다. 하지만 그릴리의 경영자들은 이 자금이 평판스캐너 사업을 운영하는 데 필요하다고 결정했다. 휴대용 스캐너 팀을 담당하던 낮은 직급의 관리자들은 이 결정에 화가 났지만 결국 돈을 받지 못했다. 이는 휴대용 스캐너 개발을 지지하던 HP 연구소 직원들의 사기를 떨어뜨리는 결과를 초래했다. 그들은 고위 경영진에게 "그릴리에서 스와이프 프로젝트를 할 수 있게 해주든가 아니면 프로젝트를 취소해 달라"고 탄원했다.

준 부서

파라시는 휴대용 스캐너 없이도 성공할 수 있고, 프로젝트로 인해서 내부에서 싸움이 벌어질 필요도 없다고 생각했다. 이 문제를 해결하기 위해 그는 존경하던 제조 담당 책임자 마크 오만Mark Oman에게 진행 방법을 묻기 위해 태스크포스 팀을 만들었다. 오만의 팀은 문제를 조사하고 파라시에게 파악한 상황을 보고했다. 즉 휴대용 스캐너 팀에게 더 많은 자율성이 주어지지 않으면 그 사업은 성공할 수 없다는 것이었다. 그들은 스와이프 기술이 기존의 평판 기술과 매우 다르기 때문에 둘 모두를 운영하는 것이 어려울 것이라고 결론을 내렸다. 또한 평판 사업에서 중요한 비용 절감 노력이 휴대용 사업으로 번진다면 해가 될 수 있음을 지적했다. 그들은 두 사업에서 마케팅의 역할이 매우 다르므로 같은 조직 내에서 둘을 모두 추진하는 것은 역효과를 낳을 수 있다고 생각했다. 하지만 보고서에는 휴대용 유닛이 분리되면 부서의 전문성을 활용하지 못할 것이라는 지적도 있었다.

태스크포스 팀은 새로운 사업을 구성할 3가지 옵션을 탐험했다. 첫째는 휴대용 부문이 그릴리에서 분리되어 독자적으로 운영되는 것이었다. 이 옵션에는 유닛이 부서의 자산을 활용하지 못할 뿐 아니라 시장을 개발하기도 전에 고위 경영진으로부터 지나친 검토를 받게 될 수도 있다는 우려를 낳았다. 두 번째는 영향력 있는 프로젝트 팀에게 새로운 사업의 운영을 맡기는 것이었다. 가능하긴 했지만 이 방법은 과거에 시도했을 때 별 성과가 없었고 앞으로도 그럴 가능성이 있었다. 그런 이유로 그들은 파라시에게 '준 부서The Quasi-Division'를 만들라고 제안했다. 그릴리 내에서 운영되지만 자체적인 R&D와 운영, 마케팅을 담당할 수 있도록 하기 위해서였다.

파라시는 오만에게 '가상의 스타트업'으로서 새로운 준 부서를 운영하도록 했다. 오만은 휴대용 유닛을 운영하는 데 상당한 재량을 갖고 있었지만 부서의 책임자로서 파라시는 유닛의 진척 상황을 감시하고 자원을 배분했으며, 다른 평판 사업 관리자들과 기업 연구소와의 상호작용을 중재했다.

벤처를 만들면서 오만은 몇 가지 중요한 결정을 내렸다. 첫째, 휴대용 유닛을 지리적으로 분리시키기로 결정했다. 그는 부서 내에서 기능적 전문성과 과거 방식에 도전하고자 하는 의지를 고려해 몇 명의 관리자를 선택했다. 당시 이는 평판 부문 관리자들과 마찰을 초래해 파라시가 중재해야 했다. 둘째, 빠른 의사 결정 문화를 장려하고 위험과 제품 디자인의 불완전성을 너그럽게 허용했다. 이는 모두 HP의 문화와는 상반된 것이었다. 셋째, 스타트업 직원들에게 더 많은 스톡옵션과 월급을 주기 위해 전통적인 HP의 보상 체계를 수정하려고 인사팀과 언쟁을 벌였다. 인사팀이 저항했지만 휴대용 부문 직원들에게 조금 더 많은 월급과 스톡옵션, 그리고 기술과 시장에서의 이정표를 달성하면 이를 반영해 현금 보너스를 주기로 타협했다. 휴대용 사업의 다른 요구를 반영하기 위해 제조와 품질 면에서도 협상했다.

파라시는 두 그룹을 운영하는 것은 어려운 일이고 평판스캐너를 다량 생산하는 동시에 휴대용 스캐너를 성장시키려면 잘라내고 변화시켜야 한다는 사실을 알고 있었다. 상황 파악을 위해 그는 휴대용 그룹과 매주 회의를 하며 진전 상황을 파악하고 문제를 해결하도록 도왔다. 그는 이런 긴장감을 한 명은 전문대에 다니고 다른 한 명은 명문대에 다니는 두 명의 대학생을 둔 부모가 되는 것에 비유했다. 둘 모두에게 공정하면서 그들이 매우 다른 것을 필요로 한다는 사실을 인정하는 것은 어려웠다. 긴장을 최소화하기 위해 그는 둘 모두에게 자신이 그들을 사랑하고 있으며 한 명이 다른 한 명보다 더 중요하거나 덜 중요하지 않다는 사실을 확신시켜주려고 노력했다.

그 후 몇 년간 휴대용 유닛은 작은 성공을 거두었다. HP는 조로 제품을 출시했고 매출이 늘기 시작했다. 1998년, 파라시는 승진했고 휴대용 유닛의 성공으로 오만은 유닛을 별개의 부서로 분리시키기 위해 힘을 쏟았다. 휴대용 유닛이 분리된 지 얼마 지나지 않아 경기가 어려워졌고, 다른 기업들과 마찬가지로 HP도 어려움을 겪었다. 긴축경영의 일환으로 휴대용 부

서를 없앴으며, 기기 부문 전체를 애질런트^{Agilent}로 분리시켰다. 비록 휴대
용 스캐너 사업은 발전하지 못했지만 거기에 사용되었던 기술은 오늘날 일
반적으로 사용되는 광마우스의 핵심 기술이 되었다.

교훈

파라시가 책임자로 오기 전까지 휴대용 스캐너 사업은 수년간 진전이 없
었다. 그 이유는 낮은 가격으로 휴대용 장비를 만들 만큼 충분한 기술이 없
었기 때문이었다. 계획을 성공적으로 이끌 만한 결단력과 조직도 없었다.
휴대용 스캐너의 중요성을 주장할 만한 강력한 논리도 없었다. 평판 비즈
니스 내의 간부 팀은 기존 사업의 성장에만 집중하고 있었기 때문에 휴대
용 스캐너를 흥미롭긴 하지만 확실한 시장은 없는 방해물 정도로 보았다.
든든한 지원이 없었고 고위 간부들의 주목을 끌기 위한 단편적인 프레젠테
이션의 주제로만 이용되었다. 또한 휴대용 스캐너 팀 자체가 낮은 직급의
관리자들과 R&D 유닛의 기술자로 구성되어 있어 저항에 부닥치면 프로젝
트를 끌고 나갈 가시성과 자원이 부족했다. 파라시가 이 사업을 시작하기
로 결정하고 팀을 분리시켜 자원을 투자한 후에야 비로소 휴대용 제품 사
업을 실현할 수 있었다.

사이프레스 반도체: 기업가 연합

2011년, 사이프레스 반도체^{Cypress Semiconductor}는 9억 9,500만 달러의 수
익을 내고 세전 마진은 24%에 달했다.[6] 사이프레스의 2010년 수익은 성실
한 비용 절감 노력으로 전년의 8.84억 달러에서 32% 증가했고 세전 이익은

23% 증가했다. 같은 기간 주가도 3배 이상 상승했다.

하지만 반도체 사업은 지속적인 비용 절감과 혁신이 필요한 분야였다. 1982년에 설립된 사이프레스는 반도체 분야에서 살아남은 몇 안 되는 기업 중 하나였지만, 삼성 같은 경쟁사에 비하면 상대적으로 작은 회사였다. 삼성의 규모는 사이프레스의 40배 이상 되었다. 사이프레스의 창업자이자 CEO였던 T. J. 로저스T. J. Rodgers는 힘든 환경에서 거대 기업들과 경쟁하는 상황에 대해 "중요한 것은 실행에 옮기냐 마느냐 하는 것이다. 할 것이라고 말하고 하지 않을 수도 있기 때문에 좋은 계획이 있는지 없는지는 중요하지 않다"라고 말했다. 로저스는 성공하려면 사이프레스가 끊임없이 비용을 절감하는 동시에 새로운 혁신 흐름을 만들어내야 한다고 보았다. 그의 도전은 효율성과 비용 절감이 다른 무엇보다도 중요한 성숙한 시장에서 경쟁하는 동시에 유연성과 위험 감수가 필요한 기술적 혁신을 이뤄낼 기업을 만드는 것이었다. 그는 사이프레스를 '기업가 연합'으로 운영하는 것이 해답이라고 생각했다.

2002년에서 2010년 사이에 사이프레스는 전 세계 1위의 에스램SRAM칩 공급업체가 되었다. 1983년, 에스램 비즈니스에 뛰어들었을 때 사이프레스 앞에는 인텔과 AMD, 내셔널 세미컨덕터National Semiconductor 같은 자국 기업과 히타치Hitachi, NEC, 후지쯔Fujitsu, 도시바Toshiba, 미쓰비시Mitsubishi 같은 아시아의 전자제품 회사 20여 개가 있었다. 에스램 칩은 무어의 법칙을 확실히 보여주는 사례였다. 즉 경쟁이 심한 곳에서 성공하기 위해서는 제조 효율성과 제품 품질을 개선하고, 비용을 낮추고, 칩의 성능을 지속적으로 업그레이드하는 데 계속 집중해야 했다. 이를 위해 사이프레스는 신제품 개발과 제품 검사 및 출시를 아우르는 체계적인 프로세스를 개발했고,

제조 전략을 변화시켰으며, 독점적인 제조와 품질 관리 기술을 개발했고, 기술 습득을 위해 작은 회사들을 합병했으며, 생산라인을 완성했다. 사이프레스는 세계 최고의 에스램 판매업체가 되었지만 칩 시장은 아주 느리게 성장했고, 로저스가 보기에 사이프레스는 '방에서만 가장 큰 난쟁이'일 뿐이었다. 2010년에 에스램 기술은 사이프레스의 전체 수익의 절반을 차지했고 다른 신제품 개발을 위한 현금 흐름을 제공했다.

수익을 10억 달러에서 로저스의 목표인 20억 달러로 늘리기 위해서 사이프레스는 고객에게 표준 제품을 판매하는 장비 제조업체에서 더 넓은 고객층을 위한 독점적인 프로그래밍이 가능한 솔루션을 디자인하는 회사로 변화할 필요가 있었다. 즉 우선 순위를 내부 효율성에서 서비스 개선을 위한 적극적인 고객 피드백 이용으로 바꾸어야 했다. 또한 호황과 불황을 주기적으로 겪는 반도체 산업에서 지속적으로 20% 이상의 수익을 창출할 수 있는 혁신적인 제품을 제공해야 했다. 문제는 혁신적인 신제품의 흐름을 만들어내고 비용을 끊임없이 줄이는 방향으로 사이프레스의 프로세스를 수정하는 것이었다.

점진적으로 제품을 개발하고 신제품과 시장으로 기존 기술을 확장하기 위해서는 서로 다른 2가지 기술이 필요했다. 로저스는 이를 위해서는 회사의 기존 프로세스를 수정해야 한다는 사실을 알고 있었다. 이를 실현하기 위해 제품과 잠재적 제품을 시간 지평time horizon에 따라 단계별로 구분했는데, 3단계 제품은 아이디어와 테스팅 단계, 2단계 제품은 초기 성장 및 출시 단계, 1단계 제품은 현재의 핵심 사업에 해당하는 단계였다.

로저스는 항상 사이프레스가 진정한 '기업가 연합'이 되는 것을 비전으로 삼았다. 하지만 그는 규모가 크고 부서화된 기업에서 기업가 정신을 유지하는 것이 어렵다는 사실을 빠르게 인정했다. 부서가 점진적인 혁신에는 매우 좋지만 부서에 맞지 않는 새로운 아이디어와 제품은 무시되거나 혹은 기존 제품 라인의 개선에 더 잘 이용될 수 있는 자원을 낭비하는 것으로 보일 수 있음을 지적했다. 로저스는 기존 부서를 계속 개선하면서 동시에 새로운 아이디어를 구축할 수 있는 부서장은 거의 없다고 생각했다. 그런 사람을 찾을 수 있다면 다른 회사의 CEO로 뽑혀 갈 것이라고 말했다.

1980년, 사이프레스는 몇 개의 스타트업을 시작했지만 성공하지 못했다. 실패의 원인은 다양했다. 적절한 시장 조사 없이 스타트업을 시작했거나, 경영팀의 자질이나 통합에 충분히 신경을 쓰지 못해서(예를 들어 스톡옵션을 기반으로 하는 스타트업 구조는 열심히 일하게 만드는 인센티브가 되지만, 사이프레스 전체적으로 볼 때는 해가 되는 결정을 내리는 것), 또는 시장 침체에서 살아남지 못하는 '남들이 하니까 나도 하는' 타입의 벤처를 만들었기 때문이었다. 이런 실패를 바탕으로 로저스는 제안서를 평가하고 벤처에 자금을 지원하고 새로운 비즈니스를 감독하는 벤처 투자가의 방법을 본보기로 삼아야 한다는 교훈을 얻었다.

아이디어 발굴

벤처 투자가로부터 로저스가 얻은 교훈 중 하나는 성공할 벤처를 찾기 위해서는 많은 잠재적 벤처를 살펴봐야 한다는 것이었다. 새로운 벤처에 대한 아이디어는 사이프레스의 내부와 외부에서 얻을 수 있었다. 그는 매년 20개 정도의 아이디어를 받았다. 일반적인 형태의 제안은 외부 그룹이 기술과 아이디어를 갖고 오면 '우리가 싼값으로 1백만 개를 일주일 내에 만들도록 돕는 프로세스를 알려주는' 것이었다. 내부에서 아이디어를 얻기도 했는데, 일부는 간부들 특히 로저스 자신에게서 나왔고, 일부는 디자이너와 마케팅 직원, 부사장들과 대화를 하다 나왔다. 그런 대화는 일반적으로 "우리는 …를 팔 수 있다" 또는 "우리는 …를 개발할 수 있다"로 시작되었다.

심사

아이디어가 좋아 보이면 첫 단계로 기술을 철저하게 분석했는데 주로 로저스가 검토했다. 신제품에 대한 시장 평가는 일반적으로 기존 비즈니스 유닛에서 했다. 하지만 로저스는 자체 제품에 집중하고 있는 부서는 종종 새로운 벤처를 자원을 빼앗아 가는 것으로 본다는 사실에 주목했다. 그런 태도가 시장에 대한 정확한 이해 부족에서 생긴다고 본 로저스는 이를 막기 위해 2007년 전략적 마케팅팀을 만들었다. 마케팅 팀은 공공 데이터와 가트너 같은 외부에서 얻은 정보를 활용해 분석했다. 시장 평가에 더해 이 그룹은 잠재적 인수합병을 위한 초기 협상을 담당했고, 제품 계획을 위한 분석 툴을 개발했으며, 제품 출시 프로세스를 감시했다. 새로운 벤처 제안이 기술적 심사와 시장 평가를 모두 통과하면 이사회에서 검토했다. 이사회의 인정을 받은 다음 새로운 벤처의 CEO를 찾았다.

출시

CEO가 결정하면 마지막 단계는 벤처의 계획을 세우는 일이었다. 3개월에 걸친 프로세스의 정점은 '한 페이지 계획'을 포함하는 30페이지 분량의 비즈니스 계획을 만드는 일이었다. 한 페이지 계획은 매우 체계적인 형식을 취하고 있었는데 여기에는 신규 벤처의 손익계산서, 현금흐름표, 투자 요구, 우선주 및 일반주 주가, 시장 가치, 첫 4년 동안의 소유권 구조가 요약되어 있었다. 벤처 투자를 받은 스타트업에서와 마찬가지로 이 계획에는 모든 비용이 포함되어 있어야 했다. 예를 들어 스타트업이 사이프레스의 세일즈맨을 이용하고자 한다면 시장 요율에 따른 수수료를 지불해야 했다. 한 페이지 계획은 다음의 2가지 질문에 답하기 위해 만들어졌다. 첫째, 스타트업의 잠재적 성과는 무엇인가? 둘째, 예측되는 결과를 달성하기 위해 사이프레스가 얼마나 투자해야 하는가? 새로운 스타트업은 사이프레스로부터 세일즈, 기술, 재무, 세금, 마케팅, 관리 부분의 도움을 받거나 자체적인 프로세스를 만들 수 있었다.

스타트업에 투자할지에 대한 결정은 그 사업을 사이프레스로 가져오거나 독립적인 회사로 분리했을 때 사이프레스의 시장 가치에 의미 있는 기여를 할 만큼 충분한 수익과 이익을 창출하는가에 달려 있었다. 이는 스타트업이 4천만 달러의 연간 수익과 세전 20%의 이익, 지속적인 성장 잠재력을 갖고 있어야 함을 의미했다. 사이프레스는 외부 투자자의 기준을 적용했다. 예를 들어 '투자수익률이 10%나 20%가 될 것인가?'를 적용했다. 전체 투자 비용은 새로운 벤처가 플러스 현금 흐름을 창출하기 시작할 때까지 스타트업에 투자한 자금이었다. 사이프레스가 내부 스타트업에 투자하기로 결정하면 소유 지분을 받고 자금을 제공했다. 스타트업 회사는 개별적인 주식을 받았다. 인수나 분리의 기준은 미리 명시되었으며 새로운 벤처가 최초로 분기 수익 1천만 달러를 기록할 때를 기준으로 했다.

다른 스타트업과 마찬가지로 이사진도 선출했다. 로저스(나 다른 사이프레스 간부들)는 이사회 의장을 담당했다. 벤처 CEO나 다른 사이프레스 간부들, 혹은 해박한 외부 인사들이 이사진으로 선출되었는데 그들은 전문성이 있는 외부 인사를 영입할 수 있었다. 사이프레스가 새로운 벤처의 표결을 통제했지만 이사진에는 다수의 외부 이사들을 포함시킬 수 있었다. 스타트업의 이사회는 공식적으로 분기별로 만났고 특정 문제를 해결하기 위해 비공식적으로는 더 자주 만났다. 회의의 초점은 한 페이지 계획과 비교한 벤처의 진행 상황을 평가하는 것이었다.

경영

로저스는 스타트업이 독립적으로 경영하고, 자금을 운영하고, 사람을 뽑고, 조직을 만드는 데 자유가 필요하다고 생각했다. 핵심 요인 중 하나는 스타트업이 물리적으로 본사로부터 분리되는 것이었다. 분리된 시설은 스타트업이 독자적인 정체성을 갖도록 해주었다. 일반적인 스타트업에서는 CEO가 자기 시간의 40~60%를 돈을 좇거나 투자자를 만나는 데 썼지만, 사이프레스의 스타트업은 계획과 일치하는 성과를 내면 매 분기마다 자금을 지원받았기 때문에 제품을 개발하고 수익 원천을 성장시키는 데 집중할 수 있었다. 분기별로 계획에 명시된 기준과 벤처의 성과를 비교 및 평가했고, 목표 대비 성과가 투자와 주식 배분, 시장 가치를 결정했다.

스타트업의 독립성이 필요함에도 불구하고 로저스는 성공을 위해서는 상당한 규율이 필요하다고 확신했다. 그는 사이프레스가 만든 프로세스가 규율을 제공한다고 생각했다. 그리고 모든 스타트업이 목표를 달성하기 위해 품질을 희생시키고 문제를 무시하거나 축소시킬 수 있다는 사실에 주목했다. 스타트업은 디자인이나 프로세스를 완벽하게 문서로 기록하지 않을 확률이 높았다. 사이프레스의 스타트업은 원하는 프로세스를 선택할 수 있었지만 제품 계획과 기록, 품질관리에 관한 사이프레스의 상세한 프로세스를 준수해야 한다는 압박을 받았다. 한 스타트업 CEO는 형식적인 시스템이 가끔은 번거롭게 느껴지기도 하지만 철저한 사고 과정을 인식하게 해준다고 인정했다.

졸업

대부분의 벤처는 5년 내에 끝내는 계획을 가졌다. 벤처를 끝내는 방법은 여러 가지가 있다. 첫 번째는 새로운 사업을 사이프레스에서 분리시키는 것으로, 다시 말하면 벤처를 상장하는 것이다. 이 경우 사이프레스 주주가 아닌 새로운 투자자들은 한 페이지 계획에 명시된 것보다 훨씬 높은 가격으로 스타트업 직원들이 갖고 있는 일반주를 위한 시장을 만든다. 두번째 방법은 벤처를 다시 사이프레스 내부로 인수하는 것이다. 이 가능성은 스타트업을 만드는 초기 협상에서 논의되었다. 이 경우 사이프레스는 전체 투자 규모와 벤처가 목표를 달성해 창출한 성공을 바탕으로 한 예상 시장 가치로 벤처 직원들이 갖고 있는 일반주를 산다. 인수 이후 벤처 직원들은 다시 사이프레스로 들어와 새로운 비즈니스를 만드는 일을 계속 하도록 제안을 받는다. 세 번째 방법은 스타트업이 목표를 달성하지 못했거나 사이프레스가 더 이상 프로젝트에 관여하지 않을 경우, 다른 회사나 투자자에게 우선주와 지배지분을 팔거나 최악의 경우는 자산을 매각하는 것이다.

결과

2012년, 사이프레스는 12개의 내부 스타트업에 투자하고 2개의 스타트업을 인수했다. 스타트업은 새로운 비즈니스로의 진출을 용이하게 하거나 사이프레스와 공통적인 새로운 기술을 활용하기 위해 만들어졌다. 예를 들어 스타트업이 사이프레스의 고객 기반을 공유하거나 디자인이나 제조 부문의 경쟁력을 이용하거나 사이프레스의 제품을 사용할 수 있었다. 로저스의 기준으로 볼 때 새로운 벤처 전략 중 한 개는 엄청난 성공(선파워)을, 다른 한 개는 큰 성공을(사이프레스 마이크로시스템즈), 2개는 합리적인 성공을 거두었고, 5개는 실패했으며, 나머지는 아직 상황을 지켜봐야 하는 것으로 나타났다. 선파워SunPower의 경우 사이프레스가 세금 없이 주주들에게 26억 달러를 배당할 수 있었다. 사이프레스 마이크로시스템즈Cypress Microsystems가 개발한 기술은 사이프레스 연간 매출의 3분의 1을 차지했으며 연간 45%의 성장률을 기록했다.

교훈

새로운 방식은 성공적이었을까? 이 방식은 새로운 벤처를 만들고 심사하고 출시하는 체계적인 방법을 제시한다. 고위 간부들의 지원과 감시로 운영되고 벤처가 자신만의 정체성을 만들고 조정할 수 있게 유연성을 제공한다. 플렉스트로닉스와 휴렛팩커드의 예와 유사하지만 더 체계적이고 반복 가능하다. 하지만 한 핵심 기술 설계자는 "사이프레스의 강점은 반복성과 끊임없는 학습이다. 약점은 사람이 아닌 프로세스에 지나치게 의존하는 것, 특히 애매한 경영진의 경우가 그렇다. 우리가 무언가를 추측하면 그렇게 된다는 믿음이 너무 강하다"라고 말했다. 새로운 벤처가 진정으로 강력한 사이프레스 문화로부터 분리될 수 있을까? 높은 직급의 경영자들이 양손잡이 능력이 요구하는 것과 매우 다른 조정을 용인할 수 있을까 아니면 활용 조직의 중력이 탐험 계획을 압도하지 않을까? 이는 양손잡이 구조가 직면하게 되는 도전이자 위험이다.

종합

탐험과 활용을 위해 6명의 리더들이 어떻게 유기적으로 새로운 비즈니스를 만들었는지 살펴보았다. 그들의 사례에서 성공에 기여한 중요한 공통점 3가지와 한 가지 약점을 찾아볼 수 있다.

공통점

가장 중요한 공통점은 경쟁력을 갖기 위해 탐험 유닛이 본사의 자산을 활용했다는 것이다. 기술적 자산(사이프레스, 시바 비전, 휴렛팩커드)인 경우도 있었고, 브랜드와 고객 기반(USA투데이, 플렉스트로닉스, 다비타, 사이프레스)인 경우도 있었다. 양손잡이 능력은 처음 시작하는 경쟁자들이 갖지 못한, 앞으로 개발해야 할 자산과 역량을 활용해 앞서 나갈 수 있도록 해준다. 이 이점은 단순히 자금에서 오지 않는다. 벤처 투자가들은 스타트업에 필요한 자금을 제공할 수 있다. 사례들은 적절한 상황하에서 탐험 유닛이 활용 유닛으로부터의 학습을 통해 경쟁 우위를 얻을 수 있었음을 보여준다. 엘리멘텀의 경우를 보면 공급체인 소프트웨어 개발은 이 분야에 있는 다른 스타트업도 할 수 있는 일이었다. 하지만 다른 스타트업들은 플렉스트로닉스의 데이터와 고객 기반을 갖고 있지 못했다. 뉴스를 취합해 모바일 기기로 고객에게 전달하는 웹사이트는 많다. 하지만 USA투데이는 경쟁자들이 갖지 못한 신문과 텔레비전 방송국에서 제공되는 명성과 독창적인 콘텐츠(신문과 비디오)를 갖고 있었다. 이런 자산이 고객에게 가치를 전달한다면 탐험 유닛은 처음 시작하는 경쟁자에 비해 경쟁 우위를 갖게 된다.

두번째 공통점은 고위 간부급의 지원이다. 새로운 벤처를 기존 사업을 방해하거나 위협하는 존재로 볼 만한 충분한 이유들이 있다. 탐험을 위해 자금을 배분하는 것은 기존 사업에 재투자해서 얻을 수 있는 수익에 비해 언제나 불확실성이 높다. 최고 경영진의 지속적인 지원이 없다면 탐험 유닛은 종종 자원(인재, 기술, 자금) 부족을 겪게 된다. 이는 휴렛팩커드의 사례에서 볼 수 있는데 경영진은 휴대용 유닛에 1천만 달러를 배분하려 했지만 단기적인 이유로 평판스캐너 사업에 자금이 투입되었다. 탐험 유닛이 지속적으로 필요한 자원을 받을 수 있는 때는 경영진이 관심을 보일 때뿐이다. 지원이 줄어들면 탐험 유닛은 어려움을 겪는다. 시바 비전에서 글렌 브래들리가 물러났을 때 그의 후임자는 방해되는 모든 혁신을 중단하고 기존 제품과 기술을 점진적으로 개선하는 데 온전히 집중했다.

고위 경영진의 중요한 역할은 새로운 비즈니스와 성숙한 비즈니스 사이에 인터페이스를 운영하고 불가피하게 발생하는 갈등을 해결하는 것이다. 양손잡이 능력의 부가가치는 성숙한 비즈니스의 귀중한 자원을 새로운 비즈니스에 적용시키는 것이다. 리더의 중재가 없다면 비즈니스는 혼자 동떨어진 유닛이 되어 기술과 학습 내용을 활용할 기회가 없어진다. 물론 의도가 아무리 좋아도 새로운 유닛과 기존 유닛 사이에는 갈등이 생기기 마련이다. 경영진의 중재가 없으면 이런 불일치는 적어도 새로운 유닛이 살아남을 수 있음을 증명할 때까지 거의 항상 성숙한 비즈니스가 스타트업에 손해를 초래하는 결과를 낳는다. 엘리멘텀의 CEO 네이더 미카일은 플렉스트로닉스 CEO의 감독이 없었다면 새로운 유닛이 실패했을 것이라고 대놓고 이야기했다.

세 번째 공통점은 탐험 유닛을 본사에서 독립시키는 것이 중요했다는 점이다. 기존 시설을 이용하면 효율적이라는 논쟁도 있지만 우리가 살펴본 모든 경우 새로운 유닛은 물리적으로 본사에서 분리되어 있었다. 새로운 비즈니스의 리더들은 독립이 기존 구조와 프로세스를 깨고 새로운 시작을 하는 데 매우 중요하다고 강조했다. 거리두기가 없다면 기존 사고방식의 타성이 새로운 비즈니스를 성장시키는 데 필요한 집중력과 에너지를 약화시킬 수 있다. 이는 초기에 평판스캐너 비즈니스 내부에서 시작된 HP의 휴대용 팀이 실패를 겪은 일에서 확인할 수 있다. 결국 준 부서도 시바 비전과 플렉스트로닉스의 경우처럼 분리된 시설로 이전했다. 사이프레스의 로저스는 새로운 비즈니스가 본사에서 이전해 기존 비즈니스의 방해를 받지 않고 집중할 수 있어야 한다는 데 있어 단호했다. USA투데이의 온라인 유닛은 같은 건물의 다른 층을 사용했다. 물리적으로 분리된 공간을 갖는 것이 탐험 비즈니스를 독립된 유닛으로 분사하는 것과 같지는 않다. 탐험 비즈니스는 여전히 필요한 본사의 기술과 역량을 활용하지만 독립된 공간은 자체적인 정체성과 문화를 발전시킬 수 있게 해준다.

약점

양손잡이 능력이 조직의 역량이 되려면 일회적이 아니라 반복 가능해야 한다. 앞선 사례들에서 몇 가지 우려스러운 점은 프로세스가 아닌 개인 한 명의 노력이었다는 점이다. USA투데이, 시바 비전, 휴렛팩커드의 예에서 새로운 벤처는 리더의 통찰력과 행동으로 만들어졌다. 추천할 만한 일이지만 이런 노력은 반복 가능하지 않고, 성숙한 조직은 새로운 계획을 시작도 하기 전에 벤처를 없애버릴 확률이 높다. 리더가 자리를 이동하면 새로 오는 사람이 똑같은 전략적 통찰이나 실행력을 갖고 있을지 확신할 수 없다.

세 회사 중 두 회사의 경우(다비타, 플렉스트로닉스) 통찰은 전략적 계획 과정에서 나왔지만 실제 실행할 수 있었던 것은 CEO가 벤처를 인정했기 때문이었다. 아무리 유망하더라도 미래를 위한 아이디어가 자원을 받을 수 있을지는 확신할 수 없다. 다시 말해 전략적 계획 프로세스가 실행에 필요한 자원과 분리될 수 있다는 것이다. 사이프레스의 프로세스만이 향후 새로운 벤처에 자금을 지원하는 반복 가능한 프로세스인 것처럼 보인다. 그런 프로세스가 없다면 전략적 통찰을 실행으로 연결할 체계적인 방법이 없다는 위험이 따른다.

결론

활용과 관련된 타성은 새로운 계획에 제동을 걸 수 있다. 특히 새로운 비즈니스가 기존 비즈니스를 위협할 때 그렇다. 타성을 극복하려면 양손잡이 능력을 갖춘 리더는 적어도 다음의 3가지를 실행해야 한다.

1. 탐험적 벤처가 처음 시작하는 경쟁업체에 비해 경쟁 우위를 가질 수 있게 해주는 기존 조직의 자산과 역량이 무엇인지 확인한다.
2. 활용 비즈니스의 타성이 스타트업을 약화시키지 않도록 고위 경영진이 지원하고 감독한다. 여기에는 새로운 벤처가 필요한 자원을 얻고 새로운 비즈니스의 리더가 목표를 달성하는 데 책임을 지고 기존 비즈니스와 신규 비즈니스 간의 인터페이스를 만들어 비생산적인 마찰을

줄이는 등의 일이 포함된다.

3. 새로운 벤처의 분리를 정당화해 성숙한 비즈니스의 침범이나 도움 없이 성공하는 데 필요한 인적, 구조적, 문화적 조정을 할 수 있게 만든다.

이해하기는 비교적 쉽지만 막상 실행하는 것은 어려울 수 있다. 다음 장에서는 이를 실행하려 했던 두 조직이 어떻게 매우 다른 결과를 얻게 되었는지 자세히 살펴볼 것이다.

제대로 하기 vs. 제대로 할 뻔하기

정확한 단어와 거의 정확한 단어의 차이는
번개와 반딧불의 차이다.
— 마크 트웨인

이 장에서는 성공적으로 운영된 두 기업, IBM과 시스코에서 의미 있는 유기적 성장을 이끌기 위해 고안된 2가지 프로세스를 자세히 살펴볼 것이다. IBM의 방법은 성공적이었고 5년간 150억 달러의 수익을 올리며 최고의 성장을 이뤘다. 이는 규모와 상관없이 다른 기업에 본보기가 될 것이고, 성공적인 양손잡이 능력을 갖추기 위한 요소들을 보여줄 것이다. 규모는 다르지만 사이프레스가 개발한 기업가 연합 방법과 많은 점에서 유사하다. 반면 시스코 시스템즈는 유기적 성장에 박차를 가하기 위해 비슷한 프로세스를 고안했지만 초기 성공 후에 프로세스를 중단했다. 비슷한 점이 많았지만 2가지 면에서 시스코의 노력은 IBM과 달랐고 이것이 성공과 실패를 갈랐다. 두 기업의 프로세스를 비교해보고 리더들이 다양한 상황에서 양손잡이 능력을 어떻게 실행할 수 있는지 알아보자.

제대로 하기: IBM의 양손잡이 능력

1990년대 초반, IBM의 주가는 1983년 이후 최저치를 기록했고 월스트리트의 많은 애널리스트는 IBM을 완전히 실패한 회사로 보았다.[1] 1992년, 6만 명이 실직했고 존 애커스^{John Akers}(1993년까지 CEO였다)의 변화 노력에도 불구하고 회사는 어려움을 겪고 있었다. 1993년, 루 거스너^{Lou Gerstner}가 CEO 자리에 올랐을 때 서비스 유닛은 수익의 27%를 차지하고 있었고 소프트웨어 유닛은 존재하지도 않았다. 그러나 2001년에 IBM은 서비스와 소프트웨어가 각각 350억 달러와 130억 달러의 비즈니스가 되었고 둘이 합쳐 전체 수익의 58%를 차지했다. IBM의 시가총액은 1993년 300억 달러에서 1,730억 달러로 증가했다. 같은 기간에 주가도 7배나 상승했다. 오늘날 IBM은 1천억 달러 이상의 수입을 올리고 있는데, 그중 85% 이상이 소프트웨어와 서비스 비즈니스에서 나온다. 이는 놀라운 진화이며 양손잡이 능력을 보여주는 강력한 사례다.

21년간 IBM은 성공에서 실패로, 다시 성공으로의 경험을 했고, 기술 회사에서 광범위한 솔루션 제공업체로 변모하며 오픈 시스템과 온디맨드^{on-demand}(공급 중심이 아니라 수요가 모든 것을 결정하는 시스템이나 전략 등을 총칭하는 말) 역량을 갖춘 새로운 세상의 모범이 되었다. 혁신의 혜택을 누리기 위해 애쓰던 제록스나 필립스, 휴렛팩커드, 폴라로이드 같은 기술 회사들과 달리 IBM은 생명과학과 자동차, 은행에 이르는 다양한 비즈니스에서 회사의 지적 자산을 활용할 수 있었고 그 과정에서 상당한 이윤을 만들어낼 수 있었다.

IBM의 진화: 성공, 실패 그리고 다시 성공

1980년대 중반까지 IBM은 전 세계 컴퓨터 산업 매출의 40%, 수익의 70%를 차지하는 지배적인 회사였다. 1990년, IBM의 매출은 2위 업체에 비해 5배 많았지만, 성장은 6% 이하로 둔화되었다. 1991년, 주가는 1983년 이래 최저치를 기록했다. 1986년부터 1993년까지 서비스 요금으로 280억 달러를 벌었고, 70년 동안 인원 감축을 하지 않던 전례를 깨고 12만 5천 명을 해고했다.

1993년 1월 26일, 점점 커지는 재난을 두고 CEO 존 에커스는 사임했다. 7개월 후, IBM 역사상 처음으로 외부 인사인 루 거스너가 새로운 CEO로 임명되었다. 〈비즈니스 위크Business Week〉의 기자는 거스너의 임명을 두고 "오늘날 미국이라는 기업에서 가장 힘든 직업"이라고 묘사했다.[2] IBM의 실패에 대해 거스너는 "이 회사에 생긴 일은 신이 보낸 역병이 아니다. 단순하다. 사람들이 이렇게 만들었다"라고 말했다.[3] 거스너는 IBM의 전략을 검토한 후 "회사에 현명하고 재능 있는 인재가 부족한 것이 아니다. 근본적인 기술 문제도 아니다. 서랍은 성공할 수 있는 전략들로 가득 차 있다. 하지만 IBM은 준비가 되어 있지 않다. … 내가 보기에 근본적인 문제는 실행이다. 전략을 실행해야 한다"라고 결론 내렸다. IBM은 위협이나 기회를 예측하는 능력이 부족했던 것이 아니라 자산을 재배분하고 실행을 위해 조직을 변화시킬 능력이 부족했던 것이다.

1990년대 중반, 회사가 안정된 후 거스너는 IBM의 방식을 이렇게 묘사했다.

"우리는 이렇게 본다. 향후 10년간 고객은 다양한 공급자로부터 기술을 통합하고, 기술을 기업의 프로세스에 통합할 수 있는 솔루션을 공급하는 회사를 점점 더 높이 평가하게 될 것이다."[4]

이 전략의 실행에 필요한 핵심 역량은 고객의 비즈니스 문제를 해결하는 능력으로, 여기서는 미들웨어middleware(다양한 플랫폼에서 애플리케이션을 사용할 수 있게 해주는 소프트웨어)와 서비스가 핵심이 된다. 전통적인 하드웨어 기업인 IBM이 변화를 할 수 있을 것인가에 대한 질문을 받고 거스너는 "서비스는 완전히 다른 문제다. 당신은 서비스를 위해 물건을 만들어 팔지 않는다. 역량을 파는 것이다. … 이는 당신이 얻을 수 없는 종류의 역량이다"라고 말했다.[5]

IBM은 어떻게 이런 변화를 이끌어낼 수 있었을까? IBM의 성공과 몰락 그리고 변화에 대한 이야기는 다른 곳에도 잘 기록되어 있지만,[6] 전략과 실행, 그리고 IBM이 이 둘을 어떻게 결합시켰는지에 대한 중요한 이야기는 잘 알려져 있지 않다. 이는 요즘 전략을 이야기할 때 유행어처럼 쓰이는 동태적 역량dynamic capabilities이 어떻게 현실화되었는지, 그리고 컴퓨터 제조 산업과 같은 성숙한 비즈니스에서 기업이 성공하고 디지털 미디어와 같은 새로운 분야로 이동하는 데 어떻게 도움이 되었는지 보여준다. IBM은 비즈니스에 유용한 통찰을 얻고 전략에 관한 새로운 아이디어를 창출하는 데 이론과 실제가 어떻게 결합되었는지 보여주는 좋은 사례다.[7] 또한 3장에서 다룬 혁신 흐름의 틀과 진화생물학의 논리(변화-선택-유지)도 보여준다.

활용과 탐험: 새로운 비즈니스 기회

1999년 9월, 루 거스너는 재정 압박 때문에 한 비즈니스 유닛이 유망한 계획에 자금을 더 이상 댈 수 없게 되었다는 월간 보고서를 읽고 있었다. 그는 몹시 화가 나서 "왜 우리는 계속해서 새로운 산업에 진출할 기회를 얻지 못하는가?"라고 따져 물었다. 이 질문에 집중해 IBM 전략 그룹은 회사가 개발했지만 상업화하는 데 실패한 29개의 개별 기술과 비즈니스의 가치를 회사가 어떻게 활용하지 못했는지 기록했다. 예를 들어 IBM은 최초로 상업용 라우터를 개발했지만 시스코가 그 시장을 주도했다. 1996년 초반, IBM은 웹 성능을 가속화시키는 기술을 개발했지만 2위 업체였던 아카마이 Akamai가 시장을 주도하기 위해 제품 비전을 세웠다. 초기에 IBM은 음성인식 소프트웨어를 개발했지만 뉘앙스Nuance에 뒤쳐졌다. RFID와 비즈니스 인텔리전스, e-소싱, 퍼베이시브 컴퓨팅 같은 기술은 IBM이 놓친 기회를 보여주는 예들이다. IBM은 시장에서 성공할 잠재력을 갖고 있었지만 기회를 활용하지 못했다. 왜 이런 일이 벌어진 것일까? 회사가 왜 시장의 기회를 놓쳤는지 상세히 분석한 결과 다음과 같은 6가지 이유를 알 수 있었다.

1. 기존 경영 시스템이 단기 성과를 추구하고 전략적 비즈니스에 가치를 두지 않았다. IBM은 프로세스에 따라 운영되었다. 내부에서 인정받는 리더십 스타일은 새로운 영역을 개척하는 것이 아니라 즉각적인 기회를 실수 없이 실행하는 것이었다. 돌파구가 될 아이디어는 중요한 리더십 역량이 아니었다.

2. 회사가 현재 시장과 기존 제품에만 사로잡혀 있었다. 기존 고객의 의견

을 집중해서 듣고 전통적인 시장에 집중하는 프로세스를 갖고 있었는데 이는 혁신적인 기술이나 새로운 시장과 비즈니스 모델을 인식하는 것을 둔감하게 만들었다.

3. 더 높은 가격과 순이익을 지향하기보다 지속적인 수익과 주당순이익 개선을 강조했다. 혁신을 가속하기보다 안정적인 비즈니스 포트폴리오에서 나오는 수익성 개선을 강조했다. 새로운 비즈니스도 1~2년 내에 손익분기점을 맞춰야 한다는 비현실적인 목표를 갖고 있었다.

4. 회사의 시장 정보 수집과 이용 방법이 초기 시장에 적합하지 않았다. 사실에 기반한 재무 분석을 고집하는 것은 신규 시장과 불확실한 시장에 대한 정보 수집을 방해했다. 분석이 부족한 시장에 대한 통찰은 무시되거나 묵살되었다.

5. 새로운 비즈니스를 선택하고 실험하고 자금을 대고 종료하는 데 필요한 확실한 규율이 없었다. 새로운 성장 비즈니스 기회를 파악하더라도 경영 시스템이 자금을 제공하지 못하거나 창조적인 비즈니스를 개발하는 능력을 제한했다. 더욱이 리더들이 성숙한 비즈니스에 사용되는 프로세스를 성장 기회에 적용해 기회를 미리 사장시켜 버렸다.

6. 벤처를 하기로 결정해도 실행에 옮기지 못했다. 새로운 비즈니스 모델을 고안하고 성장 비즈니스를 만드는 리더십이 부족했다. 또한 새로운 스타트업에 필요한 인내와 끈기도 부족했다.

흥미롭게도 처음 3가지 이유는 성숙한 시장에서 IBM의 성공과 상당히 관련이 있다. 단기 성과의 집착, 주요 고객이나 시장에 대한 관심, 그리고 성숙한 시장을 활용할 때는 도움이 되지만 새로운 영역을 탐험하는 것은 어렵게 만드는 수익성 개선 강조가 그 이유들이다. 성숙한 비즈니스에서 경쟁할 때 조직을 통솔하는 데 필요한 조정이 새로운 시장과 기술에서 성공을 거두는 데 필요한 것과는 완전히 반대되었다.

이러한 분석과 고위 경영진의 논의를 바탕으로 회사가 성숙한 시장을 활용하고 성장 분야를 탐험할 수 있도록 몇 가지 아이디어가 제안되었다. 그 결과 2000년, EBO^{Emerging Business Opportunity} 프로젝트가 개발되었다. 2000년~2005년 사이, EBO는 IBM의 총 매출을 152억 달러 증가시켰다. 이 기간 동안 총 매출은 합병으로 9% 증가했지만 EBO는 19% 증가했다. 이 프로세스는 회사가 새로운 비즈니스를 시작하면서 기존의 성숙한 비즈니스에서 경쟁력을 유지할 수 있도록 해주었다.

조직의 진화와 적응: EBO 프로세스

회사의 성장 목표 달성 실패로 인해 생겨난 EBO 프로젝트 팀은 새로운 시장 기회를 빠르고 성공적으로 추구하지 못하는 IBM의 고질적인 실패를 확실히 해결하기 위해 만들어졌다. 팀의 기본이 된 통찰은 회사의 비즈니스 포트폴리오가 (1) 현재의 핵심 비즈니스, (2) 성장 비즈니스, (3) 미래의 성장 비즈니스의 세 층으로 구분될 수 있다는 인식을 바탕으로 했다. 각 비즈니스는 고유의 문제를 갖고 있고 각기 다른 조직 구조를 필요로 한다(그림 5-1 참조).[8] IBM은 세 번째 분야를 배제하고 첫 번째와 두 번째 비즈니스에만 집중하는 실수를 저질렀다. 경영자들과의 면담은 이런 결론을 더욱 확고히 해주었다. 그들은 직원들이 어떻게 새로운 성장을 불가능하게 오히려 방해하는 '관료주의자'가 되었는지 지적했다.

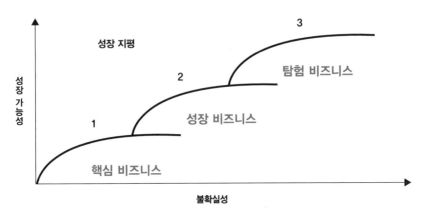

| 그림 5-1 | IBM의 조직적 진화

핵심 비즈니스는 현재의 성숙한 제품과 서비스, 시장이다. 수익과 현금 실적에 따라 운영되고 혁신이 증가할 때도 투자가 필요하다.

성장 비즈니스는 탄탄하게 제품을 제공하고 주가와 수익을 극대화시키는 방향으로 규모를 조정한다. 고객 유치, 시장 점유, 시장 감각/선호도에 집중한다.

탐험 비즈니스는 잠재적 고객을 대상으로 신제품을 통해 새로운 비즈니스 개념을 입증한다. 시장 유치를 파악하기 위해 학습하고 끊임없는 제품 제공을 우선시한다. 실행에 집중한다.

EBO팀은 새로운 성장 비즈니스를 발견하고 개발하고 이끄는 데 필요한 확실한 시스템이 필요하다는 사실을 깨달았다. 이 프로세스는 IBM의 성숙한 비즈니스를 성공하게 해준 주된 비즈니스 모델이 새로운 성장 기회의 형성을 막는다는 것을 이해하는 데서 시작되었다. 새로운 비즈니스를 창출하기 위해 고위 간부들이 관여하고 있는 확실하고 반복 가능한 프로세스와 회사가 체계적으로 새로운 성장 기회를 탐험할 수 있도록 해주는 프로세스가 필요했다.

2000년 7월, 거스너는 소프트웨어 그룹의 수장인 존 톰슨John Thompson을 새로운 EBO 계획의 부사장으로 임명한다고 발표했다. 서른네 살의 베테랑 톰슨은 회사에서 운영관리자이자 전략가로서 능력을 널리 인정받고 있었다. 톰슨은 직원 몇 명과 함께 EBO 경영과 자금지원 프로세스, 회사 간 조정을 위한 통제된 메커니즘을 개발하기 시작했다. EBO의 후보가 되기 위해 각각의 잠재적 비즈니스는 다음 기준에 부합해야 했다.

- **IBM 전략과의 적합성**: 전략 부사장이었던 개리 코헨^{Gary Cohen}은 "우리는 아주 유망한 아이디어를 생각해내지만 수익을 내는 비즈니스로 전환시키는 방법을 찾지 못하는 경우가 종종 있다"라고 말했다. 어떤 아이디어는 상당한 기회를 제공할 것처럼 보이지만 기업의 전략 방향과 맞지 않아 벤처 투자가들에게 보내지기도 한다.
- **IBM 전반에 영향을 미치는 레버리지**: EBO 프로세스는 IBM 조직 전반에 영향을 미치는 새로운 비즈니스를 창출하는 데 초점을 맞추고 있다. 예를 들어 생명과학 EBO에서의 기회는 전자 데이터 기록과 개인 맞춤형 의료를 바탕으로 한 정보 집약적 요구를 다뤄야 하는 하드웨어, 소프트웨어, 헬스케어 비즈니스 컨설팅 서비스를 파는 것이다. 유사한 프로세스가 비즈니스 라인 내에서 신규 비즈니스를 활성화시킬 수도 있지만 기업의 노력은 비즈니스 간 기회를 목표로 한다.
- **새로운 고객 가치의 원천**: EBO를 이용하는 분명한 목적은 새로운 비즈니스 모델과 역량을 탐험하고 규모를 정하는 것이다. 새로운 영역에 진출하고 새로운 비즈니스 모델을 시험할 수 있게 해주는 아이디어가 잘 이해하고 있는 모델보다 선호된다.
- **10억 달러 이상의 잠재적 수익**: EBO의 분명한 목적은 매출 성장으로, 아이디어는 3년에서 5년 내에 10억 달러 이상의 시장으로 성장할 잠재력을 갖고 있어야 한다.

- **시장 리더십:** 새로운 비즈니스 아이디어는 IBM이 시장의 리더로 올라 갈 기회를 제공해야 한다. 예를 들어 생명과학 시장에 진출할지 결정 할 때 초기 성공이 회사의 네트워크를 확장할 수 있는 가능성을 제공 할 산업 기준과 프로토콜을 세울 수 있는지를 인식해야 한다.
- **지속적 수익:** 어떤 아이디어는 빠르게 수익이 증가할 수 있는 반면 경 쟁자들이 빠르게 비즈니스를 범용화시킬 가능성도 높다. 따라서 새로 운 아이디어는 지속적으로 수익을 낼 확률이 높은지 검증해야 한다.

톰슨을 대신해 EBO 부문 수장을 맡은 부사장 브루스 해럴드[Bruce Harreld] 는 EBO 아이디어가 단순히 제품 업그레이드나 기술적 기회가 아니어야 함 을 분명히 했다. 상업화할 수 있고 수익을 창출할 수 있는 비즈니스 기회, 다시 말해 시장의 역학관계를 어느 정도 바꿀 수 있는 아이디어여야 했다. 그림 5-2는 새로운 EBO 계획을 만드는 기준과 그 계획이 졸업하거나 다시 본사로 통합되기 위한 기준을 보여준다.

각 EBO의 리더는 비즈니스 유닛 책임자들(예를 들어 하드웨어, 소프트웨어, 글로벌 서비스)과 새로운 성장 기회를 책임지고 있는 고위 간부들에게 보고 한다. 이런 중첩적인 보고는 비즈니스 간 협력을 가능하게 만들고 문제를 빠르게 해결할 기회를 제공할 뿐 아니라 목표 단계에 도달했는지 또는 자원 이 제대로 배분되었는지를 회사 차원에서 확인하고 감시할 수 있게 해준다.

2000년에는 리눅스와 생명과학, 퍼베이시브 컴퓨팅, 디지털 미디어, 네 트워크 프로세서를 포함해 7개의 EBO를 시도했다. 그중 4개가 성공해 EBO 상태를 '졸업'하며 성장 비즈니스가 되었고 일부는 실패했다. 그림 5-3은 2002년부터 2006년까지 EBO의 성장과 재무 실적을 보여준다.

|그림 5-2| **IBM의 EBO 라이프 사이클**

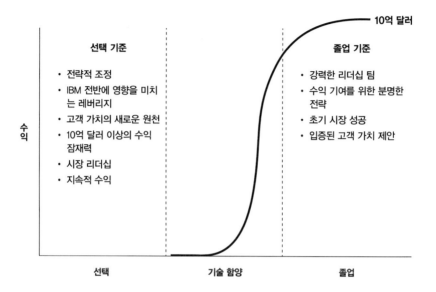

변화: 새로운 EBO를 만들다

고위 경영진의 주목을 받을 수 있는 신규 비즈니스 기회를 찾기 위해 IBM은 회사 내부(IBM 연구원 및 엔지니어, R&D, 마케팅, 영업)와 외부(고객, 벤처투자가, 외부 전문가)에서 아이디어를 얻는 정규 프로세스를 반년마다 가졌다. 이런 제안들은 혁신 기술과 새로운 비즈니스 모델, 매력적인 신규 시장 찾기에 도움이 되었다. 그 결과 150개 이상의 아이디어를 얻을 수 있었다.

이 아이디어들을 심사해 20여 개 정도로 추린 후 상세한 전략적 분석을 위해 작은 팀을 만들었다. 여기서 발견한 사실을 바탕으로 해럴드는 고위 간부들과 고객들에게 의견을 물은 뒤 승인을 결정했다. 아이디어가 테스트를 통과하면 전략 그룹이 시장 기회가 적절한지 철저하게 조사했다. 아이

| 그림 5-3 | **IBM의 수익 성장(2002년~2006년)**

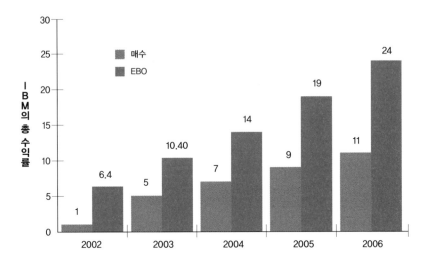

디어를 평가하면서 해럴드는 "나는 새로운 기술에 관심이 없다. 수십억 달러를 버는 새로운 비즈니스에도 흥미가 없다. 적당한 새 비즈니스 벤처는 좋은 아이디어를 실제 고객의 혜택에 연결시키는 데서 온다. 다시 말해 확실한 상업적 기회를 원한다"라고 직설적으로 말했다. 매년 150여 개의 아이디어 중 몇 개만이 새로운 EBO로 선택되었다.

선택: 실험하다

EBO가 만들어지면 해럴드와 기업전략그룹은 EBO의 대리인이자 파트너로 행동한다. 스타트업에 투자하는 벤처투자가가 되는 것이다. 그들은 진척 상황을 점검하고, 전략을 수정하고, 실행하기 위해 적당한 사람을 뽑고 조정하도록 매달 EBO 리더들과 만난다. 또한 자신들의 자금이 보호되고 있고 적절한 곳에 사용되는지 확인한다. 하지만 해럴드는 "회사에서 이 벤처를 운영하는 것이 아니다. 벤처는 비즈니스 유닛에 속해 있다. … 우리는 경영자들과 함께 무엇이 제대로 진행되거나 되지 않는지, 다음 번에 어떤 노력을 해야 할지를 파악한다"라고 지적했다. 해럴드는 EBO의 성공에는 매우 중요한 6가지 핵심 원칙이 있다고 보았다.

원칙 1: 고위 간부들의 적극적인 후원

IBM이 신규 비즈니스에 진출하지 못하는 이유를 연구하면서 전략 그룹이 얻은 교훈은 새로운 벤처에 경영진이 관심을 갖지 않았다는 점이다. 물론 고위 간부들은 현재의 수익과 성장을 제공하는 대규모 비즈니스, 특히 위협을 받고 있을 때 그런 비즈니스에 몰두하고 있는 경우가 많다. 하지만 경영진의 지원 없이는 새로운 벤처는 간과되고 필요한 자원을 얻지 못하게 되기 쉽다. 이 문제를 해결하기 위해 모든 EBO는 해럴드가 전략 그룹을 이끌며 해당 비즈니스 라인의 부사장이 적극적으로 지원하고 재무 조직이 적극적으로 관여하도록 했다. 브루스는 EBO의 리더, EBO가 보고하는 비즈니스 유닛의 책임자와 매달 회의를 가졌다. 해럴드와 직원들의 회의는 2시간에서 4시간 정도 지속되었는데, 목표 단계를 점검하고 전략과 조직의 조정을 명료하게 만들고 새로운 벤처를 시작할 때 필요한 지원을 하기 위해서였다. EBO 리더의 입장에서 볼 때 이런 잦은 회의는 든든한 뿌리와 같았고, 적극적인 경영진의 관리와 지원을 보장해주는 방법이었다.

원칙 2: 팀에 적합한 리더십

과거에 IBM은 새로운 성장 계획을 위한 리더를 고를 때 프로젝트 매니저로 젊고 경험이 적은 사람을 선택하는 경향이 있었다. 젊은 리더가 'IBM 방식'에 덜 물들어 있어 새로운 방식을 시도할 확률이 높다는 논리였다. 하지만 젊은 리더들은 종종 실패했다. 이를 통해 회사는 젊은 매니저에게는 큰 회사 내에서 신생 비즈니스를 육성하는 데 필요한 네트워크와 신뢰가 부족하다는 사실을 알게 되었다. 해럴드는 "우리는 이런 프로젝트에 가장 똑똑한 사람들을 투입하지 않는다"라고 말했다. 현재는 오히려 그와 반대되는 방식을 택하고 있다. "우리는 큰 비즈니스를 만들고 그 과정에서 많은 것을 배운 사람, IBM을 잘 이해하고 있고 무엇을 바꾸고 무엇을 테스트해야 하는지 알고 있는 경험 많은 사람을 선택한다." 하지만 신규 비즈니스를 운영하는 것은 성숙한 비즈니스를 운영하는 것과 매우 다르기 때문에 새로운 리더는 새로운 기회에 맞는 능력을 갖추도록 선택되고 훈련되어야 한다(표 5-1 참고). 해럴드는 "성숙한 비즈니스에서 리더는 모든 것을 통제하는 것이 중요하다. 리더들은 상당히 경직되어 있다. 그들을 새로운 비즈니스 영역으로 데려오는 것이 우스운 일일 수도 있다. … EBO에 대해서 모르는 것이 많기 때문에 찾고 배우고 적응해야 한다"라고 말했다. 성숙한 비즈니스에서와 달리 EBO에서의 도전은 세력과 직원을 빠르게 확대하는 것이 아니라 명료한 전략을 얻는 것이다.

2000년에 로드 앳킨스Rod Adkins는 3만 5천 명의 직원을 거느리고 40억 달러의 매출을 올리는 유닉스Unix 비즈니스를 운영하고 성장시킨 IBM의 스타였다. 수익이 전혀 없는 새로운 퍼베이시브 컴퓨팅 EBO를 운영하는 임무를 맡았을 때 그가 맨 처음 든 생각은 자신이 해고되었다는 것이었다. CEO인 샘 팔미사노Sam Palmisano(거스너의 후임으로 2003년부터 2012년까지 재임)가 그 계획이 얼마나 중요하고 왜 앳킨스의 능력이 필요한지를 설명하고 난 후에야 그는 회사의 미래에 그 비즈니스가 얼마나 중요한지 이해하게 되었다.[9] 시간이 흘러 회사 내부에서 EBO 노력의 성공은 EBO를 운영하는 일을 가치 있는 일로 만들었고 많은 사람들이 EBO에 지원하게 되었다.

|표 5-1| EBO 리더십 트레이닝

- 관련 경험과 프로젝트에 관한 포트폴리오를 관리한다.
- 올바른 방향을 갖는 활동에 착수한다.
- 내부 · 외부에서 주요 소통의 역할을 한다.
- 분명한 비전을 세우고 소통한다.
- 조언을 위해 확장된 팀을 만든다.
- 현재는 시장의 요구를 인식하지 못하고 있는 미래의 가능성을 생각하기 위해 서로 반대되는 요소 간에 균형을 잡는다.
  - 시장과 기술에 대한 정교함을 개선시킨다.
  - 아직 수익을 내지 못하는 프로젝트에 관심을 유지한다.
  - 언제 아이디어를 계속해나갈지 중단할지 인식한다.
  - 조직 내 정치를 이해한다.
  - 계열사의 리더십 스타일을 받아들인다.
  - 선택된 직원을 이끌고 멘토링한다.
  - 고객의 비즈니스를 철저히 이해한다.

원칙 3: 조직 간의 조정

EBO 프로세스의 분명한 목표는 회사의 비즈니스 기회를 만들고 본사의 자산과 역량을 활용하는 것이기 때문에 각 비즈니스 라인은 단기적 이익에 해가 될 때도 필수적인 지원을 제공하도록 주의를 기울여야 한다. 예를 들어 EBO를 시작하던 초반에 고객 지원을 위한 컨설팅 팀이 필요하다는 사실을 알게 되었다. 하지만 그럴 경우 회사에 있던 컨설팅 그룹의 활용과 수익에 부정적인 영향을 미칠 수 있었다. 단기적 장애를 극복하기 위해 EBO 팀은 컨설팅 그룹이 실제로 직원을 채용하고 훈련시키는 동안 비용을 지원하기로 합의했다. 이를 통해 장기적으로 컨설턴트들이 컨설팅 그룹에 통합되지 않도록 적절한 시기에 컨설팅 팀을 만들 수 있었다.

원칙 4: 성급한 감축을 피하기 위한 감시

새로운 계획에 자금을 배분하는 것과 실제로 계획에 따라 쓰이는 것은 다르다. 성숙한 비즈니스는 경쟁에 내몰리게 되면 기존 비즈니스로 자금을 재분배한다. 예를 들어 앞에서 이야기한 휴렛팩커드는 수년간 휴대용 스캐너 비즈니스에 진출하기 위해 애썼지만 배분된 자금은 주로 기존의 평판 스캐너 비즈니스 쪽으로 흘러갔다.[10] 이런 경우를 방지하기 위해 IBM의 EBO는 비즈니스 라인을 통해 충분한 자금을 받도록 신중하게 감시해야 했다. 그리고 필요할 때는 본사로부터 추가 자원을 공급받을 수 있었다.

원칙 5: 신중한 이정표 수립

많은 기업들이 내부 벤처에 실패한 이유 중 하나는 신규 비즈니스가 오랫동안 지지부진하게 성공을 거두지 못했기 때문이다.[11] EBO 경험이 보여주는 핵심 교훈은 이정표를 신중하게 정하고 진행 상황을 감시해야 한다는 점이다. 비즈니스는 재무 체계가 아니라 이정표를 기준으로 평가된다. 이정표는 새로운 벤처가 성숙한 비즈니스 목표를 달성하기 위해 너무 이른 시기에 중단되지 않도록 도와준다. 이정표는 브루스 해럴드와의 월간 회의에서 검토되었다.

원칙 6: 빠른 시작, 빠른 중단

해럴드는 새로운 벤처를 시작하는 데 속도가 중요하다는 사실을 알고 있었다. 따라서 새로운 비즈니스는 목표 단계를 달성하지 못하거나 고객과 연결되지 못하면 중단되거나 다른 비즈니스로 바뀌었다. 이는 실험을 통해 시장에 빠르게 진출하고, 학습하고, 적절하게 적응하거나 그렇지 못하면 중단시키기 위해서였다.

유지: 3단계 비즈니스에서 2단계 비즈니스로의 이동

2003년, 처음 7개였던 EBO는 18개로 늘어났다. 해럴드는 매달 각 EBO와 비즈니스 유닛의 리더들과 회의를 했기 때문에 진행 중인 EBO를 관리하는 데 더 많은 시간을 할애해야 했다. 그는 자신이 EBO 프로세스의 병목점이 되고 있다고 생각했다. IBM이 EBO를 활용하려면 EBO가 성장하면 졸업시키고 회사 내에서 프로세스를 분산시켜야 했다. 그는 CEO 팔미사노의 격려로 EBO를 언제 성장 비즈니스로 졸업시키고 비즈니스 라인으로 흡수시켜야 할지에 대해 다음과 같은 기준을 만들었다.

- 강력한 리더십 팀
- 수익 공헌을 위한 분명한 전략
- 초기 시장 성공
- 검증된 고객 가치

EBO가 기준에 부합하면 기존 비즈니스에 의해 약화되지 않고 스스로 성공할 만큼 충분히 성장한 것으로 보았다. 2003년, 15개의 EBO가 졸업했다. 초기 EBO 중 하나였던 리눅스와 퍼베이시브 컴퓨팅은 이제 성장 비즈니스 유닛에서 핵심적인 역할을 맡게 되었다. 2000년~2006년 사이 25개의 EBO가 시작되었다. 그중 3개는 실패해서 중단되었지만 나머지 22개는 250억 달러 이상의 수익을 창출했다.

2007년 이후 EBO 프로세스가 분산되어 각 비즈니스 라인(예를 들어 소프트웨어나 하드웨어)은 자체적인 EBO를 개발했다. 이것은 역량을 새로운 영역으로 확장하고 비즈니스 모델의 규모를 정하는 데 이용되었다. EBO에는 센서와 액추에이터(전기 신호의 변화를 이용해 물리적인 상태를 바꿔주는 장치), 정보 기반 의료, 온디맨드 소매, 웹파운틴(구조화되지 않은 데이터를 분석하는 기술) 그리고 신규 시장을 위한 새로운 비즈니스 모델이 포함되었다. 해럴드는 EBO가 종종 기존 비즈니스를 잠식한다고 보았는데, 이런 이유 때문에 회사의 리더들이 밀어붙이지 않으면 어떤 EBO는 시작도 못하고 사장되었다. 이에 대해 IBM의 CEO였던 지니 로메티^{Ginni Rometty}는 "혁신하지 않으면 범용화된다"라고 말했고, 기존 비즈니스 모델에 위협이 되는 새로운 비즈니스는 더 큰 비즈니스에 의해 '지나치게 단순화되거나 자금 지원을 못 받게 된다'는 사실을 인정했다.

생명과학 EBO

1999년, 캐롤 코백^{Carol Kovac}은 IBM 리서치 조직에서 700명의 직원을 거느린 비즈니스를 운영하고 있었다. 2000년, 그녀는 직원 한 명을 데리고 새로운 생명과학 비즈니스를 시작해보라는 지시를 받았다. 시장 조사에 따르면 고성능 컴퓨팅 및 정보기술을 생명공학과 맞춤형 의료에 적용할 경우 상당한 과학적 기회와 시장 기회가 있을 것으로 여겨졌지만 IBM의 노력은 실패로 돌아갔다. 회사를 이 분야로 이동시켜야 한다고 주장했던 캐롤은 새로운 생명과학 EBO를 담당하라는 제안을 받았다.

캐롤은 이 기회가 대학과 정부, 제약회사, 병원에 있는 고객들이 화학과 생물학에서 발견되고 있는 새로운 기술에 대한 정보를 통합할 수 있도록 도울 것이라고 보았다. 기회가 상당히 컸기 때문에 해럴드는 어디서부터 시작해야 할지 파악하기가 어려웠다. 처음에는 6개 정도의 잠재적 기회에 목표를 두고 시작하려 했지만 결국은 2개에 초점을 맞추기로 결정했다. 해럴드는 "그렇게 하지 않으면 모든 것을 좇다가 결국 아무 것도 얻지 못할 것 같았다"라고 말했다. 성공하려면 IBM은 기존 제품을 판매하지 않고 고객들이 통합된 솔루션을 개발하도록 도와야 했다. 이를 위해서는 IBM의 세 주요 부서 간에 리더십 사고와 통합이 필요했다. 더욱 어려웠던 점은 각 부서 책임자들이 생명과학 비즈니스를 매출에 별 도움이 안 되고 시도해볼 만한 가치도 없는 것으로 여겼다는 점이다. 하지만 회사 전체의 입장에서 볼 때 새로운 시장은 3~4년 내에 10억 달러 이상 성장할 잠재력이 있어 보였다.

캐롤이 일을 시작한 2000년 4월부터 회사를 떠난 2006년 11월 사이에 생명과학 비즈니스는 수백 명의 박사들이 일하는 50억 달러의 비즈니스로 성장했다. 이 프로세스를 관리하면서 그녀는 몇 개의 초기 비즈니스를 졸업시키고 정보 기반 의료 분야에서 새로운 EBO를 만들었다. 이를 위해 그녀는 자신이 보고하던 비즈니스 라인과는 다른 사람과 시스템, 구조, 보상 체계, 문화를 가진 조직을 만들었다. 세 부서에서 EBO 프로세스에 필요한 지원을 해주었기 때문에 가능한 일이었다.

예를 들어 고성능 컴퓨팅 지원을 위해 서버 그룹의 도움이 필요했을 때 존 톰슨John Thompson이 승인해주었다. 개발자 관계를 담당하던 부서와 마찰이 생길 수 있는 새로운 파트너십을 맺을 때는 고위 간부들의 개입이 필요했다. 컨설팅과 영업 지원이 필요했을 때는 톰슨과 해럴드가 중재했다. 코백은 성숙한 비즈니스(1단계)의 단기 목표는 3단계 비즈니스의 목표와 맞는 경우가 거의 없다는 사실을 지적했다. 성숙한 비즈니스에서는 보통 3단계 비즈니스를 '보잘것없는 비즈니스'로 여기고, 그 사업에 참여해도 별다른 인센티브가 없다고 보았다. 더욱이 3단계 비즈니스는 실제로 성숙한 비즈니스에 위협이 되기도 했는데 특히 파괴적 기술과 비즈니스 모델을 탐험할 때 그랬다.

리더십이 겪게 되는 도전에 대해 코백은 "양손잡이 능력을 갖춘 리더의 핵심 역할 중 하나는 EBO를 보호하고 방해요소를 제거하는 것이다. 그룹을 보호해서 그들이 독립적으로 일할 수 있도록 해주어야 한다"라고 말했다. 또한 그녀는 시간이 지나면 통제와 내부적인 집중이 더욱 중요해진다고 보았다. 하지만 너무 빨리 졸업시키게 되면 성숙한 비즈니스로 평가하게 될 위험이 있었다. 코백은 "혼자서도 한 사람의 역할을 할 만큼 나이는 먹었지만 원하지 않는 규칙을 지켜야 하는 십 대가 되는 것과 같았다."라고 말했다. 근본적으로 균형 잡기가 필요한 일이었다.

1998년, 생명과학 분야에서의 기회를 인식했음에도 처음 몇 번의 시도는 실패로 돌아갔다. 비즈니스 라인에서 자금을 지원하지 않았고, 기업가적 리더십이 부족했으며, 성숙한 비즈니스에 도움이 되던 IBM의 프로세스와 체계는 새로운 벤처의 설립에 큰 방해 요인이 되었다. EBO를 개발한 후에야 이런 장벽을 제거할 수 있었다. 벤처가 성공하려면 명확한 전략적 의도와 자금 지원, 고위 경영진의 지원, 기업가적 리더십 그리고 정비된 조직이 필요했다.

고위 경영진의 지원이 없었거나 반대에 부닥쳤다면 많은 리더들이 사임하고 자신의 아이디어를 다른 곳으로 가져갔을지 모른다. 비슷한 문제들이 새로운 벤처를 회사로부터 고립되게 만들었다. 하지만 되돌아보면 이 방식은 본사의 역량과 자원을 활용하지 못하는 방식이다. 자원을 통합하고 공유하는 중요한 문제를 무시하고 기업가적 리더십을 본사에 불어넣는 데 실패한 것이다. 해럴드는 "우리는 새로운 벤처를 보호하는 것이 아니라 통합시키고 싶다. 벤처들은 비즈니스 유닛에 속해 있어야 하고 시장과 가까워야 한다. 우리의 성장 계획이 성공하려면 IBM의 전반적인 실행이 기업의 기본 구조가 되어야 한다"라고 말했다. 전략 그룹의 멤버이자 초창기 EBO 프로세스를 만든 사람 중 한 명인 마이크 기르시^{Mike Giersch}는 EBO가 "조직이 하지 못했던 것을 할 수 있게 해준다"라고 말했다.

후기

EBO 프로세스는 거스너가 성장 기회를 일상적으로 놓치는 회사에 불만을 가졌던 2000년에 시작되었다. 결과는 성공적이었지만, 2008년 당시 CEO였던 샘 팔미사노는 각각의 EBO가 충분히 빠르게 성장하지 못하고 있으며 미래 성장을 위한 실제 기회는 개별 비즈니스보다 클라우드 컴퓨팅 같은 플랫폼에 있다고 생각했다. 이런 분야에 회사의 노력을 집중하기 위해 그는 개별 EBO의 책임을 비즈니스 유닛에 맡겨 새로운 계획에 자금을 지원하는 책임을 지웠다. 예상대로 회사의 관심과 자금 지원을 받지 못한 새로운 비즈니스 계획은 성공과 실패가 뒤섞인 결과를 가져왔고 공식적인 회사의 EBO가 줄어들게 되었다. 또한 성숙한 비즈니스로부터의 압박은 단기적으로 새로운 계획의 중요성을 감소시켰고, 어려운 시기에는 새로운 계획을 중단하는 경우가 많았다.

플랫폼에서의 기회를 잡기 위해 팔미사노는 기존 EBO 중 일부를 '기업 계획'이라는 새로운 이름으로 통합했고 미래 성장을 주도하는 데 이용했다. 회사는 클라우드 컴퓨팅과 빅데이터 분석('왓슨'이라고 알려져 있다), 이동성 3개의 거대 플랫폼에 중점을 두었다. 이 중 클라우드와 빅데이터는 원래 EBO 계획에서 시작되었다. 플랫폼들이 장기적으로 성공할지는 확실하지 않았다. 월스트리트의 분석가들은 이 전략에 대해 서로 다른 의견을 갖고 있었지만 회사는 탐험과 활용을 계속해나갔다. 시도들이 성공한다면 10년 후 IBM은 다시 한번 변화할 수 있을 것이고, 오랫동안 잊혀졌던 EBO 프로세스는 변화의 물결에서 중요한 요소가 될 것이다.

제대로 할 뻔하기: 시스코의 자문위원회와 이사회

IBM과 마찬가지로 시스코도 혁신에 오랫동안 관심을 갖고 있었다. 수년 간 시스코는 스타트업 회사와의 합병(창립 후 130개 이상을 합병했다)에 초기 투자하는 영리한 프로세스에 의존했다. 새로운 기술에 대한 고객의 요구를 세심하게 파악하고, 정교한 통합 프로세스를 이용해 시스코는 연구 개발의 많은 부분을 아웃소싱을 통해 해결했고, 파괴적 혁신 개발의 경우 합병에 의존하고 있었다.[12]

2000년대 초반, CEO 존 챔버스John Chambers는 회사의 계층적 구조가 새 로운 시장으로의 빠른 이동을 불가능하게 만든다는 사실을 깨달았다. 당시 시스코는 약 250억 달러의 수입을 벌어들이고 있었지만 그중 80% 이상이

라우터와 스위치에서 나오고 있었다. 그 분야에서 시스코의 시장 점유율은 매우 높지만 매출 성장은 빠르지 못했다. 챔버스는 월스트리트에 회사가 연간 12~17% 성장할 것이라고 이야기했는데 이 성장률은 새로운 시장으로 진출했을 경우에만 가능하다는 사실을 알고 있었다.

2007년, 챔버스는 다보스 세계경제포럼에 참석해 그곳에서의 협력에 감명을 받고 자문위원회와 이사회라는 새로운 조직 구조를 만들었다. 지역과 기능을 넘어서 팀과 협력을 강조하는 다층적 조직 모델이었다. 그는 전통적인 부서를 없애고 상향식 혁신을 장려함으로써 시장에 더 빨리 신제품을 내놓을 수 있고, 중국이나 러시아 같은 신규 시장뿐 아니라 소비재(플립의 개인용 비디오 녹화기 등), 안전 및 보안, 헬스케어, 스포츠 엔터테인먼트, 클라우드 컴퓨팅 같은 다양한 분야에서 성장할 수 있을 것이라고 생각했다.

자문위원회와 이사회

2001년, 경기 침체기에 시스코의 시가총액은 18개월 만에 5,470억 달러에서 600억 달러로 줄었다. 챔버스는 시스코의 미래가 인터넷의 배관과도 같은 라우팅과 스위칭 시장을 넘어서 변화할 수 있는 능력에 달려 있다고 보았다.[13] 시장의 기대에 부응하는 것은 비즈니스가 매년 50억~100억 달러의 새로운 수익을 창출해야 함을 의미했다. 시스코는 새로운 비즈니스에 공격적으로 진출해야 했는데, 이는 회사가 융통성 없는 계층적 기능 구조에서 협력과 교차가 가능한 구조로 변화해야 함을 의미했다. 챔버스는 부서로 쪼개는 것이 인위적 장벽을 만들고, 불필요한 비용을 초래하며, 고객에게 복잡성을 증가시킨다고 여겼기 때문에 회사를 비즈니스 유닛으로 쪼개지 않고 구조를 변화시키고 싶어 했다. 그는 생산성을 위해서는 운영의 탁월성(규모의 경제, 글로벌 고객에 대한 접근, 브랜드)과 혁신(분산된 의사결정, 속도, 창조성, 고객과의 밀접함, 의욕적인 직원)이 모두 필요하다고 보았다. 하지만 조직의 구조를 바꾸지 않고는 혁신이 불가능하다고 생각했다."[14]

그의 해결책은 자문위원회와 이사회를 통한 교차 기능 위원회를 시행하는 것이었다. 이 그룹의 임무는 새로운 시장을 개척하는 일이었다. 12명으로 구성된 자문위원회는 향후 10년간 100억 달러에 이르게 될 시장을 담당했다. 50명으로 구성된 이사회는 5년의 성장 주기를 갖고 10억 달러의 시장을 책임졌다. 두 그룹은 관련 전문가로 구성된 실무 그룹의 지원을 받았고, 문제가 해결되면 필요에 따라 만들어지거나 해체되었다. 이러한 노력에 750명의 시스코 간부들이 참여했다.

9개의 상설 자문위원회는 새로운 벤처에 자금을 제공하는 운영위원회에 보고하고, 위원회 멤버들은 성장 목표 달성을 책임졌다. 각 위원회는 간부급 부사장과 상무이사(2명의 책임자), 각각의 기능을 책임질 기능별 매니저로 구성되었다. 어떤 멤버가 결정을 내리지 못하면 그 사람은 적임자가 아닌 것으로 간주해 결정을 내릴 수 있는 사람으로 대체되었다. 2명의 책임자가 의결권의 51%를 가졌다. 팀 내 협력을 위해 자문위원회와 이사회에 속한 간부들은 동료의 평가 70%, 기능별 성과 30%를 바탕으로 보상을 받았는데 실제로 이렇게 실행된 경우는 드물었다.

각 이사회는 대부분 규모가 10억 달러 정도 되어 새로운 고객이 될 수 있는 부문에서의 기회를 책임졌다. 위원회와 마찬가지로 이사회도 협력에 기반해 보상하는 교차 기능적 팀이었다. 신규 기술 부문 부사장이었던 데이비드 시에David Hsieh는 팀을 구성할 때 "우리는 리더만이 아니라 경영팀 전체를 생각한다. 시스코를 잘 아는 사람과 위험을 감수할 수 있고 전문성을 가진 외부 인사를 균형 있게 뽑고 싶다. 위험은 높고 데이터는 적은 상황에서도 결정을 내리고 변화를 두려워하지 않는 사람을 원한다. 여기서 핵심은 시스코의 영향력과 관계를 이용하는 것이다"라고 말했다. 운영팀 부사장이던 랜디 폰드Randy pond는 이런 프로세스가 제대로 작동하려면 새로운 팀이 주류 비즈니스와 분리되어 만들어지고 기존과는 다른 자금 지원과 체계를 사용해야 한다고 강조했다. 이를 통해 1천 개의 새로운 아이디어에서 20개의 새로운 벤처를 만들고 그중 15개를 성공시킨다는 목표를 가졌다.

IBM의 EBO와 마찬가지로 시스코는 새로운 비즈니스 기회를 찾는 프로세스를 아이디어 찾기로 시작했다. 회사 내부, 외부 인사들이 개입한 열린 혁신 프로세스를 통해 새로운 아이디어들이 나왔다. 여기에는 회사 내부의 아이디어를 받는 사내 웹사이트(아이존)와 시스코 외부의 사람들이 아이디어를 내는 콘테스트(아이프라이즈)가 포함되었다. 2007년, 시스코는 104개국의 2,500명으로부터 1,200개의 아이디어를 얻었다. 아이존에서는 300개 이상의 아이디어가 나왔다. 아이디어는 다음 5가지 기준으로 평가했다.

1. 통점(고객이 불만을 품는 점)을 실제로 해결하는가?
2. 충분히 큰 시장에서 관심을 끌 수 있는가?
3. 시기가 적절한가?
4. 이 아이디어를 추구한다면 잘 해낼 수 있을 것인가?
5. 장기적으로 기회 활용이 가능한가 아니면 빠르게 범용화될 것인가?

시스코는 잠재력이 큰 매니저들로 팀을 만들어 아이디어 평가에 참여시

컸다. 이 프로세스를 책임지던 귀도 주렛Guido Jouret은 성공적인 파괴는 새로운 기술과 비즈니스 모델을 필요로 한다는 사실에 주목했다.

"실제로는 비즈니스 모델 혁신인데 기술 혁신이라고 보는 사람들이 많다."

새로운 스타트업이 성공하려면 시스코가 아직 손대지 않은 비즈니스, 주렛의 말을 빌리자면 '팔만 뻗으면 닿을 거리에 있는' 비즈니스여야 했다.

아이디어를 결정하면 이사회는 새로운 기회(아이디어, 필터링, 배양, 착수, 가속화, 졸업 혹은 제거)를 평가하기 위해 일반적인 벤처 틀(내부 프로세스)을 이용했다. 우선 재무 상태와 시장 규모를 신중히 평가하고 실행을 결정하기 위해 VSEvision, strategy, execution(비전, 전략, 실행) 프로세스를 따랐다. 비전은 5년 후 성공한다면 어떤 모습일지(실제로 10억 달러의 기회가 될 것인가? 무엇을 성취할 것인가?)에 대한 합의를 얻는 과정이었다. 전략은 시스코가 2~3년 내에 다른 제품을 제공하려면(예를 들어 여러 세대에 걸쳐 제품과 서비스의 차별화를 유지하려면) 무엇이 필요한가에 초점을 맞췄다. 성공 확률을 높이기 위해 각각의 새로운 비즈니스는 하나의 시장이나 국가를 목표로 잡았다. 10점의 실행 조각execution piece은 향후 12~18개월 내에 달성해야 할 회계와 고용, 자원 배분, 시각표, 체계를 위한 프로젝트 계획으로 구성되었다. 이는 조정에 관련된 일이었고 대시보드를 이용해 얼마나 진행되었는지 신중하게 평가했다. 실무그룹이 특정 문제를 해결했고 고용과 시제품 제작, 가격 결정, 고객 확보, 타당성을 위한 엄격한 가이드라인으로 육성 프로세스를 따랐으며, 목표 단계에 이르면 졸업 후 주요 비즈니스로 통합시켰다.

자문위원회와 이사회 프로세스의 중요성에 대해 이야기하며 스스로 네 번 창업을 했던 시에는 이 노력을 통해 회사가 합병으로 얻은 기업가적 인재들 중 다수를 잡아둘 수 있었다고 이야기했다. 이 계획의 상당 부분을 책임지고 있던 마틴 드비어^{Marthin Debeer}는 어느 시점에든 12개의 신생 비즈니스를 육성하는 상황을 원했다. 그는 그런 비즈니스들이 회사 수준으로나 그 이상으로 회사의 매출총이익 성장률을 2배 높여줄 것으로 기대했다. "나는 성공의 핵심 요인 중 하나는 목표를 달성하지 못하는 프로젝트 아이디어를 빨리 제거하는 것이라고 생각한다." 텔레프레전스(고급 화상회의 제품)를 포함한 10개의 새로운 비즈니스 중에서 3개가 졸업했고 한 개가 제거되었다.

챔버스는 이 프로세스가 시스코의 비즈니스 방식에 변화를 가져올 것이라고 보았다. 그는 "우리가 얻은 가장 큰 이점은 고객과 주주 모두에게 도움이 되는 결정을 내리고 실행하도록 회사 전체의 기능별 전문가들이 자율권을 갖고 협력해 신속하게 일할 수 있는 구조를 갖게 되었다는 점이다. … 나 혼자 내려야 했던 많은 결정은 이제 한 단계, 두 단계, 세 단계 낮은 직책의 사람들이 맡게 되었다. 우리는 훨씬 빠르고 효율적으로 움직이게 되었고 더 좋은 결정을 하게 되었다. 우리는 아이디어를 키우지만 사람도 키운다"라고 말했다. 시스코의 방식과는 대조적으로 휴렛팩커드도 비슷한 화상회의 제품을 출시했지만 큰 성공을 거두지는 못했다. 내부의 스타트업으로 육성되지 않고 프린터 부서 내에서 별 진전을 보이지 못해 결국 새로운 비즈니스 육성에 필요한 관심을 받지 못했기 때문이다.

텔레프레전스

시스코가 어떻게 고급 화상회의 제품인 텔레프레전스를 만들게 되었는지 살펴보면 이 프로세스를 이해하는 데 도움이 될 것이다. 2005년, 비디오를 이용한 인터넷 트래픽이 2013년까지 10배로 증가할 것이라는 예측이 있었다. 전체 인터넷 트래픽보다 2배 빨랐기 때문에 큰 시장 기회로 여겨졌다. 텔레프레전스는 65인치 고화질 스크린을 넓은 공간에서 감지 가능한 마이크와 고객 비디오 프로세싱 기술, 네트워킹 장비에 결합시킨 것이다. 한 번 설치하면 사용하기 쉽고 회의 준비에 별 노력이 들지 않았다. 2005년, 2명의 엔지니어와 한 페이지 계획에서 시작된 텔레프레전스는 2억 달러 이상의 수익을 내는 비즈니스로 성장했다.

이 프로젝트는 시장 파괴가 어떤 모습일지에 대한 분명한 비전, 즉 새로운 비디오 통신의 모습을 보여준다는 비전에서 시작되었다. 2005년 12월, 그들은 프라이스Fry's와 홈디포에서 산 규격 부품으로 시제품을 만들었다. 스타트업의 열정을 유지하기 위해 신규 기술 그룹(이하 ETG)을 책임지고 있던 드비어는 프로젝트를 시스코의 관료주의적인 영업과 엔지니어링에서 분리시켰다.

2006년 10월에 출시된 텔레프레전스 그룹은 ETG를 졸업하고, 첨단기술 비즈니스 내에 개별 엔지니어링 그룹으로 운영되었다. 이 그룹은 9억 달러의 수익을 벌어들이며 화상회의 분야의 리더가 된 노르웨이 기업 탠드버그Tandberg를 32억 달러에 매입했다. 그들은 화상회의를 이메일처럼 만들려는 계획을 갖고 있었다. 시스코의 본사는 현재 700개의 텔레프레전스 회의실에서 매주 평균 5,500번의 회의를 하고 있다. 이를 통해 매년 출장 비용 2억 9천만 달러를 절감하는 것으로 추정된다.

다른 내부 벤처들과 마찬가지로 시스코의 프로세스도 완벽하지는 않았다. 일부 관찰자들은 자문위원회와 이사회에 사람이 너무 많아 '끊임없이 회의를 해야 하고 운영에 혼란이 생기고 책임을 떠넘기게 될 것'으로 보았다. 일부는 이 프로세스에 참여하는 간부들이 일이 너무 많아 지칠 가능성이 있다고 우려했다. 한 매니저는 3개의 위원회와 6개의 이사회, 5개의 실무 그룹에 속해 있었다. 2007년 프로세스가 시작된 이래 이 기간 동안 고위 간부 중 20%가 권한이 줄어든 것에 불만을 품고 회사를 떠났다. 하지만 챔버스는 이런 우려들에 대해 "나는 아직도 충분히 많은 일을 한꺼번에 하고 있다고 생각하지 않는다"라고 말했다.[15] 그는 자문위원회와 이사회에 참여하는 간부들을 750명에서 3천 명 이상으로 늘리고 싶어 했다.

리더십 사고와 기업 포지셔닝 간부였던 크리스 베버리지Chris Beveridge는 이 프로세스에서 배운 가장 큰 교훈이 무엇인지에 관한 질문을 받았을 때, 미래를 위한 대담한 비전의 중요성과 새로운 것을 시도하려는 회사의 의지, 한 가지에 초점을 맞춰 시작했을 때 얻는 혜택, 새로운 벤처를 빠르게 진화시키는 능력, 간결하고 빈번한 소통의 중요성, 열정의 힘을 꼽았다. 마틴 드비어는 "이는 우리의 가장 중요한 변화다. 많은 회사들이 200억 혹은 300억 달러에 머물고 있다. 하지만 우리는 이 모델로 시스코가 400억, 800억, 1,000억 달러의 회사로 변화할 것이라고 기대한다. 이런 변화를 겪지 않으면 우리는 계속 앞으로 나아가지 못할 것이다"라고 단호하게 말했다.

후기

2011년 4월, 몇 분기 동안 계속 실망스러운 실적을 낸 후 챔버스는 새로운 구조가 회사의 실행 능력에 손실을 초래했음을 인정했다. 그리고 자문위원회와 이사회 구조를 대대적으로 없애고 미래 성장을 위한 5개의 주요 영역에 중점을 두겠다고 발표했다. 챔버스는 "우리는 투자자들을 실망시키고 직원들을 혼란에 빠뜨렸다"라고 인정했다.[16] 혁신을 통해 내부 성장을 이끌던 시도는 의사 결정을 늦추고 책임 소재를 분명하게 만들지 못하고 관료주의를 부추기고 중요한 우선순위에 초점을 맞추지 못하는 결과를 가져왔다. 텔레프레전스 같은 일부 계획은 분명 성공했지만 전반적인 결과는 회사에 도움이 되지 않았다.

자문위원회와 이사회 프로세스는 왜 실패한 것일까? IBM과 마찬가지로 시스코도 내부 탐험을 위해 변화-선택-유지라는 진화생물학적 논리를 적용할 수 있었다. 두 프로세스는 새로운 아이디어를 창출하는 프로세스와 활용과 탐험을 분리시키는 구조, 새로운 시장과 기술을 탐험하기 위한 기존 자산의 활용, 일반적인 아이디어에서 엄격한 실행(VSE 프로세스)으로 이어지는 확실한 과정을 포함해 비슷한 점이 많았다. 이 둘의 차이는 실행에 있어서의 작은 차이인데 이 차이가 성공과 실패를 갈라놓았다.

IBM처럼 시스코 프로세스도 상부의 지시에서 시작되었다. 팔미사노와 챔버스는 이런 노력을 지원했다. 하지만 IBM의 EBO 프로세스는 새로운 벤처를 찾고 자금을 지원하고 개발하고 필요할 때는 제거하는 통제된 접근 방법을 강조한 반면, 시스코는 이런 엄격함이 부족했다. 새로운 비즈니스 아이디어를 찾아내고 심사하는 체계적인 프로세스는 갖고 있었지만 계획에 대한 강조와 감시가 부족했다. IBM에서는 새로운 벤처에서 일할 사람을 뽑을 때 신중을 기했고 회사 내에서 진행되는 연간 신규 벤처의 숫자를 제한했다(일 년에 3~4개, 최대 10~12개로 제한했다). 시스코에서는 경영진의 관심을 받고 자금을 지원받으려고 30~40개의 아이디어가 경쟁했다. 더욱이 챔버스가 새로운 벤처 창업을 지원한다는 사실이 알려지자 많은 사람들이 새로운 벤처에 가담하거나 자문위원회나 이사회에서 일하려고 몰려들었다. 벤처가 급증하자 행정적인 부담이 증가했고 의사결정이 느려졌다.

시스코에서 오랫동안 컨설턴트로 일한 제프리 무어Geoffrey Moore는 "모든 사람의 접시에 너무 많은 것이 담겨 있었기에 혼란스러웠다"라고 지적했다.[17]

EBO에 직원들이 파견된 IBM과는 달리 시스코의 참여자들은 대부분 시간제로 일했다. IBM에는 통제된 자금 지원 프로세스와 이정표 달성에 대한 신중한 모니터링이 있었지만, 시스코에서는 새로운 벤처가 비즈니스 라인 유닛에서 직접 자금을 끌어와야 했다. 이는 곧 집중력 부족을 초래했고 새로운 계획 중 대다수가 자금 부족에 시달렸다. 이를 극복하기 위해 새로운 벤처의 리더들은 아이디어가 챔버스의 눈에 띄어야 자금을 받을 수 있다고 생각하고 그의 관심을 끌려고 경쟁했다. 결국 확실한 관리 구조 부재와 자금 부족으로 인해 프로세스는 중단되었다.

결론

3장과 4장에서 살펴본 예들은 핵심 비즈니스 외에 새로운 비즈니스를 자극하려는 시도들을 보여준다. 몇몇 경우에는 회사 차원(IBM, 시스코, 플렉스트로닉스, 사이프레스)에서 시도했고 부서나 비즈니스 유닛 차원(다비타, 휴렛팩커드, USA투데이, 시바 비전)에서 성장을 도모한 경우도 있었다. 각각의 세부 사항은 다르겠지만 중요한 유사점들을 발견할 수 있다. 전 장에서 살펴본 예(아마존, 시어스, SAP)와 함께, 양손잡이 능력을 성공적으로 시행하기 위해 무엇이 필요한지에 대한 가이드라인을 제시해주고 있다는 것이다. 3부에서는 리더들이 조직에서 양손잡이 능력을 계획하고 시행하는 방법에 대해 살펴볼 것이다.

LEAD
AND
DISRUPT

3부

양손잡이 능력을 갖춰라

양손잡이가 되기 위해 필요한 것

경영자들이 생각하는 창조적 파괴는
조직 내에서 적용될 때 가장 효과적이다.
– 이안 데이비스(맥킨지 전 상무이사)

4장과 5장에서는 어떻게 리더들이 조직 내에 탐험 유닛을 만들어 유기적 성장을 도모하고, 활용 조직의 압박으로 인해 새로운 유닛이 중단되지 않도록 했는지에 대한 예들을 살펴보았다. 흥미롭긴 하지만 이런 예들은 각각 특정 산업에서 특정 시기에 특정 회사에서 특정 리더가 가졌던 독특한 점을 반영한다. 2005년에 IBM에서는 성공했던 방식이 2015년에 다비타에서나 현재 당신의 회사에서는 성공하지 못할 수 있다. 그렇다면 다음과 같은 의문이 생긴다. "다른 조직에서도 양손잡이 능력을 갖출 수 있게 만들어주는 공통점은 무엇인가?" 이 장에서는 성공적인 양손잡이 능력을 갖추기 위해 필요한 요소를 파악하고 가이드라인을 제시해 경영자들이 실제 상황에 적용할 수 있도록 도우려 한다. 양손잡이 능력을 갖춘 조직을 계획하려면 무엇이 필요한가라는 질문에 집중할 것이다.

양손잡이 능력을 펼칠 때 리더들이 고려해야 할 요소는 무엇인가? 무엇을 피해야 하는가? 7장에서는 리더들이 이를 시행하고 조직을 변화시키는 방법을 살펴볼 것이다. 리더들은 어떻게 해야 가장 효과적으로 양손잡이 능력을 사용하고 필요한 변화를 이끌어낼 수 있을까? 무엇을 피해야 하는가? 8장에서는 무엇을 어떻게 해야 하는지 살펴보고 양손잡이 능력이 조직을 어떻게 변화시키는지 알아볼 것이다.

성공적인 양손잡이가 되기 위한 요소들

4~5장에서 살펴본 양손잡이의 성공 사례를 통해 그들의 공통점이 무엇인지 생각해보자. IBM의 브루스 해럴드와 USA투데이의 톰 컬리, 시바 비전의 글렌 브래들리는 무엇을 했는가? 그들의 노력은 SAP나 시스코 같은 실패 사례와 어떻게 다른가? 그들이 양손잡이 조직을 계획할 때 했던 노력과 리더십과 변화를 위해 택했던 방법에서 분명한 유사점을 찾아볼 수 있다.

성공적인 양손잡이 능력에는 공통적인 4가지 요소가 있다. 이 요소들은 상황에 관계 없이 성공에 필요하며, 모든 경영자들이 혁신을 위해 양손잡이 능력을 활용할 때 고려해야 할 점이다. 우리는 이것이 필요하지만 충분하지는 않은 요소, 그래서 없으면 양손잡이 능력을 얻지 못하게 되는 요소라고 본다. 4가지 요소를 중요도에 따라 다음과 같이 나열해보았다.

1. 탐험 유닛이 경쟁력을 높이기 위해 이용할 수 있는 조직의 자산과 역량을 확실히 파악하고 활용과 탐험에 필요한 것을 정당화하는 전략적 의도

2. 새로운 벤처를 육성하고 자금을 지원하며 벤처를 없애려는 사람들로
    부터 보호할 수 있는 고위 경영진의 헌신과 감시
3. 새로운 벤처가 자체적인 구조 조정을 하도록 돕는 충분한 분리, 성숙
    한 비즈니스로부터의 중요한 자산과 역량을 활용하는 데 필요한 조직
    의 연결, 탐험 유닛을 조직에서 분리하거나 조직에 다시 통합할 시기
    를 결정하는 확실한 기준
4. 모두가 같은 팀이라는 생각을 갖도록 해줄 탐험 유닛과 활용 유닛의
    공통 비전과 가치 그리고 문화

이 요소들은 성공적인 양손잡이 능력을 갖춘 조직을 계획하는 데 반드시
필요하다. 실패한 노력에는 이 요소들 중 한두 개가 빠져 있다. 이 요소들
이 왜 중요한지 살펴보자.

전략적 의도: 조직의 자산과 역량

탐험과 활용을 동시에 하는 것이 어렵다는 사실을 고려하면 왜 조직은
2가지를 한꺼번에 하려는 것일까? 양손잡이 능력이 특별히 중요한 어떤 조
건이 있는 것인가? 양손잡이는 본래 비효율적이다. 아이디어를 추구하지만
대부분이 성과를 거두지 못하는 것을 의미한다. 단기적으로는 더 높은 금
전적 보상을 가져올 일에 쓰일 자원과 사람을 다른 곳에 사용하는 것이기
때문이다. 높은 직급의 경영자들이 설득력 있는 이유를 제공하지 않는다면
단기적인 압박으로 탐험적인 노력은 약화될 것이다.

이 선택을 바라보는 한 가지 방법은 회사의 전략적 중요성이라는 면과 새로운 비즈니스(예를 들어 영업 채널이나 제조, 공동의 기술 플랫폼, 브랜드)가 경쟁력을 갖도록 기존 회사의 자산을 활용하는 면에서 생각해보는 것이다.[1] 그림 6-1에 나온 사분면을 살펴보자.

기업은 간혹 핵심 사업 이외의 영역으로 이동해 기회를 개발하거나 찾는다. 그런 영역은 전략적으로 중요하거나 중요하지 않을 수 있고 그들의 영업과 관련이 있거나 없을 수 있다. 때때로 이는 핵심 시장에서의 성장 기회가 둔화되었기 때문에 나타나는데, SAP와 SAP의 전사적자원관리 비즈니스의 성숙, 월마트가 거대 상점의 쇠퇴에서 성장 기회를 찾은 것이 그 예다. 비슷한 예로 인텔은 개인용 컴퓨터에 들어가는 칩 수요가 감소하자 어려움을 겪었고, 종이신문은 인터넷신문의 발달로 어려움을 겪었다. 회사들은 기존 시장을 넘어 더 넓게 적용될 수 있는 새로운 기술을 개발하기도 하는데 아마존이 클라우드 컴퓨팅으로 이동하거나 후지필름이 화장품이나 제약시장으로 자신들의 정밀화학 역량을 적용했던 것이 그 사례다. 넷플릭스의 비디오 스트리밍이나 월마트의 작은 규모의 상점에서 볼 수 있듯이 리더들은 기존 시장 밖에서 더 큰 기회를 찾기도 한다. 하지만 모든 기회가 좋기만 한 것은 아니고 좋은 아이디어도 힘을 발휘하지 못하는 경우가 있다. 리더들은 양손잡이 능력을 가치 있게 사용할지 언제, 어떻게 결정할 수 있을까? 그림 6-1에 나온 사분면 논리가 답을 찾는 데 도움이 될 것이다.

1사분면: 전략적으로 중요하지 않고 운영에도 관련이 없다.

새로운 기회가 전략적으로 중요하지 않고(회사의 기존 전략과 맞지 않을

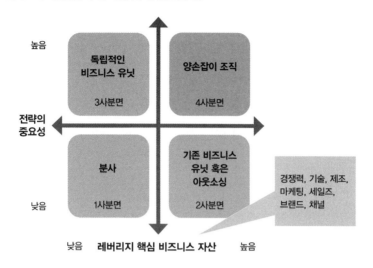

|그림 6-1| 양손잡이 능력은 언제 필요한가?

높음

독립적인
비즈니스 유닛

3사분면

양손잡이 조직

4사분면

전략의
중요성

분사

1사분면

기존 비즈니스
유닛 혹은
아웃소싱

2사분면

경쟁력, 기술, 제조,
마케팅, 세일즈,
브랜드, 채널

낮음

낮음   레버리지 핵심 비즈니스 자산   높음

때), 회사의 기존 자원과 역량도 도움이 되지 않을 때는 기회가 존재하더라도 기회를 추구할 설득력 있는 이유를 찾을 수 없다. 이런 상황에서는 기회를 큰 조직 내에서 분리시키거나 일반인에게 제공하는 것을 추천한다. 예를 들어 콘택트렌즈 제조업체인 시바 비전은 시력을 떨어지게 만드는 안질환의 치료제를 개발했다. 하지만 이 제품은 다른 채널(검안사가 아닌 안과의사)을 통해 팔리고, 다른 법적 승인을 받아야 하고, 다른 기술이 필요하고(응용 물질이 아닌 화학) 다른 제조 과정이 필요했기 때문에 회사는 이 제품을 본사에서 분리시켜 성공적인 제품으로 만들었다. IBM의 EBO와 사이프레스 반도체의 기업가적 프로세스에서 얻은 비즈니스 아이디어 중 일부는 성공할 것처럼 보였지만 전략적으로 중요하지 않았고, 기존 회사의 역량을 적절히 활용하지 못했기 때문에 벤처 투자가나 다른 구매자에게 넘어가게 되었다.

2사분면: 운영에는 관련이 있지만 전략적으로 중요하지 않다.

새로운 기회가 회사의 현재 역량을 활용할 수 있으나 전략적으로 중요하지 않은 경우다. 이런 상황에서는 회사에 가져올 가치에 따라 아이디어를 내부에서 사용하거나 외부에 위탁할 수 있다. 예를 들어 개인용 컴퓨터나 스마트폰 제조업체는 결함이 있는 제품을 수리할 능력이 있다. 이는 일부 고객에게는 중요하겠지만 장기적인 비즈니스 성공에는 전략적으로 중요하지 않기 때문에 마진이 낮은 제품 수리는 보통 위탁한다. 인사부나 IT부서 같은 회사 내부의 기능 부서는 영업상으로는 관련이 있지만 전략적으로는 중요하지 않아 보인다. 이럴 때는 부서의 임무를 계속 내부에 두거나 아웃소싱하거나 파트너에게 맡길 수 있다. 이때 회사의 자산을 더 생산적으로 사용할 수 있는지 고려해야 한다.

3사분면: 전략적으로 중요하지만 현재 자산과 역량을 이용할 수 없다.

이런 경우 가장 좋은 선택은 새로운 비즈니스를 독립된 비즈니스 유닛으로 운영하는 것이다. 주로 하나의 기술이나 프로세스가 다른 기술이나 프로세스를 대체하게 된 제품의 경우가 그렇다. 예를 들어 1970년대 스위스 회사 메틀러-톨레도Mettler-Toledo는 과학 측정에 사용되는 기계식 저울의 선두주자였다. 그러나 전자 저울이 등장하면서 기계식 저울을 대체하기 시작했다. 변화에 적응하기 위해 회사는 전자 저울에 대한 고객의 수요가 증가해 기계식 저울을 포기해도 될 때까지 2개의 독립적인 제조 프로세스를 운영하기로 했다. 두 비즈니스는 서로 다른 경쟁력과 제조 과정을 갖고 있었고 독립적인 유닛으로 운영되었다. 단지 두 제품 모두 같은 영업 직원들이 판매한다는 점이 공통점이었다.

바이어스 플라이 타이어가 레이디얼 타이어로 바뀌었을 때도 비슷한 예를 찾아볼 수 있다. 넷플릭스가 DVD 우편 대여에서 비디오 스트리밍으로 진화했을 때 리드 헤이스팅스는 두 비즈니스가 매우 다르기 때문에 독립적으로 운영되어야 한다고 결정했다. 그는 2014년 말에 대여 비즈니스를 퀵스터Qwikster로 따로 분리한다고 발표했다. 이는 운영면에서 보면 이해할 수 있는 선택이었지만 넷플릭스는 고객들의 저항에 물러서야 했다. 여기서 우리는 새로운 기회가 기존 역량을 어느 정도까지 이용할 수 있는지와 기존 사고방식에 방해받지 않는 완전히 분리된 조직이 필요한가에 대한 의문을 갖게 된다.

4사분면: 전략적으로 중요하고 핵심 역량을 이용할 수 있다.

새로운 기회가 전략적으로 중요하고 회사의 기존 자산과 운영 역량을 이용할 수 있다면 어떻게 될까? 이는 양손잡이 능력을 갖추기 위한 계획에 가장 필요한 전략적 조건이다. 이런 상황에서는 탐험 유닛을 분리하는 것이 미래를 희생시키거나 적어도 사용할 수 있는 자원을 사용하지 못하는 비효율을 초래한다. 이는 월마트가 2000년에 닷컴 비즈니스를 분사시켰을 때 얻었던 교훈으로, 조직이 실험과 탐험을 위해 시장의 변화-선택-유지 과정을 내부에서 할 때 발생한다. 작은 회사들이 하나의 실험에 성공과 실패를 거는 것과 달리 대기업은 실패가 기업 전체를 위험에 빠트리지 않고 오히려 교훈을 얻게 해준다. 아마존의 예에서 보았듯 이런 실험 중 일부는 클라우드 컴퓨팅 같은 중요한 비즈니스로 발전할 수 있지만, 일부는 규모의 경제를 얻지 못하고 중단되거나 기존 비즈니스로 재흡수된다.

IBM의 브루스 해럴드가 지적했듯 그림 6-1의 논리에 기반한 결정은 기술적 업그레이드가 아니라 새로운 비즈니스를 만드는 것이라는 사실에 주목해야 한다. 새로운 시장에서 경쟁력을 갖기 위해서는 조정에 바탕을 두고 기존 자산과 역량을 이용하는 전략적 결정을 내려야 한다. 단순히 기존 제품이나 서비스를 확장하거나 관련 없는 분야로 제품의 다양화를 하는 것이 아니다. 혹은 단순히 새로운 기술을 개발하는 것도 아니다. 볼 코퍼레이션은 성장을 도모하기 위해 우주항공 시장에 뛰어들었지만 금속과 유리 인터페이스에 대한 전문성이 있었기에 경쟁 우위를 가질 수 있었다. 후지필름이 헬스케어 산업에 뛰어든 것도 경쟁력 있는 계면화학 분야의 전문성을 활용할 수 있었기 때문이었다.

잠재적인 3단계 비즈니스를 찾으려면 새로운 기회를 발견하고 그 기회의 실행 가능성과 적합성을 심사하고 실험을 통해 규모를 조정하거나 제거하는 반복 가능한 프로세스가 필요하다. 이를 위해 IBM과 시스코, 사이프레스, 아날로그 디바이스Analog Devices, 코닝Corning 같은 회사들은 프로세스를 개발했다.예를 들어 IBM은 리더들에게 다음과 같은 6가지 핵심 질문에 대한 답을 찾아 새로운 비즈니스 전망을 예측하도록 했다.

1. 어떻게 경쟁할 것인가? 경쟁력의 근거는 무엇인가?
2. 어떤 고객층을 대상으로 할 것인가?
3. 우리의 가치 제안은 무엇인가? 왜 고객이 우리 제품과 서비스를 선택해야 하는가?

4. 어떻게 돈을 벌 것인가? 수익은 어디에서 나오는가?

5. 내부적으로 무엇을 할 것인가? 어떤 활동을 아웃소싱할 것인가?

6. 장기적으로 수익성을 어떻게 유지할 것인가? 경쟁 우위를 유지할 수 있을 것인가?

시스코도 새로운 비즈니스를 시작할 때 아이디어를 심사하기 위해 비전과 전략, 실행VSE을 강조하는 비슷한 프로세스를 개발했다. 새로운 내부 벤처의 리더들은 다음과 같은 질문에 답해야 했다.

비전

1. 진출하게 될 시장의 규모는 얼마인가(10억 달러 이상인가)?

2. 고객 가치 제안은 무엇인가?

전략

1. 시스코의 지속 가능한 차별점은 무엇인가?

2. 잠재적인 등대 고객(얼리어답터)은 누구인가?

3. 솔루션의 로드맵은 무엇인가?

4. 비즈니스 모델은 무엇인가?

5. 비즈니스의 간부급 리더는 누구인가?

6. 비즈니스에 필요한 자금은 어떻게 지원할 것인가?

실행

1. 영업팀이 존재하고 헌신적인가?

2. 등대 고객을 지원할 프로세스가 있는가?

3. 5년간 손익 계획은 어떻게 되는가?

다른 기업들도 비슷한 프로세스를 개발했다. 예를 들어 아날로그 디바이스는 아이디어 제안에서 실행 가능성(시제품), 초기 자금 지원(6개월에서 12개월), 시리즈 A와 시리즈 B 자금 조달 단계(최소의 실행 가능한 제품, 적합한 성장 계획)로 이어지는 다섯 단계의 프로세스를 개발했다. 목표는 1억 달러의 비즈니스를 창출하는 것이었다. 4장에서 보았듯 사이프레스 반도체도 4억 달러 비즈니스로 성장한다는 목표를 갖고 한 페이지 비즈니스 계획을 포함한 벤처 펀딩 모델을 사용했다. 코닝은 새로운 비즈니스 기회를 찾고 5년 내에 5억 달러의 수익을 창출할 성장 계획을 발굴하기 위해 분리된 조직을 만들었다. 코닝의 리더들은 단계별 프로세스를 사용하고 7가지 질문을 바탕으로 새로운 프로젝트를 심사하는 '혁신 방안'이라는 프로세스를 개발했다.[2]

특정한 신제품을 만들기 위해 집중적인 프로세스를 개발한 기업도 있었다. 실패한 자문위원회와 이사회를 시도하기 이전에 시스코는 기존 기술을 사용해 새로운 제품과 비즈니스를 개발하는 스핀아웃/스핀인 프로세스를 갖고 있었다. 이 프로세스로 리더들은 관련 기술을 이용할 수 있는 큰 시장 기회(100억 달러)를 찾아냈다. 그들은 회사 내부의 엔지니어들을 신제품을 개발하는 독립된 회사로 분리시키고(스핀아웃), 시장과 기술에서 이정표를 달성하면 다시 회사로 복귀시키기로(스핀인) 합의했다. 그들은 기존 조직 내에서 신제품을 개발하면 심각한 내부 저항이 예상될 때 이 방법을 사용했다.

인텔도 신규 비즈니스 계획(New Business Initiatives)이라는 비슷한 프로세스를 통해 주류 제품라인에 포함되지 않는 새로운 제품에 자금을 지원하고 운영할 수 있었다. 이런 벤처들은 주로 인텔의 제조공장이 충분히 돌아가도록 유지하는 데 도움이 될 새로운 제품을 만들기 위해 고안되었다. 성공적인 벤처는 기존 제품라인으로 통합되거나 분리되었다.[3] 소니도 비슷한 프로세스를 시작했는데 이 프로세스는 새로운 제품 아이디어를 가진 엔지니어들을 미국 내의 새로운 벤처 주식회사로 분리시켰다. 그들은 실리콘 밸리에서 일했지만, 시제품을 개발하거나 제품을 시장에 판매하기 위해 본사에서 자원을 제공받았다.

세부 사항은 달랐지만 이런 노력은 모두 체계적이고 반복 가능한 방식으로 새로운 비즈니스 기회를 찾고, 입증하며, 규모를 정하기 위해 고안되었다. 각 프로세스는 조직이 탐험과 3단계 노력을 포함하는 포트폴리오를 개발해야 할 필요성을 분명히 인정하고 있었다. 완벽하진 않았지만 모든 프로세스는 새로운 비즈니스의 성장을 이끌기 위해 회사의 기존 자산과 역량을 활용하는 데 집중했다. 이것은 분명한 전략적 의도와 경쟁우위를 얻기 위해 사용 가능한 자산과 역량이 무엇인지 깊이 이해하는 것에서 시작되었다. 흥미롭게도 13개의 비즈니스 유닛과 22개의 혁신에 대한 경험적 연구는 이 책에 설명된 양손잡이 형태가 성공적인 혁신 흐름을 촉진하는 데 있어 스핀아웃이나 교차 기능 팀보다 더 효과적임을 보여준다.[4]

고위 경영진의 헌신과 지원

양손잡이 능력의 시행을 위한 두 번째 핵심은 자금과 지원에 대한 고위 경영진의 중요성이다. 높은 직급의 리더가 적극적으로 개입하지 않으면 탐험적 제안은 방해나 위협, 자원을 낭비하는 것으로 보이고, 성숙한 비즈니스의 단기적인 필요를 위한 희생양이 된다. 안정적인 자금 지원이 없으면 그런 노력들은 결국 투자 부족을 겪게 된다. 그런 노력을 이끌던 한 리더는 동료들이 자신을 잠재적인 성장 비즈니스가 아니라 소중한 자원을 낭비하는 '싱크탱크think tank'로 보았다고 털어놓았다. 플렉스트로닉스의 CEO 마이크 맥나마라는 그의 적극적인 지원이 없었다면 활용 부문의 리더들이 새로운 벤처를 없애버렸을 것이라고 인정했다. 휴렛팩커드에서는 부서의 총괄 책임자인 필 파라시가 새로운 휴대용 스캐너 계획을 책임질 때까지 새로운 계획에 할당된 자금이 계속 성숙한 비즈니스로 흘러들어 가고 있었다. IBM의 브루스 해럴드는 높은 직급의 리더가 단순히 새로운 벤처를 평가하기만 하는 것이 아니라 벤처에 개입하고 올바르게 감시하고 주인 의식을 가져야 한다고 주장했다. 이런 역할에서 리더들은 성숙한 비즈니스의 관리자가 아니라 기업가로서 행동해야 했다.[5] 반대로 SAP에서 시도했던 비즈니스 바이디자인이 실패한 원인은 고위 경영진의 감시 부족으로, 낮은 직급의 리더들을 규모가 더 큰 비즈니스의 수요로부터 보호하지 못하는 상황을 초래했다. 시스코에서는 고위 경영진의 확실한 지원 결여와 안정적인 자금 부족이 챔버스의 관심을 끌려는 경쟁을 초래했고, 결국 많은 새로운 벤처가 살아남기 위해 필요한 지원과 관심을 받지 못하는 결과로 이어졌다.

성장 계획을 위해서는 고위 경영진의 지원이 필요할 뿐 아니라 그들이 활용과 탐험 어느 한쪽에 치우치지 않고 둘 모두가 중요하다고 합의해야 한다. 전략과 비전에 대한 경영진의 분명한 합의가 없으면 정보 교환이 잘 이루어지지 않고, 비생산적인 갈등이 많아지며, 외부 변화에 대응할 능력이 약화된다. 경영진으로부터의 혼란스러운 신호는 탐험과 활용 사이에서 균형을 잡아야 하는 매우 섬세한 일을 더욱 어렵게 만든다. 그러므로 경영진의 보상 시스템에 변화가 필요하다. IBM의 CEO였던 루 거스너는 통합된 비전을 위해 고위 경영진이 비즈니스 라인의 실적이나 재무체계가 아니라 회사 전반의 체계에 따라 보상받아야 한다고 말했다. 경영진이 비즈니스 전체가 아니라 비즈니스 라인의 실적에 따라 보상을 받으면 장기적인 협력보다 단기적이고 독립적인 결과에 집중할 가능성이 높아진다는 것이다. 회사가 설립된 1965년부터 2003년까지 아날로그 디바이스의 CEO를 맡았던 레이 스타타Ray Stata는 회사를 여러 번의 기술적 변화를 겪으며 이끌었고 탐험 유닛과 활용 유닛 내부의 인센티브를 정비할 필요는 있지만(일반적으로 탐험의 경우 이정표를 달성하거나 영업 성장을 이뤘을 때, 활용의 경우는 마진과 수익이 늘었을 때), 고위 경영진은 회사 전반의 실적에 따라 보상해야 한다고 강조했다.

　지속적인 반대가 있겠지만 리더는 양손잡이 형태에 방해가 되는 직원을 해고할 준비가 되어 있어야 한다. 예를 들어 USA투데이에서 자신의 네트워크 전략에 합의를 이끌어내기 위해 톰 컬리는 고위 매니저 7명 중 5명을 교체했다. 시바 비전의 글렌 브래들리는 자신의 계획에 따르도록 경영진의 60%를 갈아 치웠다. CEO로 임명되자마자 IBM의 경영진을 거의 전부 교체한 루 거스너는 집중을 위해 '공개 처형'을 중요하게 생각했다고 한다. 양손잡이 능력이 성공하려면 전략적 의도와 비전에 대한 가차 없는 커뮤니케이션이 필수적이다.

양손잡이 구조

　활용적 비즈니스의 성공을 위해 필요한 조정은 탐험에 필요한 조정과 매우 다르다. 스핀아웃과 반대되는 양손잡이 형태의 존재 이유는 비즈니스가 독립적으로 운영될 경우 사용할 수 없는 조직의 역량을 실험하고 활용하기 위해서다. 또한 기능별로 책임을 분산시키는 교차 기능 팀과는 달리 양손잡이는 구조는 더 큰 조직의 자원을 이용할 수 있는 기회와 집중을 가능하게 해준다. 하지만 이를 위해서 탐험 유닛은 자체적인 조정을 할 수 있어야 한다. IBM의 캐롤 코박은 다른 IBM 유닛과는 다른 조정을 통해 생명과학 비즈니스를 발전시킬 수 있었다. 플렉스트로닉스의 네이더 미카일은 엘리멘텀을 독립적으로 운영하지 않으면 인재를 끌어모으거나 성공에 필요한 문화를 만들지 못할 것이라고 단호하게 말했다. IBM과 시스코 모두 고위 경영진의 지원이 있었지만 시스코는 새로운 벤처가 분리되는 것을 그다지 탐탁지 않게 여겼고, 가끔은 분리된 직원이나 조직의 조정 없이 일시적으로 운영하고자 했다.

조직의 설계 대한 연구에 따르면 혁신 유닛의 구조적 분리는 성공적인 혁

|그림 6-2| **양손잡이 조직의 구조**

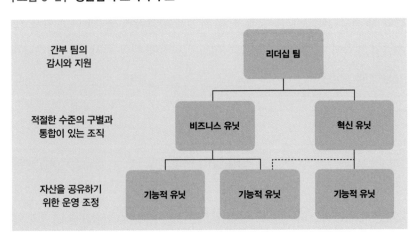

신 흐름의 핵심이다.[6] 하지만 구조적 분리가 필요하다 하더라도 이것이 양손잡이 능력의 충분 조건은 아니다. 탐험 유닛이 자체적인 조정을 하기 위해서는 독립성뿐만 아니라 본사의 자산과 역량에 접근할 수 있어야 한다. 따라서 탐험 유닛은 분리된 동시에 통합되어야 한다. 그림 6-2는 양손잡이 구조가 어떤 식으로 구성되는지를 보여준다.

　유닛의 구조적 분리는 단순해보이지만 탐험을 할 때 고위 간부들이 필수적인 통합을 이루어내지 못하거나 기존 비즈니스의 시스템과 사고방식을 새로운 비즈니스에 강요하는 경우가 빈번하게 일어난다. 그 결과 탐험 유닛은 충분한 자원을 받지 못하고 성숙한 비즈니스에 압도될 위험에 처할 수 있다. 예를 들어 탐험 유닛은 부담이 되는 과거 비즈니스(예를 들어 재무보고, IT 시스템, 인사 프로세스)의 요구를 따라야 할 수 있다. 기업의 직원들은 일반적으로 거래비용을 최소화하려고 하는데 이는 성숙한 비즈니스에서는 합리적인 노력이지만 탐험 비즈니스에서 필요한 것과는 상충될 수 있다.

　양손잡이 조직을 정당화하는 데 전략적 활용은 매우 중요하다. 성숙한 비즈니스의 강점을 효과적으로 활용하기 위해서는 새로운 요구와 기존 요구 사이의 인터페이스가 새로운 유닛이 압도당하거나 방해받지 않고 본사의 자산과 역량에 접근할 수 있는 방식으로 설계 및 운영되어야 한다. 예를 들어 IBM에서 EBO의 리더였던 브루스 해럴드는 진행 상황을 모니터링하고 목표 단계 달성 여부에 따라 자원 배분을 결정하고 성숙한 비즈니스에서 제대로 지원을 받지 못할 경우 매달 새로운 벤처 유닛과 회의를 가졌다. USA투데이에서는 기사를 신문과 온라인, 텔레비전으로 배분하기 위해 매일 편집회의를 했다. 사이프레스에서는 월간 스타트업 이사회 회의를 통해 본사의 자원이 적시에 이용될 수 있도록 했다. 새로운 비즈니스가 승인되고 규모를 조정하기 시작하면 본사는 적절하게 자원을 지원한다는 것이 핵심이었다. 그런 효과적인 방법이 없다면 시스코와 SAP의 경우와 같이 탐험 유닛은 어려움을 겪게 되고 성장 동력을 잃는다.

마지막으로 탐험 유닛이 고객과 조직으로부터 정당성을 입증받고 전략적 실행 가능성을 보여줄 만큼 충분히 커지면 기존 유닛으로 통합될 수 있다. 따라서 USA투데이에서 제프 웨버의 닷컴 유닛이 전략적 성공을 보여주고 기자들이 점차 닷컴을 위협이 아니라 기회로 인식하게 되면서 컬리는 닷컴 비즈니스 모델을 통합하고 회사의 구조를 통합된 뉴스 조직으로 만들 수 있었다. 마찬가지로 IBM에서도 캐롤 코박의 생명과학 EBO가 전략적으로 실행 가능하다는 것이 입증된 후 이 조직은 주류 비즈니스로 통합되었다.[7]

공동의 정체성: 비전, 가치, 그리고 문화

양손잡이 능력에 필요한 네 번째 요소는 탐험 비즈니스와 활용 비즈니스가 공유하는 정체성이다. 자원의 공유는 다양한 유닛이 공동의 목표를 추구하고 가치를 공유하고 있다고 생각하게 만든다. 협력의 필요성을 정당화하는 공동의 비전이 없으면 탐험 비즈니스와 활용 비즈니스는 각자를 방해물이나 위협으로 여기게 된다. 비전은 직원들이 탐험에 중요한 장기적 사고방식을 갖도록 돕는다. 이런 공통된 정체성이 없으면 각 유닛은 왜 협력해야 하는지 의문을 갖게 된다.

USA투데이에서 신문 기자들은 처음에 온라인 부문의 직원들을 위협적인 존재이고 진정한 기자가 아니라고 보았다. 온라인 부문 직원들은 신문 기자들을 고루하다고 여겼다. 그리고 이 둘은 텔레비전 뉴스 기자들을 농담이나 하는 사람들로 보았다. 그들이 협력해야 할 이유가 있었겠는가? 긴장을 완화하기 위해 컬리는 USA투데이의 미래가 "신문이 아닌 네트워크"라고 말했다. 신문의 핵심 가치인 공정성과 정확성, 신뢰가 새로운 조직의 가치가 되었다. 구체적인 문화의 기준은 각 유닛마다 달랐지만 공통된 가치를 갖고 있었다. 다비타 Rx의 비즈니스 모델은 신장 투석 비즈니스와 매우 달랐지만 본사의 미션과 가치(탁월한 서비스, 통합, 팀워크, 책임감, 지속적 개선, 임무 완수, 재미)는 탐험 벤처에도 적용되었다. 이는 조직 전체에 연대감을 주어 자원을 공유하게 만들었다. 문제는 탐험 유닛이 자체적인 조정을 하도록 충분한 거리를 두면서 동시에 운명 공동체라는 공동의 정체성을 갖도록 만드는 일이었다. 이것은 공동의 비전과 가치, 서로 다른 문화 사이에 균형을 잡는 섬세한 일이었다.

제프 베조스는 이런 균형을 잡는 능력이 뛰어났는데, 그는 한 인터뷰에서 큰 조직을 기업가적 방식으로 운영하는 데 있어 핵심이 무엇이냐는 질문을 받고 지체 없이 기업 문화의 중요성이라고 답했다. "아마존 정도 규모의 회사가 계속 개발하고 변화하고 새로운 것을 만들려면 실험을 즐기는 문화, 실패의 가능성이 있는 실험을 할 수 있는 문화가 필요하다. … 이것이 장기적으로 우리가 가려는 방향이다. 이번 분기에 모든 것을 끝내야 한다면 당연히 많은 실험을 할 수 없을 것이다."[8] 그는 끈질긴 고객 중심, 실험 의지, 검소함, 정치적 행동을 하지 않는 태도, 장기적 시각이 아마존의 공통된 문화 기준에 포함된다고 보았다. 이는 이질적인 유닛의 사람들을 하나의 조직으로 묶는 데 도움이 되었다. 하지만 특정 유닛에서는 크게 달라질 수 있었다. 아마존 고객주문 처리센터에서의 실험은 점진적 개선과 효율성을 높이기 위한 것이었지만, 랩126에서의 실험은 고객의 구매 경험을 개선하기 위한 새로운 하드웨어를 개발하기 위한 것이었다.

양손잡이 조직에서 성숙한 비즈니스와 새로운 비즈니스의 문화는 어느 정도 달라야 하지만, 비즈니스 전반을 아우르고 공동의 정체성을 제공할 공통의 가치와 기준도 필요하다. 역설적으로 보이겠지만 최근 연구들은 이를 달성하는 방법을 보여준다. 첨단 기업을 연구하는 연구자들은 적응에 중점을 둔 기업이 성장률과 토빈의 q(기업의 시장장부 가치), 직원 사기가 더 높았고, 주식 애널리스트에게 더 높은 평가를 받았으며, 〈포춘〉으로부터 더 혁신적이라는 평가를 받았다는 사실을 보여주었다.[9] 연구에 따르면 직원들이 유연하고 기회를 더 잘 이용하고 주도적이고 예측에 덜 집중할수록 회사의 실적이 좋아진다고 한다. 이는 성숙한 비즈니스에서의 적응이 탐험 비즈니스에서와는 매우 다르다는 것을 보여준다. 전자의 경우 점진적 개선을 추구하는 반면 후자의 경우는 도약에 중점을 둔다. 같은 가치를 갖는다는 것이 공동의 정체성을 부여하지만 그 가치를 표현하는 방식은 유닛마다 다를 수 있다.

조직 전반의 공통된 가치는 공동의 정체성을 부여해주는데 이는 무엇이 중요한가에 관한 공통된 믿음을 공유하는 것을 의미한다. 어떤 가치와 그에 따르는 태도는 전체 조직에서 공유될 수 있지만(통합, 동료 존중, 팀워크, 책임감), 다른 가치(주도, 고객 중심, 혁신, 위험 감수)에 필요한 구체적인 기준과 행동은 비즈니스에 요구되는 조정에 따라 달라질 수 있다. 양손잡이 능력이란 리더들이 이런 차이를 발전시키는 것이다. 다만 특정한 기준에 집착하다 보면 회사의 문화가 골칫거리가 될 수도 있다.

요약

 4가지 요소는 조직의 양손잡이 능력이 성공을 거두기 위해 필요한 조건을 요약해서 보여준다. 전략적 의도나 고위 경영진의 보호와 지원, 통합 목표를 가진 적절한 조직 구성, 공동의 조직 정체성이 없으면 양손잡이 능력을 성공적으로 활용하기 어렵다. 이 요소들은 활용에 무게를 둔 상황에서 탐험이 자리잡을 수 있게 해주는 상호 보완적 요소다.

 4가지 요소 중 어느 하나가 부족할 경우 양손잡이 능력이 초래할 결과를 생각해보자. 예를 들어 새로운 벤처가 경쟁력을 갖게 해줄 중요한 역량이 무엇인지 분명히 파악하지 못하면 기업은 상대적으로 이점이 거의 없는 사업이나 시장에 뛰어들기 쉽다(휴렛팩커드의 디지털 시계, 시스코의 셋톱박스 TV). 이전 연구는 관련 없는 다양화라고 불리는 노력이 주주나 회사에 가치를 창출하는 데 실패했음을 보여준다. 대기업은 작은 경쟁 업체에 비해 특별히 유리한 점이 없고 오히려 큰 규모 때문에 속도가 느려지는 불리함을 갖게 될 수 있다. 또한 양손잡이 능력을 추구하는 회사의 리더들이 탐험적 노력을 위한 설득력 있는 근거를 제시하지 못하면 회사 내의 직원들이 협조하지 않거나 탐험 벤처에 필요한 지원을 하지 않을 수 있다.

 CEO 같은 고위 간부의 확실한 헌신이나 감시가 없어도 양손잡이 능력이 실패하기 쉽다. 성숙한 비즈니스의 구조와 체계, 보상은 경영진의 태도를 결정짓는 중요한 요인이 되고, 관리자들은 대부분 단기 목표에 중점을 두게 되기 쉬운데 특히 회사가 성공을 거두고 있을 때 그런 경향이 생긴다. 리더의 개입이 없으면 '장기적으로 생각하라'는 권고는 지속 가능한 장기적 노력으로 이어지지 못한다. 조직 이론가 짐 마치가 지적했듯 탐험으로의 회기는 항상 단기적 보상에 비해 확실성이 떨어지고 멀게 느껴진다.[10] 양손잡이 유닛이 성공하려면 이런 압박을 상쇄할 수 있는 강력한 대응이 필요하다.

양손잡이 구조 없이 탐험적 비즈니스를 이끄는 것이 얼마나 어려울지 생각해보자. 휴렛팩커드에서 휴대용 비즈니스가 실패한 첫 번째 이유는 벤처의 차별성 부족이었다. SAP와 마찬가지로 기능별 조직 내부의 프로젝트 팀으로 양손잡이 능력을 시도한 것은 팀이 정치적, 문화적 저항에 부닥치게 만들었다. 양손잡이 조직의 설계에 관한 연구를 통해 우리는 양손잡이 능력을 갖추기 위해 교차 기능 팀을 이용하는 것이 성공적이지 않다는 사실을 알게 되었다.[11] 탐험 유닛이 분리되어 있을 때에만 필요한 조정을 할 수 있었다. 교차 기능 팀이나 프로젝트 팀은 이를 불가능하게 만들었다.

마지막으로 탐험 유닛과 활용 유닛에 공유되는 공동의 정체성이 없으면 어떤 일이 벌어질지 생각해보자. 탐험적 벤처는 관련이 없거나(방해되거나 중요하지 않은 것 또는 중요한 자원을 낭비하는 것) 위협(경쟁자)으로 여겨진다. 이런 시각은 협력을 방해하고 탐험적 비즈니스가 성공에 필요한 자산과 역량에 접근하지 못하게 만든다.

4가지 요소는 양손잡이 능력에 매우 중요하다. 이 요소들이 없으면 아무리 좋은 의도로 지원을 받아도 큰 조직의 타성이 탐험적 노력을 없앨 수 있다. 하지만 4가지 요소가 있다고 해서 성공이 보장되는 것은 아니다. 연구에 따르면 양손잡이 능력은 불확실성이 높거나(시장이나 기술이 변화할 때), 기업이 많은 자원을 갖고 있고, 경쟁이 치열할 때 더 유용하다. 또한 양손잡이 능력은 제조기업보다 기술기업에 더 중요하다는 증거도 있다. 마지막으로 기업들은 대부분 탐험에 적게 투자한다.[12] 7장과 8장에서는 성공적인 양손잡이 능력과 리더십 도전의 관련성을 살펴볼 것이다.

핵심축이 되는 리더와 팀

최고의 지성을 시험하는 방법은
2개의 상반되는 아이디어를 동시에 생각하면서
제대로 기능하는지를 보는 것이다.
– F. 스콧 피츠제럴드

우리는 감당하기 어려운 리더십 도전에 초점을 맞췄다. 성공한 많은 조직이 변화를 겪으면서 성공을 유지하지 못한다. 성공의 압제가 대부분의 기업을 과거의 인질로 잡고 있는 것처럼 보인다. 리더들은 혁신의 중요성을 이해하고 있지만 기존 역량을 활용하면서 새로운 영역을 탐험하는 일을 동시에 도전하지 못하는 것처럼 보인다. F. 스콧 피츠제럴드의 말처럼 아는 것과 행동하는 것은 다르다. 많은 조직(블록버스터, 코닥)이 변화 때문에 어려움을 겪었지만, 일부는(넷플릭스, 후지필름) 그렇지 않았다. 이런 어려움은 근본적으로 리더십의 문제이자 고위 경영진이 해결해야 할 도전 과제다. 해결책은 바로 리더십이다.

이 장에서는 조정과 혁신 흐름, 양손잡이 능력에 대해 좀 더 살펴볼 것이다. 6장에서는 성공적인 양손잡이가 되기 위해서 무엇이 필요한지를 집중적으로 살펴보고, 필수적인 4가지 구조적 요소들을 파악했다. 하지만 어떻게 해야 이런 요소를 갖출 수 있는지는 다루지 못했다. 이 장에서는 리더들이 탐험과 활용을 동시에 할 때 생기는 모순을 해결하는 방법을 살펴볼 것이다. 성공적인 리더와 팀 그리고 덜 성공적인 리더와 팀을 나누어 보고, 그들이 조직에서 양손잡이 능력을 장려하는 데 필요한 5가지 리더십 원칙을 제안할 것이다. 또한 양손잡이로서 이끄는 일이 쉽지 않기 때문에 오랜 기간 양손잡이 능력을 갖고 조직을 이끈 리더들의 방법도 살펴볼 것이다. 리더가 자신과 간부 팀을 변화시키는 데 실패하면 조직이 정체되거나 성공 증후군을 겪거나 팀을 대거 교체해야 한다.

우선 양손잡이 능력을 갖춘 조직을 시행하려고 노력했던 리더들의 사례를 살펴보자. 이런 노력 중 일부는 성공했고, 일부는 성공하지 못했다. 성공적인 양손잡이의 리더십 원칙은 다음과 같다.

1. 간부 팀이 감정적으로 설득력 있는 전략적 포부를 갖게 만든다.
2. 조직이 탐험과 활용을 하면서 생기는 긴장 사이에서 어떻게 균형 잡을 지 결정한다.
3. 간부 팀 내에서 생기는 긴장에 피하지 않고 맞선다.
4. '일관적이지 않은' 리더십 태도를 보인다.
5. 탐험 비즈니스와 활용 비즈니스에 관한 의사결정 연습을 논의하고 적 용해볼 시간을 갖는다.

조직에서 양손잡이 구조를 효과적으로 시행하지 못한 2명의 리더가 있다. 한 명은 크라우드소싱 미디어로 인해 어려움을 겪은 20억 달러 가치의 프랑스 광고회사 하바스^{Havas}의 CEO 데이비드 존스^{David Jones}이고, 다른 한 명은 나사^{NASA}의 생명과학 부서 경영자인 제프 데이비스^{Jeff Davis}다. 이들은 탐험과 활용의 중요성을 이해하고 있을 때도 리더들이 혁신 흐름을 받아들일 수 있는 조직을 만들 때 어떤 어려움에 직면하는지 보여준다. 이 외에 성공적으로 양손잡이 능력을 시행했거나(마이시스의 마이크 로리와 젠사르의 가네시 나타라얀) 오랜 시간 양손잡이 조직을 이끄는 법을 배운(브리티시 텔레콤의 벤 베르바옌) 리더들의 예도 살펴볼 것이다.

이를 통해 양손잡이 능력을 실행할 때 무엇이 필요한지 알아보고, 리더들이 양손잡이 능력을 시행하는 방식에 따라 성공과 실패가 어떻게 달라지는지 살펴본다.

어려움에 직면한 리더들

2013년 1월, 하바스는 세계에서 여섯 번째로 큰 광고 회사로 1만 5천 명의 전문가들이 일하고 있었다. 2011년부터 하바스의 글로벌 CEO를 맡고 있던 데이비드 존스는 창의적인 미디어 작업(기존 강점)과 크라우드소싱 기술(다가오는 파괴적 위협)을 결합시켜 하바스와 산업 전체를 변화시키겠다는 열망을 갖고 있었다. 존스는 WPP나 인터퍼블릭^{Interpublic}, 퍼블리시스^{Publicis} 같은 경쟁사들보다 상대적으로 규모는 작지만, 수익성을 유지하려면 하바스가 이런 혁명을 적극적으로 이끌어야 한다고 생각했다.

하바스의 기존 광고 비즈니스는 창의적인 인재를 고용해 그들에게 자율권을 주는 것을 토대로 했는데, 인재들은 고객의 문제를 확인하고 여러 개의 솔루션을 제공해 고객이 선택하도록 해주었다. 하바스는 캠페인을 만들고 출시했다. 이 프로세스의 핵심은 창의적인 인재와 고객의 관계였다. 2009년, 하바스의 이러한 광고 프로세스는 크라우드소싱을 기반으로 한 광고 에이전시 빅터스 앤드 스포일스V&S; Victors & Spoils(이하 V&S)에 도전을 받는다. V&S는 웹사이트를 통해 대중으로부터 창의적인 아이디어를 얻었고, 고객에게 (전반적인 광고 비용의 고정된 비율이 아니라) 실행한 일에 대해서만 비용을 받았다. V&S의 CEO 존 윈저John Winsor는 온디맨드 소싱을 통한 창의적 아이디어는 질을 떨어뜨리지 않고도 광고 비용을 크게 줄여줄 것이라고 생각했다. 또한 크라우드소싱 캠페인이 브랜드와 고객 간의 관계를 더욱 단단하게 만들어줄 것이라고 믿었다.

2012년, 회사를 변화시키겠다는 전략의 일환으로 하바스는 V&S(와 다른 세 개의 디지털 회사)를 인수했다. 윈저는 V&S의 CEO로 남았고, 하바스의 최고 혁신 책임자 역할도 맡게 되었다. 그는 변화의 선봉장이었다. 2013년 1월 파리에서 열렸던 회사 전체의 '더 빠른 변화Change Faster' 회의에서 존스는 하바스를 디지털 회사로 탈바꿈시키기 위한 성장 동력을 얻기 위해 고위 리더들과 만났다. 하지만 디지털 혁명과 윈저의 새로운 역할이라는 회의의 미사여구에도 불구하고 디지털에 대한 관심은 하바스의 창의적 커뮤니티 업적을 축하하는 데 쏟은 에너지에 비해 미약했다. 존스의 권고에도 불구하고 전 세계의 리더들은 전통적인 광고와 미디어, 자국의 의제에만 관심을 집중했다. 2013년, 결국 존스의 디지털 계획은 직간접적인 저항으로 인해 무산되었고, 그해 크리스마스에 그는 다른 기회를 찾아 하바스를 떠났다.[1]

존스는 하바스와 광고 산업을 변화시킬 멋진 전략을 갖고 있었다. 처음에 이사회는 그의 전략을 지지했다. 하지만 그는 변화의 노력을 위해 간부 팀이나 중간급 매니저들의 마음을 사로잡지 못했다. 오히려 크라우드소싱 콘텐츠의 실행을 각국 책임자들이나 윈저에게 맡겼다. 각국 책임자들은 새로운 비즈니스 모델에 흥미를 갖지 않았고 대부분 윈저의 존재를 무시했다. 존스는 간부 팀을 교체하거나 그들에게 변화의 책임을 지우지 않았다. 단순히 다른 사람에게 양손잡이 조직의 리더십을 위임하는 것으로는 충분하지 않았다. 현재 상황과 관련해 힘을 가진 기존의 사람들이 너무 많았기 때문이었다. 과거에 바탕을 두고 미래를 창조할 수 있는 적극적이고 개인적인 리더십이 필요했다.

나사의 생명과학 부서를 이끈 제프 데이비스도 비슷한 리더십 도전을 겪었다. 2007년에서 2011년 사이에 나사의 우주생명과학 부서장이던 데이비스는 비용을 크게 줄이면서도 우주생명과학 분야의 연구를 계속해 나갈 방법을 찾기 위해 나사의 동료들, 파트너 계약사들과 함께 협력하고 있었다. 데이비스는 1천 명의 과학자와 엔지니어의 기술이 크라우드소싱을 통한 아이디어와 솔루션을 보완할 수 있을 것이라고 확신했다. 그는 연구보다 개방형 혁신이 훨씬 효과적이라고 보았다.[2] 그래서 새로운 방법을 탐험할 별개의 연구소를 만드는 대신 이 방법을 전체 연구실에 도입하기로 결정했다. 이 프로젝트에는 과학자와 엔지니어들이 기술적 문제를 공유하고 약간의 상금을 위해(예를 들어 1만 달러) 나사의 도전 과제를 풀려고 하는 커뮤니티가 있는 웹사이트가 필요했다. 해결책의 대부분은 별 볼 일 없었지만 일부는 훌륭했다. 솔루션들은 몇 달 만에 나온 것들이었다.

오픈소스 문제해결의 영향력은 확실했다. 오픈소스 문제들은 성과를 높이고 비용을 낮추는 일과 연관되어 있었다.[3] 하지만 4년 동안 워크샵을 열고 교수의 강의를 듣고 데이터를 수집하고 파일럿 프로젝트를 진행하고 운영을 변화시키려고 노력했지만 데이비스는 과학자와 엔지니어 커뮤니티로부터 별다른 성과를 얻지 못했다. 실제로 개방형 혁신에 따른 성공을 정리하는 워크샵에서 데이비스와 간부 팀은 가장 유명한 과학자들과 외부 계약자들의 부정적인 반응을 보고 충격을 받았다.

데이비스와 그의 팀은 비용을 줄이는 동시에 연구의 영향력을 높여줄 강력한 연구 방법을 거절한 것에 크게 놀랐다. 하바스의 존스와 마찬가지로 데이터가 매우 확실하고 설득력이 있었기 때문에 데이비스는 과학자와 엔지니어 커뮤니티가 새로운 연구 방법을 받아들일 것이라고 확신했었다. 데이비스는 개방형 혁신이 과학자와 엔지니어들의 기존 역량과 정체성에 근본적으로 도전한다는 점을 이해하지 못했다. 변화를 이끌려는 그의 논리적 방식은 새로운 역량을 얻고 전문가로서의 정체성을 바꾸어야 한다는 도전의 감정적인 면과 충돌했다.

더욱이 존스와 마찬가지로 데이비스는 새로운 방법이나 양면성을 가진 간부 팀을 구조적으로 분리시키지 않은 채 기존 조직 내에서 변화를 이끌어내려고 시도했다. 개방형 혁신에 따르는 정체성과 감정적, 문화적 위협을 이해하고 난 후에야 데이비스는 방식을 바꾸었다. 개방형 혁신은 이제 기존 연구 방법을 '보완'하는 것이자 단순히 (우주인들이 우주에서 안전하게 지낼 수 있는) 최선의 해결책을 찾기 위한 유닛의 열망과 일치하는 연구 '도구'가 되었다. 2014년에 데이비스는 협력을 통한 혁신을 위해 별개의 사무소를 만들었다. 새로운 구조와 정체성 및 문화에 대한 관심은 조직이 개방형 혁신을 점진적으로 받아들이는 데 중점을 두었다. 존스와 데이비스가 겪은 리더십 문제는 폴라로이드나 블록버스터, 반스앤노블의 리더들이 경험했던 도전을 상기시켜준다.

이제 양손잡이 능력을 갖고 조직을 이끄는 데 성공한 경영자들의 사례를 살펴보자. 마이시스의 마이크 로리와 브리티시 텔레콤BT; British telecom(이하 BT)의 벤 버바이엔Ben Verwaayen, 젠사르의 가네시 나타라얀이 양손잡이 조직을 이끄는 데 사용했던 리더십 태도와 실행 방법, 전략을 알아볼 것이다.

탐험과 활용을 이끌다

2008년 말, 시장이 붕괴되면서 전 세계 CEO들은 비용 압박을 받았다. 마이시스 PLC의 CEO이자 IT 업계의 베테랑이던 마이크 로리에게도 압박은 매우 심각했다. 그는 글로벌 소프트웨어 및 서비스 회사에서 지난 18개월 간 재무 서비스와 헬스케어 부문에서 성공적인 역전을 이끌어냈다. 하지만 재무 분야는 혼란에 빠졌고 헬스케어 부문에서의 인수 계획은 어긋났다.

로리는 간부들에게 불확실한 상황에서 비즈니스 비용을 관리하기 위한 행동 계획을 준비하라고 지시했다. 그리고 침체 상황에서도 안정적인 수익을 확보하기 위해 800만 달러의 비용을 줄이도록 요구했다. 그들이 가져온 계획안의 첫 번째는 로리가 CEO가 된 직후에 만든 작은 탐험 비즈니스 유닛인 마이시스 오픈소스 시스템에 들어가는 연간 투자액을 300만 달러 줄이는 것이었다. 그는 오픈소스가 소프트웨어 산업에서 심각한 파괴적 위협으로 떠오른 것을 알고 있었다. 이는 고객에게 더 많은 선택과 유연성을 제공하며 소프트웨어 산업에서 나오는 수익을 위협하고 있었다. 로리는 이 트렌드의 선봉에 서고 싶었고 파괴자가 되는 기회를 잡고 싶었다. 하지만 간부 팀은 오로지 비용을 줄이고 즉각적인 위기를 극복하는 데만 집중하고 있었다. 이는 놀라운 일이 아니었다. "그들은 시작도 하기 전에 없애려고 했다. 그들 중 한 명은 나에게 왜 이런 파괴를 원하냐고 네 번이나 찾아와서 물었다."

로리는 탐험 그룹을 만들기 위해 전 IBM 직원이자 오픈소스 옹호자인 밥 바셀미Bob Barthelmes를 채용했다. 바셀미는 연간 300만 달러의 예산을 약속받는데 여기에는 한 가지 제약이 있었다. 그것은 2년 내에 손익분기점에 도달한다는 목표였다. 이를 위해 그는 마이시스의 핵심 비즈니스 중 두 영역, 즉 탄소배출권 거래와 헬스케어 정보 교환에 집중하기로 했다. 소프트웨어 라이선싱이나 서비스로 돈을 버는 대신 탐험 유닛의 상업적 오픈소스 제품은 다른 비즈니스 모델을 택했다. 바셀미에게 떠오른 생각은 무엇이든 마이시스에 새로운 비즈니스 모델과 새로운 혁신 역량을 가져올 수 있었다.

반대로 뱅킹과 자본시장, 헬스케어 분야에서 마이시스의 핵심 소프트웨어 및 서비스 비즈니스는 완전히 다른 방식을 택했다. 이 유닛은 전반적으로 결함이 무엇인지 찾아내고 해결하는 어려운 일을 시작했다. 엄격한 실적 개선 방법을 택함으로써 제품 품질 문제를 추적하고 해결하기 위한 철저한 규율을 따랐다. 고객이 제기한 문제들 중 쌓여 있던 것들이 엄청나게 많았고 전체 팀은 브랜드를 개선하는 일에 집중했다. 이런 상황에서 오픈소스 팀은 점점 더 짜증나는 방해물처럼 여겨졌다. 오픈소스 팀의 자유로운 탐험은 핵심 비즈니스가 따르고 있던 실적 위주의 문화와 극명히 대비되었기 때문이었다.

이런 분열에도 로리는 마이시스 오픈소스 시스템을 접지 않았다. 그는 지난 2년간 핵심 비즈니스의 접근을 막고 팀에서 탐험 유닛을 없애려고 할 때도 오픈소스 유닛에의 자금 지원을 줄이지 않았다. 로리는 오픈소스가 가져오는 긴장감을 즐겼다. 단기 실적뿐 아니라 장기적 대안이 필요하다고 생각했다. 그는 오픈소스 서비스가 헬스케어 시스템에서 승자가 될 것이라고 믿었고, 고성장 시장에서 더 많은 지분을 갖게 해줄 선택권을 원했다.

로리는 2가지 게임을 동시에 게임을 하고 싶어 했다. 올스크립트Allscripts를 통해 주류 사업인 전자의료 기록을 함과 동시에 건강정보 교환을 통해 오픈소스 서비스를 제공하고 싶었다. 로리는 서로 다른 비즈니스 유닛 간에 재무 및 고객의 영향력이 있다는 사실을 알고 있었다. 또한 구조적 분리와 상부로부터의 강력하고 가시적인 통합 없이는 양손잡이 구조가 성공하지 못할 것도 알고 있었다. 그가 원하던 오픈소스 제품의 독립성을 가진 이 구조는 전국적으로 의료 시스템을 개선하는 데 중요한 역할을 해 헬스케어 시설들이 막힘 없이 데이터를 교환할 수 있게 해주었다. 두 제품 조직 사이에 얼마간의 거리를 유지함으로써 오픈소스는 동등한 입장에서 올스크립트나 경쟁자들과 경쟁할 수 있었다. 오픈소스가 경쟁에서 이기기 시작하면서 이사회의 긴장감도 높아졌다. 올스크립트의 CEO 글렌 툴만Glen Tullman은 그의 독점적 소프트웨어가 시장을 주도하기를 원했다. 그는 오픈소스를 직접적인 위협으로 보았고 실제로도 위협이 되었다.

그럼에도 불구하고 로리는 고집을 꺾지 않았고 그의 전략이 결국 좋은 결실을 맺을 것이라고 보았다. 올스크립트는 매년 30% 이상의 수익 성장을 달성했다. 한편 마이시스 오픈소스는 병원과 의사, 보험사 모두가 중요한 건강 데이터를 확인하고 교환하게 해줄 것이라는 전망으로 점점 더 큰 계약을 맺게 되었다. 동시에 오픈소스는 다른 마이시스 유닛에도 영향을 미쳤다. 새로운 뱅킹 제품이 큰 오픈소스 구성 요소를 갖게 되었고, 마이시스 웹사이트는 완전히 오픈소스로 운영되었다. 올스크립트도 점차 새로운 역량의 전략적 가치를 깨닫게 되었고 이를 비즈니스 유닛에 통합시켰다. 오픈소스는 예상과 달리 자원을 고갈시키는 위협이 아니라 마이시스의 미래를 보장하기 위한 중요한 실험이라는 데에 마이시스 부사장도 동의했다.

간부 팀의 상당한 저항에 부닥쳤을 때 로리는 오픈소스 시스템에서 새로운 비즈니스 모델과 역량을 실험하도록 밀어붙이는 동시에 전통적인 소프트웨어 비즈니스 부문에서 비용 절감과 효율성을 추구하는 상반된 전략을 펼쳤다. 오픈소스 비즈니스가 탄력을 받을 때까지 로리는 탐험과 활용 사이의 긴장을 유지했다. 그는 분리된 유닛에 시간을 들이고 의사결정에 전념하면서 지속적으로 일관성을 갖지 않을 수 있었다. 오픈소스 시스템이 성공을 거둔 후에 다른 전통적인 유닛들은 오픈소스 역량이 자신들의 비즈니스에 가져다줄 기회를 이해했다. 그제야 로리는 탐험과 활용을 팀에 맡길 수 있게 되었다.

이제 훨씬 더 크고 오래된 조직에서 양손잡이 능력과 변화를 이끈 사례로 넘어가 양손잡이 조직을 운영하는 데 있어 대조적인 리더십 스타일을 살펴보자. 그리고 회사에 감정적으로 공감할 수 있는 열망을 불어넣는 것이 얼마나 중요한지도 살펴보자.

2002년, 벤 버바이엔이 CEO로 들어간 BT는 당시 부서 간의 정치에 사로잡혀 있었다. 쉰한 살의 네덜란드인 버바이엔은 BT를 브로드밴드 회사로 탈바꿈시키기 위해 루슨트 테크놀로지Lucent Technologies에서 영입되었다. 새로운 동료들은 그를 '자연의 힘' 같은 사람이라고 묘사했다.

BT는 역사적으로 인터넷이 고객에게 미치는 영향을 무시해왔고, 가정에 브로드밴드나 DSLDigital Subscriber Line(디지털 가입자 회선)을 제공하기 위해 투자하는 것을 거부해왔다. 그 결과 영국은 DSL 분야에서 국제적으로 매우 뒤쳐졌고, 시장 침투율은 에스토니아의 다음 순서였다. BT는 현재의 상황을 위협하는 트렌드를 버리고 전화에만 집중했다. 25명으로 구성된 BT 위원회는 각 비즈니스 유닛과 협업해 본 적이 없는 분열된 간부 팀이었다. 이런 분열은 BT 내에 브로드밴드 분야에서 2개의 경쟁 제품 유닛이 출시되는 상황을 초래했다. 회사 전반을 아우르는 목표와 권한 없이 이 유닛들은 공개적으로 고객 유치 경쟁을 했고, 서로 상반되는 시장 접근 방식을 택했다. 위원회는 유닛들이 초래하는 갈등을 공개적으로 논의하지 않았다. 그들은 혁신과 감시를 낮은 직급의 관리자들에게 위임했다.[4]

골칫거리 같은 상황을 파악한 버바이엔은 2003년 브로드밴드를 회사 목표의 최우선 순위에 두었다. 그는 존경받는 비즈니스 유닛 리더였던 앨리슨 리치Alison Ritchie를 브로드밴드 최고 책임자로 임명해 BT를 도약시킬 교차 유닛 전략을 이끌도록 지시했다. 그리고 간부 팀에 운영위원회라는 이름을 붙이고, 위원회의 인원을 앨리슨 리치를 포함해 6명의 핵심 운영 유닛의 리더로 줄였다. 버바이엔과 새로운 간부 팀은 BT의 브로드밴드 전략을 세웠고, 감정적으로 공감을 얻는 포부를 제시했으며("당신의 세상을 온전히 연결하라"), 고객 서비스와 느낌(예를 들어 도움이 되고 믿을 만하며 고무적이고 따뜻하다는 느낌)에 집중하는 새로운 문화를 발전시켰다.

브로드밴드는 비즈니스 간 협력 없이는 실행이 불가능하다는 사실을 알고 있던 버바이엔은 간부 팀의 인센티브를 정하는 데 협력적 태도를 반영했고, 교차 비즈니스 간 통합을 고려해 인센티브를 제공했다. 또한 새로운 간부 팀의 협력을 용이하게 만들기 위해 각자의 어려움을 의논하고 문제를 총괄적으로 해결하는 데 외부 조력자의 도움을 받았다. 마지막으로 좀 더 포용적이고 협력적인 리더십 스타일을 갖기 위해 개인적인 피드백을 받았으며 그에 따라 행동했다.

BT가 브로드밴드를 탐험하고 기존 비즈니스 라인을 활용하기 위해 버바이엔과 리치는 BT의 전사적 전략을 조종하고 움직일 그룹을 만들었다. 교차 유닛 협력과 실행 역량을 갖추기 위해 실무 팀이 조직의 문제 해결, 문화, 리더십, 실행 변화에 대해 배우도록 전략적 행동 워크샵을 시작했다. 리치는 브로드밴드 비즈니스의 성장 동력을 유지하기 위해 버바이엔의 열정과 에너지를 이용했다. 2005년, 마침내 간부 팀과 교차 유닛 실무그룹은 협력할 수 있게 되었다. 상·하향식 변화 전략은 BT에 혁명을 일으켰고 그 후 결실을 맺었다. 2005년, 5백만 명의 고객이 BT의 브로드밴드를 이용했고 공급률은 영국 전체 인구의 90%를 넘어섰다.

이러한 BT의 놀라운 변화는 확실한 브로드밴드 전략과 비즈니스 간 협력 및 고객 만족을 강조한 문화, 버바이엔의 열망에 대한 개인적 관심이 어우러져 가능했다. 변화를 이끌며 버바이엔은 자신의 리더십 스타일을 새롭게 바꾸었고 간부 팀의 역량과 의사결정 프로세스도 변화시켰다. 간부 팀과 교차 비즈니스 브로드밴드 실무그룹은 전통적 비즈니스와 탐험적 비즈니스에 필요한 각기 다른 요구를 판단하고 처리하는 역량을 발전시켰다.

이번에는 〈포춘〉 500대 기업 중 300개 기업에 서비스를 제공하고 있고, 인도의 상위 25개 비즈니스 프로세스 아웃소싱 회사 중 하나인 젠사르 테크놀로지의 CEO 가네시 나타라얀의 예를 살펴보자.[5] 2005년, 젠사르의 비즈니스는 성장하고 있었지만 나타라얀은 솔루션 블루 프린트SBP; Solution Blue Prints(이하 SBP)라는 급진적인 소프트웨어 프로세스 혁신을 실행할 기회를 찾고 있었다. SBP의 비전은 소프트웨어의 품질과 시의성을 높이는 동시에 개발 비용을 25% 낮추는 것이었다. 나타라얀은 고객과 더욱 협력적인 관계를 맺고 더 효율적으로 제품을 개발하고 새로운 고객을 끌어올 수 있는, 기존과는 다른 판매 프로세스를 가능하게 해줄 소프트웨어 개발에 있어 SBP가 혁명적인 방식이 될 것이라고 보았다. 이를 통해 젠사르가 존경받는 3등급 회사에서 '선호되는 2등급 회사'로 올라설 수 있을 것이라고 여겼다.

젠사르의 기존 고객과 간부 팀, 영업 직원들, 제품 개발자들은 SBP에 열정적이지 않았다. 마이시스의 마리크 로리 팀, BT의 버바이엔 팀과 마찬가지로 나타라얀의 간부 팀과 비즈니스 유닛 리더들은 현재 비즈니스에만 관심을 집중했고, 자신들의 비즈니스 모델을 바꾸어야 하는 방식을 탐험할 필요성을 느끼지 못했다. 나타라얀이 새로운 소프트웨어 개발 방식을 탐험하라고 밀어붙였을 때 고위 경영자들 중 일부는 SBP를 기존 유닛에 통합시킬 것을 제안했다. SBP를 새로운 벤처로 분리시키고 싶어 했던 경영자들도 있었다.

한편 SBP 프로젝트 리더는 CEO에게 직접 보고하는 자신만의 비즈니스 유닛을 갖고 싶어했다. 기업가적 정신을 갖고 있던 이 리더는 전문적인 기술은 인정받았지만 운영 능력 면에서는 존경받지 못하고 있었다. 그가 나타라얀의 간부 팀에 들어올 것이라는 이야기는 다른 경영자들 사이에 논쟁을 불러왔다. 나타라얀은 이 문제를 심사숙고 한 뒤 회사가 SBP를 추구해야 하며 간부 팀을 탐험 노력의 전략적 중요도에 따라 나누어야 한다고 생각했다.

나타라얀은 SBP를 별개의 유닛으로 만들어 자신에게 직접 보고하도록 했다. 탐험 유닛은 리더가 이끄는 자체적으로 통합된 조직을 갖고 있었다. 간부 팀의 전략과 성향의 차이 때문에 나타라얀은 기존 비즈니스 라인과 SBP 유닛 간의 갈등과 잠재적인 상호의존 지점을 관리했다. 그는 기존 유닛은 통제된 방식으로, SBP는 기업가적인 방식으로 이끌었다. 이 유닛은 젠사르가 새로운 고객을 유치할 수 있도록 해주었고 SBP의 규모도 성장했다. 이 시기에 나타라얀은 회의적인 간부 팀 멤버들로부터 이 유닛을 보호했다. 18개월 후, 기술 및 고객 관계가 진전되면서 SBP는 무시할 수 없을 만큼 성공해 전략과 고객 시장에 대한 타당성을 얻게 되었고, 젠사르의 제품 및 산업 조직으로 재통합되었다. 이 과정에서 SBP의 기업가는 젠사르를 떠나 따로 회사를 차렸다.

• • •

앞선 두 섹션에서는 양손잡이 조직을 이끌기 위해 노력했던 리더들에 대해 살펴보았다. 이 중에는 로리나 버바이엔, 나타라얀 같이 성공적인 리더들이 있었다. 이들과 함께 6장에서 살펴본 리더들(시바 비전의 글렌 브래들리, USA투데이의 톰 컬리, 휴렛팩커드의 필 파라시, IBM의 샘 팔미사노)로부터 양손잡이 조직의 효과적인 리더십에 관한 리더십 관행과 전략을 발전시켜 보자. 4장에서 USA투데이의 톰 컬리와 같이 양손잡이 조직을 이끌면서 마주하게 되는 도전에 적합하게 자신의 리더십 스타일을 바꾼 리더들에 대해서도 살펴보자.

양손잡이 조직 이끌기: 핵심과 탐험의 균형 잡기

데이비드 존스와 제프 데이비스는 기존 역량을 활용하고 새로운 분야를 탐험하면서 자신의 조직을 변화시키고 싶어했다. 하지만 둘 모두 헌신적인 간부 팀을 만들지 못했고, 그 결과 확장된 리더십 팀을 만들지 못했으며, 각각의 혁신 흐름에서 생기는 긴장을 해결하지 못했다. 반면 마이크 로리와 가네시 나타라얀, 벤 버바이엔은 회사의 과거와 미래 사이에 생기는 긴장의 균형을 잡는 행동이 핵심 비즈니스 실적에 영향을 미치지 않도록 전략을 성공적으로 밀고 나갔다.

뛰어난 리더들은 앞서 언급했던 5가지 원칙을 이용해 성과를 이뤄냈다. 이 원칙들을 좀 더 자세히 살펴보자.

1. 간부 팀이 감정적으로 설득력 있고 중요한 전략적 포부를 갖게 만든다. 이 포부는 미래의 조직을 정당화한다.

전략적 포부는 직원들에게 제품이나 기능보다 일반적인 정체성을 제공한다. 또한 회사에 에너지와 감정을 불어넣고 상반되는 전략들을 아우르는 틀을 제공한다. 젠사르의 예에서 '선호되는 2등급 회사'가 되겠다는 나타라얀의 포부는 SBP와 비즈니스 프로세스 아웃소싱이 공존할 수 있는 틀이 되었다. 하지만 그런 포부를 갖고 있다고 해서 충분한 것은 아니었다. 나타라얀은 감정적으로 설득력 있는 열망을 표현했지만 전체 조직이 정체성 변화에 동참하게 만드는 데는 시간이 걸렸다. 비슷한 예로 제프 데이비스는 우주인들이 우주에서 안전하게 지내도록 해줄 서비스 문제를 해결하기 위한 오픈소스 도구를 만드는 데 과학자들을 감정적으로 매료시키지 못했다. 하바스와 광고 산업을 변화시키겠다는 데이비드 존스의 열망도 간부 팀에 받아들여지지 못했고 결국 하바스 전체에 퍼지지 못했다.

반면 벤 버바이엔과 앨리슨 리치는 새로운 간부 팀을 끌어들여 BT의 브로드밴드 열망에 참여시켰다. 시바 비전의 글렌 브래들리가 내세웠던 '삶을 위한 건강한 눈'과 USA투데이의 톰 컬리가 내세운 '신문이 아닌 네트워크'와 비슷하다. 전체를 아우르는 중요한 전략적 열망은 탐험과 핵심 비즈니스가 함께 번창할 수 있는 환경을 제공한다. 이러한 열망 없이는 강력한 핵심 비즈니스 유닛이 직간접적으로 탐험 유닛에 저항한다. 전략적 열망은 회사의 멤버들이 탐험적 혁신을 위협이 아니라 기회로 받아들이도록 도와준다.

전략적 열망은 양손잡이 구조를 시행하는 데 필요하지만 그것만으로는 충분하지 않다.[6] 공동의 정체성을 제공하는 열망이 회사 전체에 퍼지려면 간부 팀 전체가 받아들여야 한다.

2. 탐험과 활용 사이에서 발생하는 긴장의 어느 지점에서 균형을 잡을지 확실히 선택한다.

CEO와 비즈니스 유닛 리더들은 이미 자리잡은 비즈니스에 도전장을 내미는 것을 꺼린다. 도전을 꺼리는 경향은 조직 내의 저항을 직접적으로 정당화하며 구성원들 사이에 분쟁을 일으킨다. 비즈니스 유닛은 더 큰 조직의 목표를 희생해 자신의 영역을 지키고자 한다. 간부 팀은 기존에 지속해온 비즈니스와 미래 지향적인 탐험 사이의 긴장을 이해하고 인정해야 한다. 하바스의 사례에서 보았듯 유닛 간 긴장을 관리하지 못하면 긴장은 혁신을 시작하기도 전에 중단시켜야만 해소된다. 우리는 연구를 통해 이에 대한 2가지 접근 방식을 파악했다. 하나는 CEO나 비즈니스 유닛 리더가 중요한 결정을 내리도록 하는 것이고, 다른 하나는 벤 버바이엔이나 USA투데이의 톰 컬리가 했던 것처럼 간부 팀이 총괄적으로 결정을 내리는 것이다.

첫 번째 방법은 허브 앤 스포크hub-and-spoke 접근 방식으로 CEO나 비즈니스 유닛 리더가 탐험과 활용 리더들을 개별적으로 관리하는 것이다. 이 방식에서는 회사의 현재와 미래 사이의 긴장을 관리하는 것이 고위 리더에게 달려 있다. 마이시스의 마이크 로리와 젠사르의 가네시 나타라얀은 과거의 성공을 기반으로 탐험적 비즈니스를 만든다는 분명한 전략을 갖고 있었다. 그들은 간부 팀이 혁신 흐름에 따라오는 전략적 모순을 처리할 능력이 없다는 사실을 알고 있었다. 로리나 나타라얀은 간부 팀에게 협력할 수 있는 역량을 갖추게 만들 시간이 없다고 생각했고, 긴장의 균형을 잡는 일을 본인이 책임졌다.

두 번째 방법은 간부 팀이 의사결정 방법을 배우고 집단적으로 자원을 배분하며, 현재와 미래 사이의 균형을 잡는 방식이다. 이 방법은 높은 수준의 협력과 참여형 리더십 스타일을 발전시킨다. 팀 멤버들은 중요한 문제에 다른 의견을 가질 수 있음을 인정하고, 문제를 파악하며, 솔직하게 해결방안을 모색한다. 팀 중심의 접근 방식은 개인적 손익이 아니라 장기 성장에 중점을 둔 회사 전체의 실적에 기반해 보상을 받는 비즈니스 유닛 리더들에게 의존한다. 이 방식은 어떤 문제든 공개적으로 논의할 수 있게 해준다.[7] 예를 들어 BT에서 벤 버바이엔은 간부 팀을 완전히 새로 만들어 이름을 바꾸었고, 이를 통해 비즈니스 유닛과 브로드밴드 사업에 따르는 긴장을 총괄적으로 다룰 수 있었다. 또한 그는 간부 팀의 보상 기준에 브로드밴드 실적과 협업 능력을 포함시켰다.

효과적인 양손잡이 능력을 갖춘 리더들은 탐험과 활용 사이의 긴장을 인정하거나 팀과의 긴장을 인정했다. 세 번째 원칙은 실제로 이런 긴장을 해결하기 위해 리더십과 팀 역량을 쌓는 데 초점을 맞춘다.

3. 갈등을 향해 움직이고 활용과 탐험의 균형을 잡을 때 생기는 긴장을 통

해 학습한다.

간부 팀의 갈등은 일반적으로 탐험 유닛과 활용 유닛 간의 상호의존을 다루는 일, 즉 자원과 역량을 배분하고 활용하는 방식과 관련되어 발생한다. 마이시스의 로리나 BT의 버바이엔 또는 USA투데이의 톰 컬리나 휴렛팩커드의 필 파라시 같은 성공적인 양손잡이 리더들은 이런 긴장을 스스로 혹은 간부 팀 내에서 명쾌하게 처리했다. 반대로 나사나 하바스, SAP 같은 덜 성공적인 간부 팀은 긴장을 회사에 떠넘겼다. 힘의 차이 때문에 회사가 이런 긴장을 처리하게 되면 전통적인 비즈니스가 거의 항상 탐험 활동을 압도하게 된다.

혁신 흐름에 따라오는 긴장을 해결하기 위한 허브 앤 스포크 방법은 높은 직급 리더의 능력과 에너지에 의존한다. 더 강력한 방법은 리더와 팀이 힘을 합쳐 갈등을 해결하는 것이다. BT의 버바이엔과 USA투데이의 컬리처럼, 이런 리더들은 팀이 대조적인 의제들을 파악하고, 갈등을 향해 움직이고, 탐험과 활용 유닛 간에 빠르고 빈번하게 자원을 이동할 수 있게 해준다. 이런 팀 중심의 간부 팀은 상반되는 혁신을 위해 별개의 역할을 맡고, 양손잡이 능력에서 생기는 긴장을 해결하는 팀을 위해 개별적인 시간과 장소, 워크샵을 배분한다. 회사 전체의 열망을 바탕으로 효과적으로 양손잡이 능력을 발휘하는 리더들은 자신의 팀이 탐험과 활용을 동시에 할 때 생기는 전략적 혜택을 얻고 인정하고 처리하도록 돕는다. 이런 팀은 의제를 정할 때 갈등을 겪기도 하지만 함께 갈등을 해결한다. 타협한다기보다 종합적인 의제를 진행시키기 위한 방법을 찾는다고 볼 수 있다.[8]

새로운 운영위원회를 만들 때 버바이엔은 기존 비즈니스 라인을 유지하면서 브로드밴드 비즈니스를 시작할 때 발생하는 갈등과 모순을 파악하고 해결하도록 간부 팀의 역량을 개발했을뿐 아니라 자신의 리더십 스타일도 변화시켰다. 반대로 마이시스와 젠사르의 로리와 나타라얀은 탐험 비즈니스가 전략 및 고객 면에서 타당성을 얻으면서 전략적 기회로 인정을 받은 후에야 허브 앤 스포크 방식에서 팀 중심의 방식으로 옮겨갔다. 이것은 5장에서 살펴본 IBM의 EBO와 같이 성공적인 탐험 비즈니스가 졸업한 후 다시 성숙한 조직으로 재통합될 때 어떤 모습인지 보여준다.

4. 각 유닛에 서로 다른 기준을 적용하고, 일관성 없는 태도를 보인다.

양손잡이 리더들은 하나의 유닛에서는 수익을 얻고 통제하려고 하는 동시에 다른 유닛에서는 실험을 장려한다. 한 비즈니스에서는 전략을 지원하고 다른 비즈니스는 희생시킨다. 리더들은 상반되는 목표 달성 시간과 우선순위를 갖고 탐험과 활용 전략을 실행한다. 즉 한쪽에서는 수익을 극대화하고 다른 쪽에서는 규모를 조정하거나 지분을 만든다. 마이시스에서 로리는 전통적인 소프트웨어 개발 조직에서는 단호하게 비용을 제한하면서 오픈소스 개발 그룹에서는 좀 더 느슨하고 실험적인 목표를 세웠다.

팔미사노와 해럴드는 IBM의 기존 비즈니스 유닛과 EBO에서 별개의 리더십 스타일을 추구했고, BT의 벤 버바이엔도 브로드밴드에는 앨리슨 리치를 고용한 반면 기존 비즈니스 유닛에서는 대조되는 리더십 스타일과 태도를 취했다. 버바이엔은 기존 비즈니스에서는 엄격한 예산 및 수익 목표를 잡고 비즈니스 리더들이 각각의 영역에서 경쟁하는 법을 알고 있을 것을 기대했다. 하지만 브로드밴드의 리치에게는 좀 더 느슨하고 실험적인 기대를 갖고 그가 브로드밴드 분야에서 경쟁하는 법을 배울 능력이 있는지에 관심을 가졌다. 버바이엔의 이런 일관성 없는 태도는 간부 팀이 탐험과 활용 비즈니스에 상반되는 조직이 필요하며 그가 이를 진지하게 여기고 있음을 보여준다. 일관성 없는 태도를 취하는 버바이엔과 간부 팀에게 탐험과 활용을 모두 책임지게 한 데이비드 존스를 비교해보라.

우리가 살펴본 리더들과 팀은 자신들의 탐험적 유닛이 기존 유닛과는 다르게 다루어지기를 원한다는 사실을 이해했다. 이러한 일관성 없는 태도는 회사 전체의 열망 덕분에 유지되고 타당성을 갖게 되었다. 나타라얀이 전통적인 소프트웨어와 함께 비전통적인 소프트웨어를 만들겠다는 열망을 실행에 옮길 수 있었던 것은 젠사르를 '선호되는 2등급 회사'로 만들겠다는 비전을 분명하게 이야기한 덕분이었다. SBP가 탄력을 받고 새로운 고객층을 확보한 후, 나타라얀은 회의적인 간부 팀에게 SBP가 실제로 그들의 비즈니스 모델을 보완할 수 있음을 분명히 보여주었다. 또한 SBP 비즈니스에서의 진전을 젠사르 전체의 비전에 연결시킬 수 있었다.

리더들은 지속적으로 일관성 없는 태도를 보이면서도 탐험과 활용 비즈니스를 번성시키기 위해 시간을 내고 의사결정을 해야 한다.

5. 탐험과 활용 비즈니스를 논의하고 의사결정을 하기 위해 시간을 배분한다.

2개의 비즈니스 모델을 논의할 시간을 배분하면 간부 팀은 각 유닛에 적절하게 집중할 수 있다. 탐험과 활용 유닛의 성과를 동시에 고려할 때 혁신 비즈니스는 종종 핵심 비즈니스의 마진 규율에 따르게 된다. 성공적인 비즈니스는 각 활동의 검토를 분리시켜 성장 주기의 특정 시점에서 비즈니스에 무엇이 중요한지 논의할 수 있다. 나타라얀과 로리, 버바이엔은 탐험과 활용 소프트웨어 유닛을 분리해 검토했지만, 존스는 이를 양쪽을 다 관여하는 각국 책임자에게 위임했다.

간부 팀이 핵심 비즈니스와 탐험 비즈니스를 모두 관리할 때 생기는 가장 큰 어려움은 성공을 측정하는 방법이다. 대부분의 성공적인 비즈니스는 피드백과 의사결정에 도움이 되는 엄격한 통제 시스템을 사용해 운영 성과를 관리하는 데 익숙하다. 회사가 크게 성공하고 수익이 늘어나면서 피드백 시스템은 정교해진다. 시스템은 계획과 다른 점을 찾아내고, 경영자들이 실수를 통제하고 제거하는 데 도움이 된다. 예를 들어 나타라얀은 기존의 기업 애플리케이션 서비스와 비즈니스 프로세스 아웃소싱을 위한 확실한 기준과 체계를 통제할 방법을 갖고 있었다. 이런 엄격한 시스템과 기준은 젠사르가 성공할 수 있었던 주된 이유였다.

탐험 유닛을 만들 때 일반적인 흐름은 기존 비즈니스와 똑같은 목표와 체계를 혁신 유닛에 적용하는 것이다. 기존 체계는 혁신 유닛을 조직의 과거에 한데 묶는다. 탐험적 유닛은 현재의 입증된 비즈니스 모델과 체계에 맞추려고 노력한다.

탐험은 실수를 통해 배운다. 따라서 당신은 실수를 통제하고 싶지 않을 것이다. 간부 팀은 피드백과 기회를 예측하는 피드포워드feedforward 측정 사이에서 균형을 잡는 법을 배워야 한다.[9] 피드포워드는 열망을 따라간다. 무엇이 가능한지, 회사가 어떤 기회를 창출할지 예측한다. 이는 간부 팀이 탐험 비즈니스의 목표 단계를 달성하는 데 책임을 지게 만들고, 새로운 벤처가 제대로 궤도에 올랐는지 결정하기 위해 주요 성공 지표(고객 획득, 디자인 성공, 시장 선도력)를 이용하는 것을 의미한다. 예를 들어 젠사르에서 SBP를 탐험할 때 나타라얀은 SBP 성과의 핵심 체계로 리드 유저나 새로운 고객의 반응과 함께 이정표를 사용했다. 한편 데이비드 존스는 각국 경영자들을 전통적인 광고 및 미디어 수익 측정 외에 다른 성과 측정에는 참여시키지 않았다.

* * *

5가지 원칙은 양손잡이 리더와 간부 팀에 상당한 압박을 준다. 각 팀은 상반되는 전략과 리더십 스타일이 있다. 중간급 관리자가 전략과 조직 구성에 관심을 집중하는 동안 양손잡이 리더는 상반되는 전략을 이해하고 처리해야 한다. 하지만 간부 팀은 종종 리더의 효율성을 약화시키는 방식으로 행동한다. 이러한 간부 팀의 아이러니에 대해 살펴보자.

간부 팀의 아이러니와 리뉴얼

양손잡이 구조의 성공적인 운영을 위해서는 간부 팀이 불확실한 미래를 위해서 과거를 놓아주는 어려운 결정을 내려야 한다. 조직이 성공하고 간부 팀이 더 오랫동안 함께 일할수록 결정은 더욱 어려워진다. 팀이 오랜 기간 잘 해왔을 경우 성공 방안을 체계적으로 정리했을 확률이 높다. 간부 팀이 외부에 관심을 점점 잃어갈수록 팀 멤버들은 비슷한 생각을 갖게 되고 팀 내에서도 상반되는 시각이 줄어든다. 시간이 흐를수록 간부 팀의 프로세스는 점점 경직되고 과거를 회고하는 방식으로 변한다.

조직학자 루스 웨이지만Ruth Wageman과 리차드 해크만Richard Hackman은 간부 팀이 오래될수록 모순적인 모습을 많이 보인다는 사실을 지적했다.[10] 연구에 따르면 간부 팀에게는 자원이 충분히 제공되지 않고 리더가 부족하다. 회의에 엄청난 시간을 낭비하고, 팀 프로세스를 복잡하게 만드는 권한 역학관계에 사로잡혀 있으며, 당면한 문제를 공개적으로 논의하지 못한다. 또한 자신의 팀 내에서는 용납하지 않을 관행과 프로세스를 받아들인다. 이런 점에서 팀이 더 오래될수록 팀으로서의 기능을 잘하지 못하게 된다. 이러한 타성의 결과는 대단히 파괴적이다. 하바스의 예에서 보았듯 혁신 흐름에 필요한 모순적인 요구를 다루는 데 있어 간부 팀의 엇갈린 메시지와 무능력은 갈등을 회사에 떠넘겨 타성이 양손잡이 능력을 억누르게 만든다.

현재의 전략과 고유한 조직 및 간부 팀의 타성에서 나오는 단기적 압박을 고려할 때 리더와 그의 팀은 탐험과 활용을 동시에 이끌 때 필요한 요건을 효과적으로 처리하지 못한다. 이런 점에서 로리와 나타라얀은 상대적으로 드문 능력을 지닌 것으로 보인다. 일반적인 모습은 하바스와 나사의 경우다. 리더들과 팀은 회사의 과거에 매여 있다. 이는 조직이 혁신을 위해 간부 팀을 상당히 교체해야 할 필요가 있음을 시사한다. 하지만 반드시 그런 것은 아니다. 리더들과 팀은 스스로를 변화시켜 양손잡이 능력에 수반되는 긴장을 처리할 수 있다. 다시 말해 개인적 변화나 간부 팀의 변화를 조직의 변화와 연결시킬 수 있다. BT의 벤 버바이엔과 USA투데이의 톰 컬리는 양손잡이 조직을 만들면서 자신의 리더십 스타일을 변화시킨 성공적인 리더의 본보기다.

버바이엔은 BT의 변화 과정에서 각기 다른 시점에 맞춰 자신의 리더십 스타일을 의도적으로 적응시켰다. 변화의 첫 단계에서 그는 공격적이고 대립을 두려워하지 않는 하향식 방법을 택했다. 400명이 넘는 BT 경영진과의 회의에서 그는 손에 마이크를 들고 회의실을 돌아다니며 브로드밴드를 무시하는 사람들에게 왜 그런 입장을 취하는지 이유를 설명하라고 요구했고 개인적으로 책임을 지웠다. 이런 도전은 브로드밴드에 대한 그의 헌신을 보여주었고, 브로드밴드 책임자가 새로운 역량을 얻기 위해 들이는 노력을 정당화했다.

하지만 이런 위협적이고 요구가 많은 리더십 스타일에는 대가가 따랐다. 버바이엔은 인사 총괄임원으로부터 리더십 스타일이 협력적인 브로드밴드 전략을 실행하는 데 위협이 된다는 피드백을 받았다. 그 후 그는 40명의 리더 그룹에게 자신의 리더십 스타일과 그 영향에 관한 피드백을 받는 데 시간을 투자했다. 이를 통해 대립을 두려워하지 않는 그의 방식이 자신과 다른 사람들과 협력하는 팀의 능력을 저해한다는 사실을 알게 되었다. 데이터와 전문가의 도움을 받아 버바이엔은 포용적인 리더십 스타일을 택했다. 또한 팀원들이 자신의 개인적인 스타일을 반영하도록 장려했고 역학 관계 전문가들과 함께 일했다.

리더십 실천과 태도, 팀의 역학 관계를 용이하게 만들려는 그의 노력은 전략적 행동 워크숍과 함께 진행되었다. 서로 다른 비즈니스 간의 워크숍에서 버바이엔과 동료들은 자신의 행동 모델을 만들었다. 학습과 실천의 과정을 통해 BT의 운영위원회 멤버들은 스스로를 변화시키는 법을 배웠고, 브로드밴드에 대한 열망과 그에 따르는 문화 모델을 만들었다.

USA투데이의 톰 컬리도 팀이 신문뿐 아니라 온라인으로 기사를 내는 것을 이해시키기 위해 몇 번 시도한 후 결국 신문과 온라인 뉴스 간의 갈등이 자신의 리더십 스타일과 간부 팀의 역량 및 프로세스 때문이라는 사실을 인정했다. USA투데이가 전통적인 신문을 활용하는 디지털 플랫폼으로 변신하기 위한 핵심 요인은 컬리의 적극적인 리더십 스타일과 분명한 비전, 그리고 작지만 협동적인 간부 팀이었다.

양손잡이 조직의 핵심축이 되는 리더와 팀

이 책은 기본적으로 리더십과 혁신 흐름에 수반되는 변화를 이끄는 법을 다루고 있다. 이 장에서는 양손잡이 조직을 시행할 때 리더십이 직면하는 도전을 집중적으로 살펴보았다. 혁신 흐름을 관리할 때 리더가 겪게 되는 도전은 각 유닛을 대하는 태도가 일관적이지 않아야 한다는 것을 받아들이는 것이다. 이는 높은 직급의 리더와 그의 팀이 탐험과 활용, 현재와 미래 사이의 모순을 받아들이고 양손잡이 조직의 잠재력을 몸에 익히는 것이다.

2장에서 설명한 성공 증후군은 근본적으로 실패한 리더십을 보여준다. 우리가 경험한 조직과 현장 연구에 따르면 성공적인 조직이 양손잡이 능력을 갖추기 위해서는 개인과 조직의 변화가 모두 필요하다. 5가지 리더십 원칙은 양손잡이 조직을 이끌 때 리더들이 취할 수 있는 행동과 태도를 보여준다. 만약 원칙들 중 하나가 부족하면 어떤 일이 벌어질지 생각해보라. 혁신 흐름을 이끄는 일은 항상 조직의 상당한 변화가 필요하기 때문에 다음 8장에서는 리뉴얼과 변화를 이끄는 실용적인 방법들을 살펴볼 것이다.

변화와 전략적 리뉴얼 이끌기

새로운 질서를 도입하는 데 앞장서는 것보다
떠맡기 어렵고, 이끌기 위험하며,
성공시키기 불확실한 일은 없다.
− 니콜로 마키아벨리

7장에서는 양손잡이 조직을 만드는 데 필요한 마지막 진실에 대한 힌트를
제공했는데, 그것이 바로 당신에게 알려주려고 하는 진실이다. 양손잡이
조직을 발전시키려면 항상 조직의 상당한 변화가 필요하다. 조직의 변화가
얼마나 어려운지에 관한 글이 많지만 능동적인 변화를 이끄는 것, 회사가
위험에 처하기 전에 효과적인 활용과 탐험에 수반되는 변화를 이끄는 것은
실제로 훨씬 더 복잡하다. 우리가 살펴보고 싶은 게 바로 이것이다. 우리는
1999년에서 2008년 사이 IBM의 조직 리뉴얼 노력과 2004년에서 2014년
사이 중국의 가전제품 및 가정용 전자기기 부문의 리더인 하이얼Haier에서
장 루이민Zhang Ruimin이 이끌던 리뉴얼 노력에서 영감을 얻었다. 7장에서는
마이시스의 마이크 로리와 젠사르의 가네시 나타라얀에 대해서 살펴보았
다. 이런 비교적 성공적인 능동적 변화의 예들을 하바스와 나사 생명과학
부서의 덜 성공적인 예들과 비교해보고자 한다.

IBM과 유사한 사례들을 분석해봄으로써 조직이 파괴의 위협을 극복하고 파괴를 이끌어내게 해준 전략적 리뉴얼의 관행에 대해 알게 되었다. 리뉴얼은 한 번의 이벤트나 일련의 단계, 하나의 프로그램이 아니라 회사 전체의 열망에 기반을 둔 학습 방법이다. 하지만 감정적으로 설득력 있는 열망을 넘어 조직이 학습하려는 마음가짐을 갖도록 리더들에게 추천하고 싶은 것이 있다. 조직 리뉴얼에 관한 우리의 생각과 리더와 팀의 개인적 리뉴얼을 연결 짓고자 한다. 간부 팀의 역할은 리뉴얼 관행을 다음 직급 리더들의 일상에 맞게 만드는 것이다. 이런 관행은 핵심 비즈니스의 시급성 때문에 시작도 하기 전에 중단될 위험이 있는 장기적 우선순위와 다르지 않다. 오히려 더 많은 리더들의 선택과 행동과 태도를 변화시키려는 신중한 노력으로 여겨지고, 전략적 리뉴얼을 지지하도록 회사 내에서 사회적 움직임을 만들어낸다.

전략적 리뉴얼은 적절한가?

전략을 설명하고, 전략적(그리고 개인적) 리뉴얼에 수반되는 단계를 제안하기 전에 질문을 하나 하겠다. 전략적 리뉴얼이 당신의 조직에 적합한가? 모두에게 전략적 리뉴얼이 필요하지는 않다. 우선 시장에서 어떤 종류의 변화를 마주할지 결정해야 한다. 점진적인 변화인가 아니면 어느 순간 갑자기 생긴 변화인가? 모든 비즈니스는 제품 결함이나 판매 실패 같은 운영상의 문제를 해결하는 데 능숙하고 대부분 대응 방법도 갖고 있다. 마찬가지로 많은 기업들은 효율성을 이끌어내고 최고의 실적을 달성하기 위해 지속적으로 개선되고 있는 현재의 운영에 집중한다.

점진적 변화도 필수적이지만 갑작스런 환경의 변화나 다가오는 급격한 변화에 대응하는 것과 똑같지는 않다. 2001년, FBI 국장 로버트 밀러Robert Mueller는 범죄 사건을 해결하는 FBI의 전통적 임무에 중점을 두고 새로운 직책을 맡았다. 대테러가 FBI의 최우선 권한이었지만 범죄자를 추적하고 체포하는 일보다 더 중요하지는 않았다. 당시 밀러에게 전략적 리뉴얼의 기회가 있었다. 대테러가 FBI에 중요해질 것이라는 직감을 바탕으로 그는 능동적인 변화를 이끌 수 있었다. FBI에 부임한 지 몇 주 지나지 않아 9·11 테러가 발생했고 밀러의 전략적 상황이 갑자기 변했다. 전략적 기회로 보았던 상황이 갑자기 전략적 위기가 된 것이다. 확실한 위기에도 FBI의 문화와 구조, 권력 분산, 역량, 정체성은 변화의 노력을 어렵게 만들었다.[1]

위기 상황에서는 조직의 모든 것을 재검토하는 전환을 통해 빠르게 변화해야 한다. 하지만 전략적 리뉴얼은 새로운 방식, 즉 조직이 시장에서 변화를 이끌 수 있도록 신중한 노력을 기울여야 한다. 전략적 리뉴얼의 목표는 위기를 극복하고 나아가는 것이므로 이런 변화 노력은 동기를 부여하고 필요한 자금을 받고 이끌기가 더욱 어렵다.

그렇다면 위기가 없을 때 조직이 왜 리뉴얼을 해야 하는가? 능동적인 변화 노력은 경쟁자들보다 빨리 배우고 적절하게 미래를 준비할 수 있게 해준다. 자금을 충분히 지원받지 못하고 능동적인 변화를 이끌 리더가 부족했던 사례는 수도 없이 많다. 제록스와 코닥, 파이어스톤은 모두 위기를 극복하고 나아가려고 시도했지만 실패했다. FBI와 마찬가지로 조직의 역학 관계의 보수성이 강력한 적이 된다. 전략적 리뉴얼을 시도하기 전에 리더는 능동적인 움직임이 옳은 판단인지 확인해야 한다. 다음은 전략적 리뉴얼이 적절한지 판단하기 위한 4가지 질문이다.

1. 성장 기회가 제한적인 상황에서 성과가 성숙한 전략에 지배되는가?

성공만큼 현재 상황에 안주하게 만드는 것은 없다. 전략에 집착하는 최고의 순간은 최대의 성공을 거두고 있을 때다. 2012년, 전통적 광고 회사들의 성장은 둔화되었고, 고객들은 비용 대비 효율이 좋은 광고 캠페인으로 떠나갔다. 하바스는 선전하고 있었지만 데이비드 존스가 빅터스 앤드 스포일스를 인수한 것은 크라우드소싱 콘텐츠가 기존 광고 및 미디어 전략을 보완할 중요한 성장 부문이 될 것이라는 존스와 이사회의 모험이었다. 존스는 광고 산업에 곧 변화가 일어날 것이고, 하바스가 파괴를 이끌 능력을 갖고 있다고 생각했다. 2013년에 하바스는 기존 전략에서 큰 성공을 거두었다. 각국 책임자와 크리에이티브 디렉터들 중 아주 적은 수만이 크라우드소싱 콘텐츠를 전략적 기회로 보았다. 존스의 간부 팀에 있던 주요 멤버들은 빅터스 앤드 스포일스를 그들의 역량과 성공적인 비즈니스 모델에 위협이 될 것으로 보았다.

동일한 역학관계는 공공 부문에도 작용했다. 혁신과 전략적 리뉴얼에 대한 저항의 고전적인 사례로, 역사학자 엘팅 모리슨Elting Morison이 미 해군이 적중률을 높이고 정확도가 3천 퍼센트 이상 되는 연속조준포격에 어떤 반응을 보였는지 기록한 것이 있다. 1898년, 해상에서의 기존 포격 개선률은 제한적이었다. 그래서 해군은 항해와 전투 역량을 결합시키기 위해 경쟁했다. 미 해군도 다른 나라 함대와 마찬가지로 포격 정확도 제한이라는 동일한 문제에 부닥쳤다. 그럼에도 불구하고 미 해군은 19세기 말 가장 뛰어났다. 해군의 기존 전략 성공은 고위급 리더들이 연속조준포격의 위협(혹은 기회)을 보지 못하게 만들었다. 루스벨트 대통령이 연속조준포격을 사용할 것을 명령한 후에야 새로운 포격 방법이 미군에 도입되었다. 그는 미국이 해군 전투에 적합하도록 방법을 조정하지 않으면 다른 나라의 해군이 먼저 그렇게 할 것이라고 생각하고 적극적인 리뉴얼에 착수했다.[2] 탐험하고 회사를 변화시킬 때는 바로 기존 전략이 성숙했고 산업을 새롭게 바꿀 기술적 가능성이 등장했을 때다.

2. 조직의 전략을 바꿔야 할 제품이나 서비스, 프로세스의 기회가 있는가?

미국의 전국 신문과 지역 신문은 판매나 구인 광고가 인쇄 매체를 떠나 온라인으로 옮겨가면서 모두 수익이 감소했다. 이런 상황에서는 점진적 혁신이 가져다줄 가치가 제한적이었다. 지역 광고를 크레이그스리스트 Craigslist에서 공짜로 볼 수 있는 시대에 인쇄 매체가 컬러 광고나 더 좋은 인쇄 기기를 도입한다고 해도 궁극적인 결과에는 차이가 없을 것이다. 2000년, USA투데이의 톰 컬리는 경쟁자들보다 훨씬 먼저 신문을 멀티 플랫폼 뉴스 조직(신문, 온라인, TV)으로 전환하면 기회가 있을 것임을 알았다.

온라인 웹사이트는 신문이나 광고 조직을 넘어서는 영향력을 가진다. 빅터스 앤드 스포일스의 CEO 존 윈저는 2014년 성명서에 다음과 같이 적었다.

에어비앤비Airbnb는 뉴욕 시의 주택 및 세법을 방해하며 대형 호텔 체인뿐 아니라 관료주의에 도전하고 있다. 현재 100억 달러 가치를 지닌 에어비앤비는 전 세계 호텔 산업 및 그 지지자들과 겨룰 자금을 갖고 있다. 앱을 통한 자동차 공유 서비스인 우버Uber도 180억 달러 이상의 가치를 지닌 세계적인 성공 사례가 되었다. 2014년, 런던과 파리, 베를린, 마드리드의 택시 운전사들은 우버에 대항하기 위해 시위에 나섰는데, 그 결과 아이러니하게도 우버는 수십만 명의 새로운 멤버를 얻게 되었다. 쿼키Quirky는 소비자 제품 디자인 및 혁신에서, 로컬 모터스Local Motors는 자동차 산업에서, 릴레이 라이드Relay Rides는 렌터카 업계에서, 킥스타터Kickstarter와 앤젤리스트AngelList는 금융 분야에서 기존의 질서를 파괴하는 존재가 되었다. 모든 산업 분야에서 패러다임의 변화를 가져올 네트워크 세상의 힘을 활용하는 새로운 오픈 시스템 업체들이 생겼다.[3]

수익이 산업에서 빠르게 흘러나가는 것은 드문 일이 아니다. 학계에서 학문적 출판으로 그리고 광고에서 자본 시장으로 영역을 뛰어넘어, 새로운 디지털 비즈니스 모델이 현재의 수익을 위협하고 있다. (FBI에서 뮐러의 경우처럼) 불연속성은 예측할 수 없지만 기술적 이동이나 시장 변화, 경쟁과 규제 변화는 예측이 가능하다. 리더십의 중요한 역할은 오늘의 기회가 내일의 위협이 될 수 있기 때문에 전략적으로 가장 매력적인 기회에 도전하는 것이다.

마이시스의 로리나 나사의 데이비스, 젠사르의 나타라얀의 사례에서 보았듯 실험하고 탐험적 선택을 시도할 시기는 기술적 동요가 있는 때다. 실험은 현재 상태에 만족하는 기업에 비해 미래의 기술을 효과적으로 배울 수 있도록 도와준다. 이러한 능동적인 변화는 비영리 부문에도 적용될 수 있다. 제프 데이비스는 초기에 개방형 혁신 실험이 자신의 부서 및 나사 전체에서 과학이 수행되는 방법을 급진적으로 바꾸어 놓을 것이라는 통찰이 있었다. 하지만 새로운 기술의 탐험은 기회가 현재의 산업 밖에 있을 때는 더욱 어려워진다.

3. 핵심 시장 밖에 기회나 위협이 존재하는가?

노키아가 아이폰이나 안드로이드를 예측하기 어려웠던 이유 중 하나는 이 둘이 핸드폰 산업 밖에서 왔기 때문이다. 노키아의 경영진은 벤치마킹 데이터와 경영 컨설턴트 분석을 하느라 애플이나 구글이 아닌 에릭슨 Ericsson과 삼성, 모토로라에 관심이 집중되어 있었다. 노키아는 자신들이 산업을 이끈다는 생각에 사로잡혀 애플이 규칙을 얼마나 깨트릴 수 있을지 예측하지 못했다.

기술적 변화와 그에 수반되는 조직의 갑작스런 변화는 종종 산업 밖에서 시작된다. 신규 진입자들은 산업의 기준에 도전하고 현재 참여자들에게 면역 반응을 불러일으킨다. 현재 참여자들은 조직의 추정과 인지 모델에 갇혀 새로운 기술 영역으로 나아가려는 간부 팀의 효과적인 탐험을 방해한다. 하바스나 USA투데이, 미 해군의 사례처럼 리더십 팀과 커뮤니티가 기업의 전통적인 시장이나 경쟁자들 밖에서 생기는 기회를 정확히 평가하기란 어려운 일이다. 전략적 리뉴얼의 중요성은 리뉴얼 기회가 기업의 역량과 정체성을 위협할 때 더 두드러지고 어려워진다.

4. 기회가 회사의 핵심 역량이나 정체성에 위협이 되는가?

기회나 위협의 원인은 기업의 핵심 역량과 정체성에 미치는 영향과는 별개로 생각할 문제다. USA투데이와 하바스의 사례처럼 온라인을 통한 기회는 뉴스와 광고를 만들 때 새로운 역량과 방식이 필요하게 만들었다. 이러한 변화는 긴장을 불러오고 정체성 변화를 가져왔다. 마찬가지로 나사의 크라우드소싱 연구는 기존의 연구 개발과는 근본적으로 달랐다. 전통적인 연구 개발 방법을 사용하는 과학자들이 기술적 문제의 틀을 잡고 스스로 해결한 반면 개방형 혁신 도구를 사용한 과학자들은 문제의 틀을 잡은 후 다른 사람에게 문제의 해결을 맡겼다. 제프 데이비스가 이끈 부서의 정체성은 연구 조직에서 '우주인들이 우주 공간에서 안전하게 지내도록' 만드는 조직으로 바뀌었다.

기술과 함께 역량과 정체성이 변화할 때 조직의 리뉴얼은 중요해진다. 탐험적 혁신이 역량 변화와 정체성 위협을 수반할 때는 기업이 혁신에 적극적으로 저항하고 이미 잘 알고 있는 방식으로 되돌아갈 위험이 생긴다. 그럴 경우 조직은 안정적이거나 줄어들고 있는 시장에 더 좋은 제품과 서비스를 전달한다. 하지만 다가올 차세대 물결은 놓치게 된다.

단순히 성공적인 비즈니스 모델을 활용하는 것은 단기적으로 성공을 가져오지만 장기적으로는 위기를 초래한다. 마이시스와 하바스, 젠사르에서 보았듯 실적이 기업과 산업의 성숙한 전략에 주도될 때는 제품이나 서비스를 보완하거나 혁신을 탐험할 때다. 하지만 실험과 그에 따르는 변화는 종종 새로운 참여자와 역량, 기업의 정체성 변화를 가져온다. 리뉴얼을 어렵게 만드는 것은 그것이 회사의 과거에 위배되며 성공은 오직 과거에만 있다는 점이다. 오늘의 리뉴얼은 내일의 성공을 불러올 기회가 된다.

전략적 리뉴얼은 동기를 부여하기는 어렵지만 기업이 시간과 자원, 명확한 전략을 갖고 있기 때문에 전환보다 성공적일 수 있다. 전략적 리뉴얼은 가장 중요하면서도 어려운 리더십 팀의 임무다. 그렇다면 어떻게 리뉴얼할 것인가? 1999년에서 2008년 사이에 IBM이 내세웠던 기준을 다시 생각해보자. 또한 2004년에서 2014년 사이의 하이얼의 리뉴얼 노력도 살펴보자. IBM과 하이얼, 그 외 기업들이 효과적인 전략적 리뉴얼을 위해 개발한 조치들도 알아본다.

IBM의 전략적 리뉴얼(1999년~2008년)

1999년, IBM은 거의 사라질 뻔한 경험을 한 뒤 부활했다. 회사는 재무 실패와 경쟁력 부족을 겪었고 주가는 10년 내 최저치를 기록했으며, 15만 명이 일자리를 잃었고, 금융권에서는 회사가 각 부문으로 분리할 것을 요구하고 있었다. 전설적 CEO 루 거스너는 회사를 이런 상황에서 구해냈지만, 1999년 회사의 성장은 둔화되었다. 거스너를 이어 CEO가 된 샘 팔미사노는 모든 면에서 전략적 리뉴얼이 필요한 조직을 인계받았다.

전환 노력으로 IBM은 단기 실적 개선을 위한 통제 체계를 만들었지만 이는 혁신과 성장을 저해했다. 파괴적 변화의 위협은 새로운 기술로부터 왔다. IBM은 라우터, 웹 인프라, 음성 인식, RFID 같은 많은 기술을 개발했지만 상업화하지는 못했다. 시스코나 아카마이, 뉘앙스 같은 경쟁자들은 당시 IBM에게는 낯선 스타트업 문화에서 출발했다. 수익은 기술의 복잡성을 책임지고 솔루션을 통합할 수 있는 회사에 넘어갔다. 하지만 IBM의 직원들은 과거의 기술 하드웨어를 계속 고집하고 있었다. IBM의 새로운 비전에 도움이 되는 방법을 받아들이고 알아가는 일은 쉽지 않았다.

1999년에서 2008년 사이에 IBM은 전략적 리뉴얼을 시도했는데, 그 결과 2008년에 완전히 새로운 회사가 되었다. 비즈니스를 하드웨어와 소프트웨어에서 컨설팅이나 분석, 산업에 특화된 솔루션 등의 비즈니스 가치를 창출하는 방향으로 전환했다. IBM은 거의 사라질 뻔했던 경험에서 교훈을 얻었고, 휴렛팩커드나 델, 선, 그 외 경쟁자들을 무너뜨린 다음 커브 길을 돌아 앞으로 나아갈 수 있었다. IBM의 전략적 리뉴얼 프로그램과 관련된 핵심 관행을 살펴보자.[4]

IBM의 이전 정체성을 되돌아보고 갱신하다

타성을 극복하기 위해 팔미사노는 IBM의 성장 어젠다를 발표하고 직원들에게 '끊임없는 셀프 리뉴얼'을 불어넣으려 했다. 팔미사노는 IBM이 뚜렷한 정체성을 유지하면서 스스로를 다시 새롭게 만들 것을 요구했다. 그는 직원들에게 IBM을 세계 최고의 기업으로 다시 만드는 데 참여해달라고 요청했다. 이러한 열망은 고객 성공, 혁신, 신뢰 그리고 개인적 책임이라는 새로워진 공유 가치에 바탕을 두고 있었다.

훌륭한 미사여구에도 불구하고 팔미사노는 회사의 열망과 문화를 확실히 표현하는 것 이상의 일을 해야 했다. 회사가 새로운 목적과 정체성을 갖도록 이끌어야 했다. 그래서 그는 가족과 커뮤니티에 대한 직원들의 염원을 이용하기로 했다. 중요한 시장의 모든 리더들과 워크샵을 갖고 간부들에게 그들이 가장 소중하게 여기는 사람들의 문제를 해결하고자 하는 그들의 염원을 이야기해 달라고 요청했다. 그는 "당신과 당신이 아는 사람들을 좌절하게 만드는 문제는 무엇인가?"라고 질문하며 간부들에게 문제를 해결하기 위해 다른 비즈니스 부문 동료들과 협력할 것을 요구했다. 그 후 IBM의 스마터 플래닛Smarter Planet 광고 캠페인이 시작되었고, 이 캠페인은 IBM이 세상에 중요한 일을 할 때 얼마나 최선을 다하는지 보여주었다. 직원들은 자신의 이야기를 들려주며 IBM이 어떻게 컴퓨터 하드웨어 판매업체에서 문제 해결자로 변화했는지에 관한 가시적인 효과를 제공했다.[5]

IBM의 새로운 정체성은 걸출했던 과거를 상기시켜 주었고, 항공교통관제에서 달 착륙에 이르기까지 기술을 제공해주었다. 또한 기후 변화나 인구 밀집, 글로벌 안보에도 앞장섰다. IBM을 '세계 최고의 회사'로 재창조하겠다는 팔미사노의 열망은 회사의 과거와 미래를 모두 반영했다. 더 나아가 팔미사노는 회사가 그의 열망을 따라오도록 상·하향식 프로세스를 만들기 위해 오랜 동료들과 협력했다. 이 학습 프로세스는 새로워진 전략적 플래닝 프로세스에 바탕을 두고 있었다.

전략적 기획을 새롭게 만들다

팔미사노는 뛰어난 조직 운영 덕분에 승진했다. 그는 분기 말이 다가오면 전 세계의 직원들에게 연락한 것으로 유명했다. 주간 매출회의에 예고 없이 나타나 개인적으로 기대하는 실적에 대해 이야기하기도 했다. 또한 전략적 리뉴얼을 이끌려면 자신이 시작한 변화를 이해하고 시행하는 데 더 많은 리더들을 참여시키는 것이 필요하다는 사실을 인식했다. 이러한 행동을 통해 단기 성과에 매우 중요한 재정 및 운영 통제와 함께 포용과 학습이 균형을 이루어야 한다고 강조했다. 팔미사노는 협력적인 미래를 만들기 위해 30명 이상의 리더로 구성된 혁신 간부 팀 구조를 도입했는데, 이들 중 대부분은 수십억 달러의 비즈니스를 이끈 경험을 갖고 있었다. 세 팀의 멤버들이 겹치기도 했는데 이들은 비즈니스 운영, 전략, 기술의 의사결정을 하는 역할을 맡았다.

전략 부문 부사장인 브루스 해럴드는 전략적 플래닝 프로세스를 개편했다. 새로운 프로세스는 문서량만 많고 통찰은 얻지 못하는 형식적 검토가 아니라 기존 실적의 차이와 장기적 기회에 관한 대화에 책임자들을 참여시키는 방향으로 바뀌었다. 대화의 주제는 전략 수립에 필요한 책임자들의 결정을 설명하고 실행 방법을 묻는 간단한 형식을 따랐다.

IBM이 성장 기회를 활용하지 못한 이유는 전략적 통찰이 부족해서가 아니라 실행을 제대로 하지 못했기 때문이라는 사실을 깨닫고 해럴드와 동료들은 프로세스를 좀 더 구체적으로 바꾸었다. 이전의 전략 계획이 일상의 비즈니스에서 동떨어져 있었다면 이제는 새로운 문제에 관심을 집중했다. 실적이나 기회의 차이가 존재하는지, 실적에 차이가 있다면(예를 들어 목표를 달성하지 못했다면) "왜?"라고 질문했다. 이를 통해 실적 차이의 근본 원인에 대한 조사가 가능해졌다. 기회의 차이(예를 들어 활용하지 못한 성장 잠재력)가 있다면 새로운 영역에서 그런 기회를 어떻게 얻을 것인가(혹은 얻는 데 방해가 되는 것이 무엇인가)에 집중했다. 이런 방식은 본사와 비즈니스 유닛 간의 방어적 태도를 무너뜨렸고, 책임자들이 회사의 요구에 따르는 방식이 아니라 자신들의 전략을 갖도록 장려했다.

IBM은 전략 프로세스에 참여하는 사람들의 기반도 넓혔다. 모두가 예상되는 말만 하던 연간 전략 계획의 뻔한 드라마는 대화와 데이터에 기반한 전략적 프로세스, 도전 과제와 토론으로 넘치는 살아 있는 프로세스로 변화했다. 팔미사노와 해럴드, 그 외 고위 간부들은 리뉴얼을 돕기 위해 EBO 시스템을 포함해 여러 도구를 개발했다. 전략적 리더십 포럼도 리뉴얼의 또 다른 중요한 도구였다.

전략적 리더십 포럼

EBO가 IBM의 새롭고 탐험적인 계획의 선봉이 되면서 팔미사노는 경영진이 더 폭넓게 참여하기를 원했다. IBM은 리뉴얼과 성장에 대한 포부를 시험하고 학습해야 했다.

해럴드는 GE의 잭 웰치Jack Welch가 사용했던 워크아웃 아이디어를 빌려와 변화를 위한 고위 리더십의 압박과 직원들의 성장 동력을 연결시키는 워크샵을 만들기로 결정했다.[6] GE는 특정 영업의 문제를 해결하기 위해 워크아웃을 이용한 반면 해럴드는 IBM의 확장된 리더십 팀 내에서 전략적 선택과 행동 변화를 목표로 삼았다. 그의 방식은 독특했다. 경영대학원 교수진과 전문가인 진행자가 이끄는 3일 반 동안의 워크샵을 기획했는데, 비즈니스 팀은 자신의 유닛이 직면한 실적이나 기회의 차이를 어떻게 해결할지 고민했다. 워크샵은 문제를 해결할 수 있는 방법을 제공하고, 참가자들이 유추를 통해 사고하도록 혁신과 변화의 사례를 제시해 경영진의 사고방식을 자극하고 그들이 도전하도록 만들었다. 그리고 IBM의 최근 상황을 떠올리며 '성공의 독재'와 리더들이 파괴의 위협에 안일하게 대처할 경우 위험한 상황이 닥칠 것이라고 강조했다.[7]

포럼에는 3~4개의 간부 팀이 있었다. 각 팀은 분명한 차이(예를 들어 '지난 3년간 매년 시장 점유율이 낮아졌다', '5년 내에 10억 달러의 비즈니스를 만드는 것을 목표로 한다' 등)와 해럴드의 기업전략 팀과 모은 정보를 들고 포럼에 참석했다. 각 팀은 팔미사노의 직접적인 지시로 회사에서 지원을 받았고 다른 부서에게도 도움을 받았다. 그들은 문제의 원인을 찾거나 전략적 기회를 성공적으로 실행하기 위해 교육 세션에서 배운 문제 해결 방법을 적용했다.

각 팀은 더 깊이 문제를 파고들었고, 일상 업무를 하느라 해결하지 못했던 문제들을 들여다볼 수 있었다. 이를 바탕으로 전체 커뮤니티에 진단 결과를 보고하고 방법을 제안했다. 각 팀은 동료들과 본사의 후원자들로부터 날카로운 피드백을 받았으며, 포럼에서 발전된 분석을 기반으로 행동했다.

워크샵 결과의 반감기를 인지한 해럴드의 팀은 책임을 다할 수 있도록 철저한 후속 방법을 도입했다.

가시적인 결과가 비즈니스 유닛 팀에게 중요했지만 이 세션을 통해 얻는 지속적인 가치는 보이지 않는 곳에서 나왔다. 각 포럼에서 다수의 팀들이 방법을 함께 따라갔다. 각 팀은 자신들의 진단과 행동 계획을 다른 팀과 공유하기 위해 워크샵 기간 동안 세 차례 함께 모였다. 참가자들은 IBM 내부와 외부의 복잡한 상호의존성에 놀랐다. 그들은 자신의 유닛이 일부분을 담당하고 있는 더 넓은 전략적 상황에 대해 알게 되었다. 또한 그룹 내부와 그룹 간, 회사 간부들과 대화하고 진단을 내리는 것이 얼마나 큰 힘을 갖는지도 알게 되었다.

워크샵을 통해 팔미사노와 그의 팀은 IBM의 리뉴얼에 방해가 되는 위험 회피 문화와 점진적 변화, 재무, 프로세스 사고방식, 실수에 대한 낮은 내성, 비즈니스 라인 간 신뢰 부족에 대해 지속적으로 들을 수 있었다. 고위 직급의 리더들은 포럼 내의 협력과 팀워크, 높은 기대치를 갖는 문화가 IBM의 혁신을 강화해줄 것이라고 생각했다. 그들은 대화로 전략을 발전시키고 협력을 불가능하게 만드는 구조적 장벽을 무너뜨렸다. 과거에는 금기시되던 이런 문제들을 다루면서 IBM 리더십 팀의 사고방식은 진화했다.

2008년, 팔미사노를 포함한 IBM의 최고위급 간부 50명 중 80%가 포럼에 참석하거나 포럼을 주최했다. 300명의 간부들 중 60%가 적어도 한 번은 포럼에 참석했다. IBM의 리뉴얼 노력이 성공을 거두면서 2010년 수익이 약 1천억 달러 늘었고 마진도 크게 증가했다. 더욱 중요한 점은 IBM이 다양한 비즈니스 유닛에서 활용과 탐험 방법을 배우고, 점진적 변화와 탐험적 변화를 모두 받아들이게 되었다는 것이었다.

이 프로세스는 IBM뿐만 아니라 더 넓은 시장의 리더들도 적용할 수 있다. 이번에는 하이얼의 변화 사례를 살펴보자.

하이얼의 전략적 리뉴얼(2004년~2014년)

2012년, 하이얼 그룹은 중국의 대표적인 글로벌 기업 중 하나로 그 가치가 250억 달러에 달했다. 하이얼은 전 세계에서 가장 큰 가전제품 제조업체로, 보스턴컨설팅그룹의 연간 최고혁신기업 보고서에서 여덟 번째에 랭크되어 있었다. 1984년 이후 하이얼의 회장을 맡고 있던 장 루이민은 회사를 효율적이고 혁신적이며 글로벌 고객과 가깝게 만들겠다는 적극적인 조직 실험으로 잘 알려져 있었다.[8] 2004년에서 2014년 사이 루이민과 동료들은 여러 번의 리뉴얼 노력을 이끌었다.

2004년, 자국 및 글로벌 경쟁자들의 압박으로 루이민은 회사 전반에 걸쳐 주도적이고 확실한 변화에 착수했다. 그는 고객의 요구를 가까이에서 듣는 최전선의 직원들이 혁신을 책임지도록 권한을 주고 싶어 했다. 혁신을 장려하기 위해 각 직원은 공급자와 고객 간의 거래에 참여하는 전략적 비즈니스 유닛이 되었다. 이런 급진적 분산은 회사가 혁신하는 데 커다란 원동력이 되었고, 2010년 하이얼은 세계 최대의 가전제품 회사가 되었다. 하지만 루이민은 하이얼의 극단적인 분산이 상당한 비용을 치른 대가라는 것을 알고 있었다. 고객 중심의 혁신은 내부의 합동을 저해하고, 개인 및 교차 기능 간 갈등을 증가시켰으며, 결국 제품 급증으로 이어졌다.

이에 대해 루이민은 '고객과의 거리를 없앤다'는 자신의 약속을 강화했다. 극단적인 분산과 자율성이 초래한 문제를 해결하기 위해 하이얼은 2010년에 팀 기반의 조직 구조로 바뀌었다. 새로운 구조는 규모가 작고, 자율적이며, 스스로 관리하고, 고객을 상대하는 수천 개의 팀으로 구성되었다. 이 팀들은 ZZJYT^{Zizhu Jingying Ti}(자신이 주인이 되는 운영 유닛)라고 불렸다. 일순위 교차 기능 및 고객 상대 ZZJYT는 회사의 핵심 제품과 서비스 활동을 담당했다. 팀은 스스로 조직을 만들었고 의사결정과 자원 분배, 지출, 보상을 관리했다. 2순위 ZZJYT는 일순위 그룹을 기능적으로 지원했고, 3순위 ZZJYT는 회사의 비즈니스 유닛 전략을 감시하고 개발했다. 루이민은 각 ZZJYT에 있는 직원들이 CEO가 된 것처럼 생각하고 행동하기를 원했다. 일순위 ZZJYT는 2순위나 3순위에게 제약을 받더라도 고객을 가까이에서 상대하도록 했다.

2012년, 하이얼에 근무하는 7만 명의 직원들은 2천 개의 일순위 ZZJYT로 조직되었다. 이 팀들은 시장 결과(전통적인 재무 지표들)와 전략적 결과(고객 만족이나 고객과의 상호 활동에서 나온 새로운 제품 같은 질적인 요인)를 함께 고려한 실적 체계에 기반해 평가를 받았다. 실적이 저조한 팀은 다른 팀으로 대체되거나 해체되었다. 루이민은 이런 구조적 변화가 하이얼의 중국 고객을 대상으로 하는 혁신성을 유지해주지만, 일순위 ZZJYT가 실적 대비 성과를 극대화하기 위해 운영되면서 상당한 갈등과 조율, 아웃소싱 비용 증가 등의 문제가 여전히 남아 있다고 주장했다.

지역의 혁신성을 유지하면서 조율과 통제를 더 잘 하기 위해 루이민은 2013년에 이익공동체^{COI; Communities of Interest}(이하 COI)를 만들었다. 이 공동체는 몇 개의 ZZJYT로 구성되었고 각각 리더가 존재했다. 예를 들어 에어컨 COI는 교차 기능 ZZJYT(디자인, 제조, 마케팅, 영업)로 구성되었고 책임을 맡는 리더가 있었다. 2순위와 3순위 ZZJYT는 제품 및 서비스 중심의 COI를 지원했다. 다만 조직 구조는 내부와 외부의 비용 조율을 개선했다. 이런 집중적 COI는 점진적 혁신에는 뛰어났지만 급진적인 변화에는 덜 효과적이었다.

2014년, 루이민은 또 다른 혁신으로 다수의 작은 기업(micro enterprises)을 만들었다. 샤오웨이xiaowei라고 하는 작은 기업들은 고객과의 거리를 없애주는 주요 제품과 서비스의 혁신을 위해 계획되었다. 각 샤오웨이는 전통적인 고객 상대의 교차 기능 ZZJYT와 비슷했지만 특정 이익공동체의 리더에게 보고하는 독립된 기업이었다. 샤오웨이는 하이얼이 일부 지분을 가진, 법적으로 분리된 유닛이었다. 팀 리더는 샤오웨이 지분의 5~15% 정도를 소유했다.

예를 들어 에어컨 COI는 새로운 에어컨을 만들기 위해 샤오웨이 구조를 사용했다. 급진적 제품 혁신은 간헐적으로 찬바람을 내뿜는 것이 아니라 조용하고 꾸준하게 찬바람을 유지하는 것으로, 이 에어컨은 애플이 자체 운영체제를 통해 사용자와 연결하도록 허가해준 세계 최초의 가전제품이었다. 또 다른 샤오웨이로는 물류 서비스, 정수 서비스, 디지털 제품이 있다. 샤오웨이와 관리자인 COI 사이에 전략적 상호의존이 없을 경우 루이민은 3년 내에 샤오웨이를 공개적으로 상장하려 했다. 전략적 레버리지가 있을 경우 하이얼은 외부 전문가가 결정한 가격으로 샤오웨이를 다시 사들였다. 시장에서 실험이 성공하지 못할 경우 샤오웨이는 종료되었다. 2015년 1월, 활용적 성격의 ZZJYT와 탐험적 성격을 갖는 샤오웨이의 조합은 효율성과 혁신이라는 하이얼의 2가지 열망을 모두 달성하게 해주었다. 시장도 여기에 주목했다. 하이얼은 상해주식시장 종합지수 대비 39% 높은 실적을 거뒀다.

IBM의 팔미사노는 9년간 탐험과 활용 방법을 배우기 위해 여러 가지 실험을 한 끝에 전략적 리뉴얼을 시도했다. 하이얼의 프로세스도 10년 내에 고위급 리더와 조직이 양손잡이 조직을 만들고 리뉴얼하는 방법을 어떻게 배웠는지 보여준다.

고객과의 거리를 없애고 비용을 낮추고 혁신을 이루겠다는 루이민의 열망에 따라 하이얼은 기술과 시장, 진화하는 고객의 요구를 학습하는 방향으로 조직의 형태를 실험했다. 급진적으로 분산된 형태는 혁신을 촉발시켰지만, 상당한 비용과 갈등, 전략적 관리 부재라는 문제도 불러왔다. 그 후 이어진 리뉴얼 노력에서 루이민은 결국 양손잡이 디자인, 즉 전략적 결합 및 강력한 간부 팀의 통합과 함께 차별화를 이루는 것이 효율적이고 혁신적이며, 글로벌 고객에게 다가갈 수 있는 효과적인 구조라는 것을 알게 되었다.

루이민의 주도적인 변화 노력은 회사가 활용과 탐험을 동시에 잘할 수 있도록 만들었다. 각 COI 리더는 기존 전략을 활용하기 위해 ZZJYT를 이용하면서 새로운 분야를 탐험하기 위해 샤오웨이가 COI에 도움이 되도록 만들었다. 하이얼의 통합점은 책임자들이 탐험적 노력을 COI에 재통합하거나 분리하거나 제거할지를 결정하도록 만드는 데 있었다. IBM에서 보았듯 하이얼의 학습은 회사를 새롭게 만들고자 하는 리더가 있었기에 가능했다.

전략적 리뉴얼 이끌기

IBM과 하이얼의 리뉴얼 방법은 달랐지만 모두 위기가 없는 상황에서 전략적 리뉴얼을 효과적으로 이끄는 리더십의 특정 패턴을 보여준다. 이해를 돕기 팔미사노와 루이민의 방법을 하바스의 존스나 나사의 데이비스(7장 참조)가 사용했던 실패한 리뉴얼 노력과 비교해보고자 한다. 이를 바탕으로 효과적인 리뉴얼을 위한 5가지 특징을 소개한다.[9]

1. 마음을 움직이는 성장 포부를 정한다.

위기나 두려운 상황이 닥치면 수동적인 변화가 일어나지만, 위기가 없을 때는 감정적 에너지가 다른 곳에서 나와야 한다. 전략적 리뉴얼은 회사의 정체성과 관련된 감정적 열망에 의해 동기가 부여된다. 성공적인 리뉴얼은 '우리가 누구인가 그리고 우리는 무엇을 하는가'를 규정해주는 회사의 전략이나 열망과 관련이 있다. 성장에 대한 열망은 미래를 예측하고 더 높은 수준의 성과를 달성하기 위한 목표를 세울 수 있도록 도와준다. 팔미사노는 자신의 성장 전략을 '세계 최고의 회사'라는 과거의 정체성에 IBM 직원들을 재연결시켰다. 하이얼의 루이민은 다수의 리뉴얼 노력을 실행하는데 '고객과의 거리를 없앤다'는 목표를 감정적 열망과 연결시켰다. 이런 열망은 제한적인 재무 목표와 달리 더 큰 영향력을 갖는다.

반면 '삶을 위한 건강한 눈'이라는 시력 보호 솔루션에서 전략적 리뉴얼을 하고자 했던 시바 비전은 5/10/2010이라는 비전을 세웠는데, 이는 2010년까지 5%의 수익 성장과 10%의 이익 성장을 달성하겠다는 목표였다. 이 비전은 기억하기는 쉬웠지만 영감을 받은 사람은 CEO가 유일했다. 시바 비전은 이 수치를 달성하지 못했을 뿐 아니라 단기 결과에만 집착한 나머지 주가가 3년 사이 곤두박질쳤다. 앞에서 이야기한 나사의 생명과학 부서 역시 마음을 움직이는 포부가 없었기 때문에 데이비스의 과학자들은 연구 방법을 바꾸어야 할 동기를 찾지 못했다. 데이비스가 '우주인들이 우주에서 안전하게 지내도록 만든다'라는 열망을 표현한 후에야 그의 팀은 전문가로 서의 정체성과 조직의 정체성을 개방형 혁신에 포함시킬 수 있었다.

희망은 두려움보다 더 확실한 동기를 부여해준다. 여기에는 직원들의 마음을 울리게 만드는 무언가가 있어야 하이얼처럼 하향식으로 이루어질 수도 있고, IBM처럼 상·하향식으로 이루어질 수도 있다. 포부는 간결하고 공감이 되고 회사의 전략에 직접적으로 연결되고 간부 팀이 직접 인정해야 한다. 포부가 단순한 구호에서 벗어나 실행되려면 위에서부터 끈기와 열정을 갖고 적극적으로 이끌어야 한다. 중간급 관리자들은 간부 팀이 이 포부를 인정하지 않았다고 생각했기 때문에 하바스를 '기술과 미디어, 창의성에서 앞선 회사'로 만들겠다는 존스의 열망은 무시당하고 말았다.

2. 문서 대신 대화를 바탕으로 전략을 수립한다.

목표를 실행하려면 형식적인 프로세스를 버리고 직접 소통해야 한다. 앞에서 IBM의 리더들이 받아들이기 쉽지 않은 문제에 관한 논의를 어떻게 타당하게 만들었는지 살펴보았다. 어려운 문제는 관심을 갖고 지켜보고 전략을 통해 실제 위협과 기회를 다루어야 한다. 회의에서 의논하기 어려운 문제를 회피하게 되면 결국 약한 전략으로 이어진다. 대화를 통한 전략은 동일한 데이터를 지루한 프레젠테이션이 아닌 개방적인 논의로 대체하는 것이다. 우리와 함께했던 회사 중 하나는 시장 데이터와 경쟁자 분석, 벤치마킹 정보 같은 일반적인 전략이 적힌 포스터를 회의실에 붙여놓고 간부 팀을 초대해 '갤러리에서처럼 돌아다니며' 데이터를 보도록 했다. 남아프리카 공화국에 위치한 네트뱅크Nedbank의 CEO 잉그리드 존슨Ingrid Johnson은 간부 팀을 대거 교체하고, 고위급 리더들을 '잠시 멈춰서 깊이 생각해보는' 활동에 참여시킨 후 변화의 탄력을 받았다. 이런 활동은 리더들이 그녀의 기대치를 탐험해보고 자신의 우선순위와 연결시켜 볼 수 있도록 해주었다.

BT의 브로드밴드 부문의 변화는 벤 버바이엔이 브로드밴드를 전략의 우선순위에 둔다는 사실을 분명히 밝히고, 그 부문의 최고 책임자를 임명하고, 경영 팀이 브로드밴드를 실행할 때 수반되는 문제에 관여할 수 있는 공간과 기대를 제공한 후 탄력을 받았다. 사실에 근거한 대화나 실제 데이터에 근거한 소통 없이는 전략적 리뉴얼은 교착 상태에 빠지게 된다.

3. 실험을 통해 미래의 성장 가능성을 높인다.

전략적 대화는 실험을 통해 성장 가능성을 높임으로써 기존 조직 내에서 새로운 비즈니스를 지원한다. 실험 관행들(많은 경우 스타트업의 벤처 캐피털에 적용된다)은 미래의 비전을 시험하고 배울 수 있는 기회를 만들어준다. 이런 실험은 기존 비즈니스가 성숙했고 기술적 변화의 가능성이 존재할 때 중요하다. 기업은 실험을 통해 진화하고 있는 산업에서 경쟁자들보다 효과적으로 학습할 수 있다. 점진적 혁신과 달리 리더들은 일이 벌어지고 난 후에야 실험이 성공적이었는지 알게 된다. IBM의 사례에서 보았듯 양손잡이 능력의 시행착오는 탐험에 매우 중요하다.

많은 기업들이 좀 더 작은 규모로 IBM 스타일의 관행을 도입했다. 미국에 사는 스페인어 시청자를 위해 텔레노벨라스(드라마)를 전문으로 만드는 77년 전통의 미디어 회사 시스네로스^{Cisneros}는 2010년에 디지털 미디어에 진출하기로 결정했다. 회사의 방송 미디어 콘텐츠는 여전히 인기 있었지만(미국에서 10위 안에 드는 쇼를 만들었다), 시스네로스는 온라인 스트리밍과 모바일 엔터테인먼트가 이끄는 파괴적 변화에 참여하고 싶었다. 불행히도 뚜렷한 비즈니스 모델이 없었기 때문에 이 분야에서 누가 돈을 벌게 될지는 확실치 않았다. 이 기회에 대해 더 알아보기 위해 아드리아나 시스네로스^{Adriana Cisneros}(당시 시스네로스의 전략 책임자)는 파일럿 형식의 제네시스^{Genesis} 프로젝트를 시작했다. 이 계획에서 확실한 수익을 보장하는 것은 아무것도 없었다. 시스네로스 조직은 성공하기 위한 방법을 시험하고, 학습해야 했으며, 유망한 비즈니스의 규모를 정해야 했다. 새로운 비즈니스 중 하나는 히스패닉 사용자를 타깃으로 하는 모바일 광고 서비스 애즈모빌^{Adsmovil}이었다. 애즈모빌은 성공적이었고, 2012년에 대통령 선거에서 오바마^{Barack Obama} 캠프가 히스패닉을 대상으로 하는 캠페인에 이용하기도 했다.

하이얼의 루이민은 비즈니스 유닛에 수천 개의 자율적 교차 기능 팀을 만들었다. 대부분의 ZZJYT가 점진적 혁신만 한다는 사실을 알고 난 후 그는 탐험을 책임질, 구조적으로 분리된 유닛인 샤오웨이를 통해 회사의 실험 능력을 강화했다. COI의 전략에 맞는 샤오웨이는 통합되었고, 전략적으로 활용할 수 없는 것은 하이얼에서 분리되었으며, 시장에서 실패한 것은 해체되었다. 이러한 분산적인 실험은 전통적으로 혁신이 적은 백색 가전제품 시장에서 하이얼이 경쟁자들보다 더 큰 혁신을 이룰 수 있게 해주었다.

4. 리더십 팀을 리뉴얼 작업에 참여시키고, 상향식 프로세스를 만든다.

능동적이든 수동적이든 모든 변화는 간부 팀의 헌신에 기반한다. 전략적 리뉴얼을 성공하게 만드는 것은 다음 직급 직원들의 적극적인 참여다. 확장된 리더십 팀은 전략적 리뉴얼을 시행할 때 특히 중요하다. 제네시스 프로젝트는 아드리아나 시스네로스와 리더십 팀에게 기존 비즈니스에서의 탐험적 혁신을 가르쳐주었다. 시스네로스는 과거에 모바일과 인터넷 비즈니스를 시도했지만 실패했고, 그로 인해 조직 내에서는 기술에 대한 거부감이 강했다. 이런 상황에서는 변화의 프로세스가 중요했다. 아버지인 구스타보 시스네로스Gustavo Cisneros의 적극적인 지원을 받은 아드리아나는 각 비즈니스의 교차 기능 팀과 교차 직급 팀이 특정 계획에 집중하도록 권한을 주었다. 각 팀은 각각의 프로세스와 외부 조력자의 지원, 확실한 간부 팀의 기대를 받았다. 아드리아나는 "이 팀들이 일상 업무를 넘어 디지털 비즈니스를 위해 무엇을 해야 하는지를 보여주어 회사의 미래를 새로운 방식으로 생각하게 되기를 바란다"라고 말했다.

IBM과 BT의 앨리슨 리치에게서 보았듯 리뉴얼 프로젝트를 위해 리더십 팀을 만드는 것은 잠재적인 반대자들을 새로운 전략을 실현하기 위한 적극적인 참여자로 변화시켜준다. 커뮤니티를 통한 실험은 상부로부터의 에너지와 하부로부터의 에너지가 모두 있는 기업에 사회적 운동이 일어나게 만든다. 반대로 데이비드 존스나 제프 데이비스는 하바스와 나사의 생명과학을 변화시키려는 노력에 확장된 리더십 팀을 참여시키지 못했다.

5. 리뉴얼 실행에 규율을 적용한다. 하룻밤 사이에 리뉴얼이 가능할 것이라고 생각하지 않는다

이는 전략적 리뉴얼의 독특한 관행이 아닌 일상의 비즈니스 운영에 중점을 둔 관행에서 빌려온 것이다. 리뉴얼에는 비즈니스 성과에 중요한 프로젝트에 사용되는 집중적 실행과 동일한 정도의 실행이 필요하다. 여기서 자발적인 방법을 주장하는 사람들의 반대에 부딪히게 되는데, 그들은 장기적 비즈니스의 성과를 일부 열정적인 사람들이 하룻밤 사이에 할 수 있는 일인 것처럼 치부한다. 자발적인 방법은 그에 따르는 결과가 별로 없기 때문에 쉽게 승인할 수 있다. 현재에 영향을 미치지 않는다면 능동적인 변화에 '예스'라고 말하기는 쉽다.

우리의 연구와 경험에 따르면 그와 반대되는 태도가 필요하다. 시스코의 이사회 및 위원회의 운명은 확실한 성과 기대치를 갖고 적절하게 자원을 제공받지 못할 경우 독재적인 현재 비즈니스가 리뉴얼보다 얼마나 더 중요하게 여겨지는지 보여주었다. 전략적 리뉴얼은 부업으로 할 수 있는 일이 아니다. IBM의 전략적 리더십 포럼은 자발적이지 않았다. 워크샵은 전략적 리뉴얼을 위해 팔미사노가 내놓은 상·하향식 접근방식이었다. 마찬가지로 BT의 브로드밴드 변화나 젠사르의 SBP 소프트웨어 솔루션도 버바이엔과 나타라얀이 개인적으로 탐험적 혁신을 중요하게 여기고 자신에게 보고하는 별개 유닛을 만든 후에야 실행되었다. 각 혁신 유닛에는 기업가적 리더와 조직, 자원이 있었다. 덕분에 BT와 젠사르는 이사회와 고객의 반대에도 불구하고 리뉴얼을 시행할 수 있었다.

• • •

이 장에서는 효과적인 전략 리뉴얼을 위한 리더십의 특징을 살펴보았다. 혁신과 리뉴얼을 이끄는 것은 리더와 팀 간의 대화와 참여, 상황, 소통과 헌신이다. 이것은 대기업이나 소기업뿐만 아니라 비영리 조직에도 적용된다. 전략적 리뉴얼을 위한 노력은 감정적인 포부와 전략적인 도전에서 탐험하고 활용할 에너지를 얻는다. 실제로 해보면서 배우고, 더 큰 커뮤니티에서 알게 된 것을 공유하며, 간부 팀이 감독하는 것은 모두 변화의 중심이 되는 움직임을 일으키는 데 기여한다.

전략적 리뉴얼이 상부에서 시작된다 해도 그것이 높은 사람들에 의해 실행되는 것은 아니다. 모순적인 도전을 바탕으로 실행되는 상·하향식 변화는 변화를 효과적으로 만들어준다. 아는 것과 실천하는 것은 다르다. 5가지 특징은 리더가 과거를 버리지 않고 미래로 가는 다리를 만드는 데 도움이 될 것이다. 전략적 리뉴얼은 시간이 흐르면서 배울 수 있고, 조직의 리뉴얼은 개인 및 간부 팀의 리뉴얼과 함께 가능하다.

다시 원점으로 돌아와서

혁신기업의 딜레마를 해결하는 데 도움이 되는 도구를 제공했으니 이제 이 책의 여정을 시작하게 만든 질문으로 되돌아가 보자. 성공한 많은 기업이 왜 변화 앞에서 비틀거리는가? 그들의 실패는 자원이나 전략에 대한 통찰이 부족해서가 아니다. 2개의 일을 동시에 하지 못하는 조직의 무능함 때문이다. 현직에 있는 대부분의 리더들은 기존 비즈니스는 잘 운영하지만 미래의 비즈니스를 위한 규칙을 만드는 것은 서툴다. 성공 증후군은 잔인하다. 이제 당신은 그 원인을 깨달았을 것이다.

성공적인 기업은 혁신 흐름을 만들고 양손잡이 능력을 갖고 행동한다. 활용 유닛은 점진적인 혁신과 지속적인 개선에 초점을 맞추고, 탐험 유닛은 실험을 통해 학습한다. 기업은 탐험 유닛을 분리시키지 않고, 여기에 활용 유닛의 자산과 역량을 사용한다. 일관성 없는 탐험과 활용 유닛은 회사 전체를 아우르고 공감을 얻는 포부와 핵심 가치, 강력한 간부 팀의 통합에 의해 하나로 단결된다. 이때 탐험 유닛은 미래를 발견할 힘을 얻고, 간부 팀은 장래가 유망한 실험을 할 수 있는 선택권을 가지며, 향후 주류 비즈니스로 가는 길을 열 수 있게 된다.

혁신을 떠올리면 마치 러닝머신 위에서 달리는 것처럼 느껴지기 쉽다. 특히 조직의 생존을 위협할 때는 더욱 그렇다. 하지만 탐험이야말로 상황을 바꿀 수 있다. 탐험을 통해 경쟁자들보다 먼저 미래를 발견할 수 있다. 리더를 포함한 모두에게 이는 전기 충격과도 같은 가능성이다. 하지만 양손잡이 조직을 이끌기 위해서는 감정과 전략의 명확성과 모순을 포용할 수 있는 능력이 필요하다.

공룡은 유니콘을 무찌를 수 있지만, 유니콘이 눈 깜짝할 사이에 공룡이 될 수도 있다.[10] 이 책이 양손잡이 조직을 만들어 전략적 리뉴얼을 이끌고, 무엇보다도 산업을 주도하고 파괴하는 데 필요한 통찰을 제공했기를 바란다.

| 참고문헌

1부 혼란한 상황에서 주도하라

1장 오늘날의 혁신 퍼즐

1. C. I. 스튜바트, M. B. 나이트, "The Case of the Disappearing Firms: Empirical Evidence and Implications," *Journal of Organizational Behavior* 27 (2006년): 79-100.

2. R. 아가왈, M. 고트, "The Evolution of Markets and Entry, Exit, and Survival of Firms," *Review of Economics and Statistics* 78 (1996년): 489-98.

3. R. 포스터, S. 캐플란, *Creative Destruction* (New York: Currency, 2001년).

4. Innosight, 경영진 브리핑 (2012년 겨울).

5. 스튜바트, 나이트, "The Case of the Disappearing Firms."

6. "넷플릭스", HBS Case 9-607-138 (Boston: Harvard Business Publishing, 2007년 5월).

7. K. 프리즈윅, "The Turning Point," *CFO Magazine* (2005년 4월): 48.

8. K. 아울레타, "Outside the Box," *New Yorker*, 2014년 2월 3일, 58.

9. "Equity and Demand: The Netflix Approach to Compensation," Stanford GSB Case CG-19 (Stanford: Stanford Graduate School of Business, 2010년 1월).

10. F. 살몬, "Why Netflix Is Producing Original Content," Reuters, 2013년 6월 13일.

11. D. 티스, G. 피사노, A. 슈엔, "Dynamic Capabilities and Strategic Management," *Strategic Management Journal* 18 (1997년):516.

12. D. 설, "The Dynamics of Standing Still: Firestone Tire and Rubber and the Radial Revolution," *Business History Review* 73 (1999년): 430-64.

270

13. E. 대닐스, "Trying to Become a Different Type of Company: Dynamic Capability at Smith Corona," *Strategic Management Journal* 32 (2011년): 1-31.

14. M. 트립서스, G. 가베티, "Capabilities, Cognition, and Inertia: Evidence from Digital Imaging," *Strategic Management Journal* 21 (2000년): 1147-61.

15. G. 콜빈, "From the Most Admired to Just Acquired: How Rubbermaid Managed to Fail," *Fortune*, 1998년 11월 23일.

16. J. 마치, "Exploration and Exploitation in Organizational Learning," *Organization Science* 2 (1991):71-87.

17. Ibid.

18. J. G. 마치, "Understanding Organizational Adaptation" (Budapest University of Economics and Public Administration에 제출된 논문, 2003년 4월 2일), 14.

19. C. M. 크리스텐슨, 혁신기업의 딜레마 (Boston: Harvard Business School Press, 1997년). C. M. 크리스텐슨과 M. E. 레이노의 혁신자의 해결책 (Boston: Harvard Business School Press, 2003년) 참고.

20. 크리스텐슨, 혁신기업의 딜레마.

21. J. 보워스, C. 크리스텐슨, "Disruptive Technologies: Catching the Wave," *Harvard Business Review* (1995년 1월~2월), 43-53.

22. M. 투시먼, P. 앤더슨, "Technological Discontinuities and Organizational Environments," *Administrative Science Quarterly* 31 (1986년): 439-65.

23. R. 헨더슨, K. 클라크, "Architectural Innovation: The Reconfiguration of Existing Product Technologies and the Failure of Established Firms," *Administrative Science Quarterly* 35 (1990년): 9-30.

24. 크리스텐슨, 혁신기업의 딜레마.

25. 트립서스, 가베티, "Capabilities, Cognition, and Inertia"; 크리스텐슨, 혁신기업의 딜레마; D. 설, R. 테들로우, R. 로젠블룸, "Managerial Commitments and Technological Change in the U.S. Tire Industry," *Industrial and Corporate Change* 6 (1997년): 461-500.

26. H. 체스브로우, R. 로젠블룸, "The Role of the Business Model in Capturing Value from Innovation: Evidence from Xerox Corporation's Technology Spin-Off Companies," *Industrial and Corporate Change* 3 (2002년): 529-55, 셜, "The Dynamics of Standing Still."

2장 탐험하고 활용하라

1. C. 오라일리, D. 캘드웰, J. 채트먼, B. 도어, "The Promise and Perils of Organizational Culture: CEO Personality, Culture, and Firm Performance," *Group and Organization Management* 39 (2014년): 595-625.

2. SAP 연간 보고서 (2006년).

3. T. 페데리코, R. 버글먼, "SAP AG in 2006: Driving Corporate Transformation," Stanford University GSB Case SM-153 (Stanford: Stanford Graduate School of Business, 2006년 8월 8일).

4. A. 헤셸칼, "SAP Cutting Back on Development of Business by Design," *All Things D*, 2013년 10월 19일, http://allthingsd.com/20131019/sap-cutting-back-on-development-of-business-bydesign.

5. C. 오라일리, J. 채트먼, "Culture as Social Control: Corporations, Cults, and Commitment," *Research in Organizational Behavior* 18 (1996년): 157-200.

6. M. 트립서스, G. 가베티, "Capabilities, Cognition, and Inertia: Evidence from Digital Imaging," *Strategic Management Journal* 21 (2000년): 1147-61.

7. C. 더치, "At Kodak, Some Old Things Are New Again," *New York Times*, 2008년 5월 2일.

8. K. 이나가키, J. 오사와, "Fujifilm Thrived by Changing Focus," *Wall Street Journal*, 2012년 1월 19일.

9. C. 오라일리, M. 투시먼, "Organizational Ambidexterity: Past, Present and Future," *Academy of Management Perspectives* 27 (2013년): 324-38; M. 해난, G. 캐롤, *Dynamics of Organizational Populations: Density, Legitimation and Competition* (New York: Oxford University Press, 1992년).

10. A. 드구스, *The Living Company: Habits for Survival in a Turbulent Business Environment* (Boston: HBS Press, 1997년); L. 해나, "Marshall's 'Trees' and the Global 'Forest': Were 'Giant Redwoods' Different?" Center for Economic

272

Performance, Discussion Paper 138 (1997년).

11. 2006년 1400년 동안 운영되던 콩구미(Kong Gumi)는 한 대기업의 자회사가 되었다.

12. M. 투시먼, E. 로마넬리, "Organizational Evolution: A Metamorphosis Model of Convergence and Reorientation," *Research in Organizational Behavior* 7 (1985년): 171-222.

13. B. 스톤, *The Everything Store: Jeff Bezos and the Age of Amazon* (New York: Little, Brown, 2013년).

14. 저스틴 폭스, "At Amazon, It's All about Cash Flow," *Harvard Business Review*, 2014년 10월 20일.

15. Ibid.

16. 스톤, *The Everything Store*, 187.

17. J. 다이어, H. 그레거슨, "The Secret to Unleashing Genius," *Forbes*, 2013년 8월 14일.

18. G. 벤싱어, "Amazon Wed Services Chief Fires Back at IBM," *Wall Street Journal*, 2013년 11월 13일.

19. J. 캔토, D. 스트레이트펠드, "Inside Amazon: Wrestling Big Ideas in a Bruising Workplace," *New York Times*, 2015년 8월 15일.

20. M. 핸슨, H. 이바라, U. 페이어, "The Best-Performing CEOs in the World," *Harvard Business Review* (2013년 1월~2월).

21. 제프 베조스와의 인터뷰, *Business Week*, 2008년 4월 28일.

22. D. 티스, "Explicating Dynamic Capabilities: The Nature and Micro-foundations of (Sustainable) Enterprise Performance," *Strategic Management Journal* 28 (2007년): 1319-50, C. 오라일리, M. 투시먼 "Ambidexterity as a Dynamic Capability: Resolving the Innovator's Dilemma," *Research in Organizational Behavior* 28 (2008년): 185-206.

23. Ibid.

24. Ibid.

25. 캔토와 스트레이트펠드, "Inside Amazon."

26. 다이어와 그레거슨, "The Secret to Unleashing Genius."

3장 혁신 흐름에서 균형을 잡다

1. R. 파르자드, M. 안트, "Stuck with Sears," *Fortunes*, 2010년 4월 5일.

2. M. 부스틸로, G. 파울러, "Sears Scrambles Online for a Lifeline," *Wall Street Journal*, 2010년 1월 15일.

3. A. 슬로언, "It's Not about Retailing," *Newsweek*, 2004년 11월 29일.

4. E. M. 러슬리, "Sears: Where Americal Doesn't Shop," *Forbes.com*, 2007년 8월 30일

5. "Eddie Lampert's Latest Bid to Lift Sears," *CNNMoneycom*, 2008년 6월 24일.

6. 시어스의 역사는 많은 책과 논문에 담겨 있다. D. R. 카츠, *The Big Store: Inside the Crisis and Revolution at Sears* (New York: Penguin Books, 1987년); A. C. 마티네즈, *The Hard Road to the Softer Side of Sears: Lessons from the Transformation of Sears* (New York: Crown Books, 2001년); D. 라프, P. 테민, "Sears Roebuck in the 20th Century: Competition, Complementarities, and the Problem of Wasting Assets," NBER Historical Working Paper 102 (1997년).

7. 카츠, *The Big Store*, 9.

8. C. 그로센, K. 스트링어, "A Merchant's Evolution: Spanning Three Centuries, Sears Roebuck Saga Mirrors Development of U.S. Business," *Wall Street Journal*, 2004년 11월 18일, B1.

9. 라프와 테민, "Sears Roebuck in the 20th Century."

10. 카츠, *The Big Store*, 13.

11. 마티네즈, *The Hard Road*, 56.

12. 다음 10년간 시어스가 겪은 어려움을 이해하려면 마티네즈의 *The Hard Road*를 참고하라.

13. 카츠, *The Big Store*, 25.

14. Ibid., 32.

15. Ibid., 41.

16. Ibid., 151.

17. Ibid., 427.

18. Ibid., 525.

19. Ibid., 409.

20. N. 라만, A. B. 아이즈너, "Kmart-Sears Merger of 2005," *Journal of the International Academy for Case Studies* 13 (2007년): 113-33.

21. J. R. 라잉, "Washed Out," *Forbes*, 2009년 8월 24일, 20.

22. 부스틸로와 파울러, "Sears Scrambles Online for a Lifeline."

23. P. 에반스, S. 카프너, "Mapping Lampert's Next Sears Move," *Fortune*, 2007년 10월 9일.

24. 마티네즈, *The Hard Road*, 2.

25. 라프와 테민, "Sears Roebuck in the 20th Century."

26. 마티네즈, *The Hard Road*, 34.

27. Ibid., 22.

28. C. 오라일리의 안토니 허커 인터뷰, 2010년 4월 13일.

29. C. 달턴, "Interview with R. David Hoover," *Business Horizons* 49 (2006년): 97-104.

30. Ibid., 100.

31. R. 블로게트, *Signature of Excellence: Ball Corporation at 125* (Old Saybrook, CT: Greenwich Publishing, 2005년), 126.

32. Ibid., 125.

33. D. 달턴, "Interview with R. David Hoover," 104.

34. 볼 코퍼레이션, 2011년 연간 보고서.

35. E. 필시너, "Ball Rolls Out a Plan Plastics," *Journal of Business Strategy* 17 (1996년):51.

36. 볼 코퍼레이션, 2012년 연간 보고서.

37. 블로게트, *Signature of Excellence*, 115.

38. D. S. 윌슨, *Evolution for Everyone* (New York: Bantam-Dell, 2007년), 19.

39. E. 대닐스, "The Dynamics of Product Innovation and Firm Competences," *Strategic Management Journal* 23 (2002년): 1095-1121.

40. C. 오라일리, M. 투시먼, "Ambidexterity as a Dynamic Capability: Resolving the Innovator's Dilemma," *Research in Organizational Behavior* 28 (2008년): 185-206.

41. B. 매클린, P. 엘킨드, *The Smartest Guys in the Room: The Amazing Rise and Scandalous Fall of Enron* (New York: Portfolio, 2003년).

42. B. 매클린, P. 엘킨드, *The Smartest Guys in the Room: The Amazing Rise and Scandalous Fall of Enron* (New York: Portfolio, 2003년).

43. R. 로웬스타인, *When Genius Failed: The Rise and Fall of Long-Term Capital Management* (New York: Random House, 2000년).

44. C. 스튜바드, M. 나이트, "The Case of the Disappearing Firms: Empirical Evidence and Implications," *Journal of Organizational Behavior* 27 (2006년): 79-100.

45. J. 마치, "Exploration and Exploitation in Organizational Learning," *Organization Science* 2 (1991년): 71-87, 105.

46. "How Fujifilm Survived: Sharper Focus," *Economist*, 2012년 1월 18일.

47. S. 고모리, *Innovating Out of Crisis: How Fujifilm Survived (and Thrived) as Its Core Business Was Vanishing* (Berkeley: Stone Bridge Press, 2015년), 65.

48. Ibid.

49. "How Fujifilm Survived: Sharper Focus."

50. 고모리, *Innovating Out of Crisis*, 88.

51. Ibid., 58.

52. Ibid., 104.

53. D. S. 랜즈, *Revolution in Time: Clocks and the Making of the Modern World* (Cambridge, MA: Harvard University Press, 1983년).

54. P. 길린, "The Graying of the Newspaper Audience," *Newspaper Death Watch*, 2013년 1월 17일, http://newspaperdeathwatch.com/the-graying-of-the-newspaper-audience.

55. M. A. 페카스, "The Decline of the Media Industry," *Total Bankruptcy*, n.d., http://www.totalbankruptcy.com/bankruptcy-news/bankruptcy-help/decline-of-the-media-industry.aspx.

56. C. 크라머, "The Death of Print: Why Newspapers Are Folding," *Total Bankruptcy*, 2011년 10월 25일, http://www.totalbankruptcy.com/bankruptcy-news/bankruptcy-help/newspapers-filing-bankruptcy-800738095.aspx.

57. E. 스틸, "The Disc Isn't Dead, Just More Efficient," *New York Times*, 2015년 7월 27일.

58. R. 롤러, "Netflix Spins DVD-by-Mail Service off into Qwickster, Says It's Done with Price Changes," 2011년 9월 19일 (비디오), http://www.engadget.com/2011/09/19/netflix-spins-dvd-by-mail-service-off-into-qwikster-says-its.

59. D. 설, "The Dynamics of Standing Still: Firestone Tire and Rubber and the Radial Revolution," *Business History Review* 73 (1999년): 432.

60. R. 포스터, *Innovation: The Attacker's Advantage* (Philadelphia: Perseus, 1986).

61. 클레이튼 크리스텐슨, *The Innovator's Dilemma: When New Technologies Cause Great Firms to Fail* (Boston: Harvard Business School Press, 1997), 77.

62. 라프와 테민, "Sears Roebuck in the 20th Century."

63. 대닐스, "The Dynamics of Product Innovation and Firm Competences."

64. M. 트립서스, G. 가베티, "Capabilities, Cognition, and Inertia: Evidence from Digital Imaging," Strategic Management Journal 21 (2000년): 1154.

65. W. 베니스, C. O. 켐프 주니어에 인용, *Wisdom Honor and Hope: The Inner Path*

to True Greatness (Franklin, TN: Wisdom Company, 2000년), 207.

66. T. 포웰, "Organizational Alignment as Competitive Advantage," *Strategic Management Journal* 13 (1992년): 119-34.

2부 혁신기업의 딜레마를 해결하는 방법

4장 6가지 혁신 이야기

1. M. 투시먼, M. 로버츠, "USA Today: Pursuing the Network Strategy," HBS Case 9-402-010 (Boston: Harvard Business Publishing, 2002년 7월).

2. C. 오라일리, M. 투시먼, "The Ambidextrous Organization," *Harvard Business Review* (2004년 4월): 74-81.

3. 래리 바렛, ZDNet, 2014년 2월 4일.

4. C. 오라일리, D. 호잇, D. 드라브킨, J. 페퍼, "DaVita: A Community First, a Company Second," Stanford GSB Case OB-89 (Stanford: Stanford Graduate School of Business, 2014년 9월 3일).

5. D. 라도프, M. 투시먼, "Greeley Hard Copy, Portable Scanner," HBS Case 9-401-003 (Boston: Harvard Business Publishing, 2003년 7월).

6. D. 캘드웰, C. 오라일리, "Cypress Semiconductor: A Federation of Entrepreneurs," Stanford GSB Case (Stanford: Stanford Graduate School of Business, 2012년 4월 6일).

5장 제대로 하기 vs. 제대로 할 뻔하기

1. J. B. 해럴드, C. 오라일리, M. 투시먼, "Dynamic Capabilities at IBM: Driving Strategy into Execution," *California Management Review* 49 (2007년): 21-42; C. 오라일리, J. B. 해럴드, M. 투시먼, "Organizational Ambidexterity: IBM and Emerging Business Opportunities," *California Management Review* 51 (2009년): 1-25.

2. J. 도브린스키, "Rethinking IBM," *Business Week*, 1993년 10월 4일.

3. S. 로어, "On the Road with Chairman Lou," *New York Times*, 1994년 6월 26일.

4. L. V. 거스너, *Who Says Elephants Can't Dance?* (New York: Harper Business, 2002년), 123.

5. Ibid., 133.

6. Ibid.; P. 캐롤, *Big Blues: The Unmaking of IBM* (New York: Reed Business, 1993년); D. 가르, *IBM Redux: Gerstner and the Business Turnaround of the Decade* (New York: HarperCollins, 1999년).

7. M. 투시먼, C. 오라일리, A. 페넬로사, A. 클라인바움, D. 맥그라스, "Relevance and Rigor: Executive Education as a Lever in Shaping Research and Practice," *Academy of Management Learning and Education* 6 (2006년): 345-62.

8. M. 바카이, S. 콜리, D. 화이트, *The Alchemy of Growth* (London: Orion Business, 1999년).

9. 2000년에서 2003년 사이, 앳킨스는 유닛의 수익을 제로에서 25억 달러로 성장시켰다. A. 더치만, "Building a Better Skunk Works," *Fast Company*, 2007년 12월 19일.

10. D. 라도프, M. 투시먼, "Greely Hard Copy Portable Scanner," HBS Case 9-401-003 (Boston: Harvard Business Publishing, 2003년).

11. D. 가빈, L. 레베스크, "Meeting the Challenge of Corporate Entrepreneurship," *Harvard Business Review* (2006년 10월): 4-14.

12. C. 오라일리, "Cisco Systems: The Acquisition of Technology Is the Acquisition of People," Graduate School of Business Case Study HR-10 (Stanford: Stanford Graduate School of Business, 1998년).

13. 인더 시두, *Doing Both: How Cisco Captures Today's Profit and Drives Tomorrow's Growth* (Saddle River, NJ: FT Press, 2010년).

14. E. 맥거트, "Revolution in San Jose," *Fast Company* (2009년 1월).

15. "Reshaping Cisco: The World According to Chambers," *Economist*, 2009년 8월 29일.

16. M. 필립스, "Cisco: Chambers Tells Troops, 'We Have Disappointed Our Investors,'" *Wall Street Journal*, 2011년 4월 5일.

17. B. 워든, "Seeking Growth, Cisco Reroutes Decisions," *Wall Street Journal*, 2009년 8월 6일.

3부 양손잡이 능력을 갖춰라

6장 양손잡이가 되기 위해 필요한 것

1. R. 버겔만, "Designs for Corporate Entrepreneurship," *California Management Review* 26 (1984년): 154-66.

2. R. 버겔만, "Corning Incorporated (A)," Stanford Case SM-167 (Stanford: Stanford Graduate School of Business, 2010년 11월 16일).

3. W. 시, T. 써스톤, "Intel NBI: Intel Corporation's New Business Initiatives," HBS Case 9-609-043 (Boston: Harvard Business Publishing, 2010년).

4. M. 투시먼, W. 스미스, R. 우드, R. G. 웨스터만, C. 오라일리, "Organizational Design and Innovation Streams," *Industrial and Corporate Change* 19 (2010년): 1331-66.

5. D. 로리, J. B. 해럴드, "Six Ways to Sink a Growth Initiative," *Harvard Business Review* (2013년 7월~8월): 82-90.

6. 투시먼 등, "Organizational Design and Innovation Streams."

7. C. 오라일리, J. B. 해럴드, M. 투시먼, "Organizational Ambidexterity: IBM and Emerging Business Opportunities," *California Management Review* 51 (2009년): 1-25.

8. "제프 베조스와의 인터뷰", *Foreign Affairs* 94 (2015년 1월 2월): 2-6.

9. C. 오라일리, D. 캘드웰, J. 채트만, B. 보어, "The Promise and Problems of Organizational Culture: CEO Personality, Culture and Firm Performance," *Group and Organization Performance* 39 (2014년): 595-625.

10. J. G. 마치, "Exploration and Exploitation in Organizational Learning," *Organization Science* 2 (1991년): 71-87.

11. 투시먼 등, "Organizational Design and Innovation Streams."

12. J. 유틸라, M. 마울라, T. 케일, S. 자라, "Exploration, Exploitation, and Financial Performance: Analysis of S&P 500 Corporations," *Strategic Management Journal* 30 (2009년): 221-31.

7장 핵심축이 되는 리더와 팀

1. K. R. 라카니, M. L. 투시먼, "Havas: Change Faster," Harvard Business School Multimedia/Video Case 615-702 (Boston: Harvard Business Publishing, 2014년 9월), "Victors and Spoils: 'Born Open,'" Harvard Business School Multimedia/Video Case 415-701 (Boston: Harvard Business Publishing, 2014년 9월).

2. 공개적이고 또래 및 커뮤니티를 기반으로 하는 혁신은 문제가 웹사이트에 올라오고 커뮤니티가 (협력적이든 경쟁적이든) 해결책을 제시하는 방식이다. 이런 커뮤니티는 매우 낮은 비용으로 엄청난 효과를 본다.

3. M. 투시먼, H. 리프시츠-아사프, K. 허만, "Houston We Have a Problem: NASA and Open Innovation (A)," Harvard Business School Case 414-044 (Boston: Harvard Business Publishing, 2014년 5월; 2014년 11월 수정).

4. M. L. 투시먼, D. 카이론, A. M. 클라인바움, "BT Plc: The Broadband Revolution (A)," Harvard Business School Case 407-001 (Boston: Harvard Business Publishing, 2006년 9월, 2007년 10월 수정), "BT Plc: The Broadband Revolution (B)," Harvard Business School Supplement 407-002 (Boston: Harvard Business Publishing, 2006년 9월, 2007년 10월 수정).

5. M. 투시먼, D. 카이론, "Ganesh Natarajan: Leading Innovation and Organizational Change at Zensar (A)," Harvard Business School Case 412-036 (Boston: Harvard Business Publishing, 2011년 9월, 2014년 10월 수정), "Ganesh Natarajan: Leading Innovation and Organizational Change at Zensar (B)," Harvard Business School Supplement 412-037 (Boston: Harvard Business Publishing, 2011년 9월, 2014년 10월 수정).

6. C. 오라일리, M. 투시먼, "Organizational Ambidexterity in Action: How Managers Explore and Exploit," *California Management Review* 53 (2011년): 1-25.

7. W. K. 스미스, "Dynamic Decision Making: A Model of Senior Leaders Managing Strategic Paradoxes," *Academy of Management Journal* 57 (2014년): 592-623, 해당 아이디어에 관한 더 많은 연구와 데이터.

8. W. K. 스미스, A. 빈스, M. L. 투시먼, "Complex Business Models: Managing Strategic Paradoxes Simultaneously," *Long Range Planning* 43 (2010년): 448-61.

9. R. 로버트슨, *Always Change a Winning Team* (London: Cyan Communications, 2005년), 피드백과 피드포워드 시스템을 구별 지었다.

10. R. 웨이지만, R. 해크만, "What Makes Teams of Leaders Leadable?," *Advancing Leadership*, ed. 노리아와 R. 쿠라나 (Boston: Harvard Business School Press, 2009년).

8장 변화와 전략적 리뉴얼 이끌기

1. R. 굴라티, R. 라파엘리, J. W. 리브킨, "Does 'What We Do' Make Us 'Who We Are'? Organizational Design and Identity Change at the Federal Bureau of Investigation," working paper (2015년): J. W. 리브킨, M. 로베르토, R. 굴라티, "Federal Bureau of Investigation, 2009," Harvard Business School Case 710-452 (Boston: Harvard Business Publishing, 2010년 3월, 2010년 5월 수정).

2. E. E. 모리슨, *Men, Machines, and Modern Times* (Cambridge, MA: MIT Press, 1966년), B. F. 암스트롱, *21st Century Sins: Innovation, Education, and Leadership for the Modern Era* (Annapolis, MD: Naval Institute Press, 2015년).

3. J. 원저가 M. 투시먼에게 보낸 개인적 연락, 2015년 8월.

4. J. B. 해럴드, C. A. 오라일리, M. L. 투시먼, "Dynamic Capabilities at IBM: Driving Strategy into Action," *California Management Review* 49:4 (2007년): 21-43, "Ambidexterity as a Dynamic Capability: Resolving the Innovator's Dilemma," *Research in Organizational Behavior* 28 (2008년): 185-206.

5. IBM의 스마터 플래닛 캠페인은 빅데이터와 분석 정보, 모바일 기술, 소셜 비즈니스, 클라우드를 통해 기업과 기관을 변화시기 위해 기업들이 사용할 수 있는 광대한 데이터 공급에 기반한다.

6. 워크아웃은 잭 웰치가 GE에서 문제 해결을 장려하기 위해 사용한 구조화된 방법이다. 경영진이 이끄는 이 워크샵은 회사 전반에 요구되었다.

7. 해럴드 등, "Dynamic Capabilities at IBM"; C. A. 오라일리, M. L. 투시먼, "Organizational Ambidexterity: Past, Present, and Future," *Academy of Management Perspectives* 27 (2013년): 324-38; M. 투시먼, C. 오라일리, J. B. 해럴드, "Leading Proactive Punctuated Change," *Leading Sustainable Change: An Organizational Perspective*, ed. R. 헨더슨, R. 굴라티, M. 투시먼 (New York: Oxford University Press, 2015년).

8. D. 캠벨, M. 메이어, S. X. 리, K. 스택, "Haier: Zero Distance to the Customer (A), (B), and (C)," Harvard Business School Cases: 115-006, 115-056, 115-057 (Boston: Harvard Business Publishing, 2015년 4월, 2015년 6월 수정).

9. 오라일리, 투시먼, "Organizational Ambidexterity," 투시먼 등, "Leading Proactive

Punctuated Change."

10. Mach49의 웹사이트: http://www.mach49.com.

옮긴이 조미라

연세대학교 영문학과와 호주매쿼리대학 통번역대학원 졸업 후
프리랜서 번역가로 활동 중이다.